Précis

de

Grammaire

Isabelle Chollet
Jean-Michel Robert

CLE
INTERNATIONAL
www.cle-inter.com

Directrice éditoriale : Michèle Grandmangin-Vainseine
Édition : Christine Grall
Maquette et mise en pages : Nicole Sicre / Lo Yenne
Correction : Jean Pencreac'h
Couverture : Avis de Passage

Avant-propos

Le *Précis de grammaire* est tout particulièrement destiné aux apprenants de français langue étrangère, quel que soit leur niveau.

Cet ouvrage propose de fournir une réponse claire à tous les problèmes grammaticaux que rencontrent les étudiants étrangers. Axées sur la communication, les explications sont accompagnées d'exemples simples et de mises en situation. La forme et le sens sont donc privilégiés pour faire de ce précis une véritable grammaire de référence.

Le *Précis de grammaire* est composé de cinq parties comprenant chacune plusieurs chapitres :
I. La phrase
II. Les parties du discours
III. Le système verbal
IV. Les phrases complexes
V. Les relations logiques

Chaque chapitre comprend :
• une présentation simple de la question grammaticale, souvent sous forme de tableau afin d'en faciliter la lecture, la compréhension et la mémorisation ; des explications concises illustrées d'exemples choisis spécifiquement pour un public étranger ;
• les erreurs typiques des étrangers ainsi que la forme correcte :
⚠ *de l'eau* ≠ *d'eau* :
*Paul boit **de l'eau**. Il boit beaucoup **d'eau**. Son frère ne boit pas **d'eau**.*
de l'argent ≠ *d'argent* :
*Sa mère a **de l'argent**. Elle a assez **d'argent**. Il n'a plus **d'argent**.*

• en encadré, des notions complémentaires, des difficultés ou quelques exceptions :

Principaux adjectifs placés avant le nom : *autre, beau, bon, demi, dernier, double, grand, gros, jeune, joli, long, mauvais, nouveau, petit, premier, prochain, vieux,* etc.

• des remarques :

✔ *Depuis* peut être remplacé par les expressions *il y a ... que, voilà ... que* et *ça fait ... que.*
***Il y a / Voilà / Ça fait** dix ans **que** je n'ai pas vu René.*

Les chapitres comportent de nombreux renvois à d'autres chapitres.

En début d'ouvrage, un sommaire détaillé présente l'ensemble du *Précis*. Chaque entrée est accompagnée d'une phrase exemple (*exemple :* L'adverbe : *Paul voyage fréquemment.*) et d'une indication de niveau (selon le classement du Cadre européen commun de référence pour les langues) : de A1 à C1.

La terminologie grammaticale est toujours très simple (nom, adjectif, adverbe, etc.).

En fin d'ouvrage, un index très complet permet de trouver très facilement un mot (*en, si,* etc.) ou une notion (subjonctif, préposition, etc.).

Sommaire

I - La phrase

LES PHRASES SIMPLES

Gisèle danse. Elle aime la musique. Ils sont arrivés hier.

▶ La phrase est un ensemble de mots qui a un sens.

▶ À l'écrit, la phrase commence par **une majuscule** et se termine par **un point** : un point (.), un point d'interrogation (?), un point d'exclamation (!) ou des points de suspension (…).

▶ Une phrase simple peut être **affirmative** (*Jeanne arrive.*), **exclamative** (*Elle est belle !*), **impérative** (*Sortez d'ici !*), **interrogative** (*As-tu faim ?*), **négative** (*Michel ne fume pas.*).

▶ La phrase simple est construite avec un nombre minimal d'éléments (un mot peut constituer une phrase). Elle peut être :
• **verbale** : elle s'articule autour d'un verbe.
Sortez ! Jeannette prend le métro.
• **nominale** : elle s'articule autour d'un nom.
Sortie. Sortie de secours.
• **pronominale** : elle s'articule autour d'un pronom.
Les voilà !

▶ La phrase simple se trouve fréquemment sous la forme :
• **sujet + verbe**

Le chien dort.	sujet : *Le chien*	verbe : *dort*
Elle a compris.	sujet : *Elle*	verbe : *a compris*
Ils sont arrivés.	sujet : *Ils*	verbe : *sont arrivés*

• **sujet + verbe + attribut du sujet**
Le théâtre est complet.
    sujet : *Le théâtre*   verbe : *est*   attribut du sujet : *complet*
Pauline est restée seule.
    sujet : *Pauline*   verbe : *est restée*   attribut du sujet : *seule*
Elle semblait fatiguée.
    sujet : *Elle*   verbe : *semblait*   attribut du sujet : *fatiguée*

• **sujet + verbe + infinitif**

Olivia veut dormir.	sujet : *Olivia*	verbe : *veut*	infinitif : *dormir*
Gaspard sait nager.	sujet : *Gaspard*	verbe : *sait*	infinitif : *nager*
Je vais danser.	sujet : *Je*	verbe : *vais*	infinitif : *danser*

⚠ *aller* + infinitif = futur proche (➡ Le futur proche, p. 124)

• **sujet + verbe + complément d'objet (direct ou indirect)**
Le garagiste a réparé ma voiture.
    sujet : *Le garagiste*   verbe : *a réparé*   complément d'objet direct : *ma voiture*
J'ai parlé à un policier.
    sujet : *J'*   verbe : *ai parlé*   complément d'objet indirect : *à un policier*

▶ La phrase simple peut être accompagnée d'un **complément circonstanciel** de temps, de lieu, de manière, etc. La place de ce complément est variable.

Hier, le garagiste a réparé ma voiture.   complément circonstanciel de temps : *Hier*
*J'ai parlé à un policier **dans la rue**.*   complément circonstanciel de lieu : *dans la rue*

▶ Une phrase peut être **complexe** : elle comprend alors plus d'une proposition. Elle est composée de deux ou plusieurs propositions, d'une **proposition principale** et d'une (ou plusieurs) **proposition(s) subordonnée(s)**. Il y a différents types de propositions subordonnées (relatives, complétives, circonstancielles de cause, de conséquence, de temps, etc.). (➥ Les phrases complexes, p. 167)
[*Marianne est contente* (proposition principale)] [*parce qu'elle a gagné au Loto* (proposition subordonnée de cause)].

LES PHRASES AFFIRMATIVES

Antoine fait du sport. La sœur de Julien a réussi son examen.

Les phrases affirmatives sont constituées au minimum d'un sujet et d'un verbe (sujet + verbe). **Le verbe s'accorde avec le sujet.**
Le professeur parle. Les étudiants écoutent.
La phrase peut contenir un adjectif, un adverbe ou un (ou plusieurs) complément(s).

▶ **sujet + verbe**
Le sujet peut être :
• un nom : ***Le train** arrive.*
• un pronom : ***Il** arrive.*
• un groupe nominal : ***Le train Paris-Marseille de 16 h 30** arrive.*
• un infinitif : ***Fumer** tue.*
• une proposition : ***Celui qui arrive le premier** gagne.*

▶ **sujet + verbe + adjectif / adverbe**
Le verbe peut être suivi :
• d'un adjectif : *Ta soupe est **bonne**.*
• d'un adverbe : *La télévision fonctionne **mal**.*

▶ **sujet + verbe + complément(s)**
La phrase peut avoir plusieurs types de compléments :
• un complément d'objet direct (COD) :
*Le facteur apporte **le courrier**.*
• un complément d'objet indirect (COI) :
*J'ai parlé **au policier**.*
• un complément circonstanciel (de lieu, de temps, de manière, de but, etc.) :
*Adrien habite **à Lyon**.* (lieu) *Il part **demain**.* (temps) *Il est venu **en train**.* (manière)
⚠ Un verbe peut avoir plusieurs compléments dans une même phrase.
*Ronald est venu **en France pour le travail**.* (en France : lieu – pour le travail : but)
⚠ Les compléments peuvent être placés :
– après le verbe : *Nicolas achète **le journal**.*
– devant le verbe, si c'est un pronom personnel : *Nicolas **l'**achète.*

I - La phrase

– en début de phrase : ***Tous les jours,*** *il achète le journal.*

⚠ Une phrase peut se limiter à un seul nom ou groupe nominal. ***Attention ! Danger de mort.***

LES PHRASES « PRÉSENTATIVES »

C'est mon frère. Il est huit heures. Voici les documents.

Les présentatifs *c'est, il y a, il est, voici* et *voilà* permettent d'introduire des noms, des infinitifs et des propositions. Ils forment ainsi une phrase.

■ C'est

C'est présente quelque chose qui a été plus ou moins mentionné dans la phrase précédente (sauf dans les phrases du type : ***C'est*** *à toi de faire la vaisselle*).
C'est peut être suivi :
• d'un adjectif : *C'est* **difficile.**
• d'un nom (ou d'un pronom tonique : *moi, toi, lui, elle, nous, vous, eux, elles*) :
C'est **ma sœur.** *C'est* **elle.** *C'est* **le livre** *que tu m'as offert.*
Le nom (ou le pronom) peut être précédé d'une préposition :
C'est **pour Thomas.** / *C'est* **à toi** *de faire la cuisine.*
• d'un adverbe : *C'est* **là.**
• d'une proposition : *C'est* **ce que je veux.**

■ Il y a

Il y a présente en général quelque chose qui n'est pas connu de la personne à qui l'on parle.
Il y a peut être suivi :
• d'un nom (ou d'un groupe nominal) : *Il y a* **une manifestation** *dans la rue. Il y a* **un certain nombre de personnes** *qui sont mécontentes.*
• d'un pronom : *Il y aura* **quelqu'un** *au bureau. Il y aura* **moi.**

■ Il est

Le présentatif *Il est* est moins fréquent.
• Il est généralement utilisé pour indiquer l'heure : *Il est* **trois heures.**
• On le trouve dans quelques locutions : *Il est* **temps** *de partir. Il est* **vrai** *qu'elle est antipathique.*
• Dans quelques rares cas, *Il est* a le même sens que *Il y a* : ***Il était une fois…*** (début de conte). Dans un style littéraire : ***Il est*** *des jours où elle est nostalgique…*

■ Voici, voilà

Les présentatifs *voici* et *voilà* servent à montrer quelque chose ou quelqu'un. Il y a peu de différence aujourd'hui entre *voici* (plus élégant) et *voilà* (plus courant).
Voici et *voilà* peuvent être accompagnés :
• d'un nom : *Voici* **mon fils.** / *Voilà* **mon fils.**

• d'un pronom personnel COD (*me, te, le, la, nous, vous, les*) placé devant :
Me voilà. (= *Je viens d'arriver, je suis là.*)
• d'une proposition : *Voici* **ce que vous m'avez commandé.**
• du pronom *en* dans une phrase exclamative :
En voilà une bonne idée ! (= *Quelle bonne idée !*)

LES PHRASES INTERROGATIVES
Est-ce que tu as faim ? / As-tu faim ? / Tu as faim ?

Il y a **trois formes de questions** correspondant aux trois styles de langue : **courant,
formel** et **familier.**

■ **Les questions réclamant une réponse** *oui, non* **ou** *si*
• Courant : *Est-ce que* + sujet + verbe (+ attribut ou complément) + point d'interroga-
tion (?)
Est-ce que vous êtes français ?
• Formel : inversion verbe/sujet (séparés par un trait d'union) + point d'interrogation
Êtes-vous français ?
• Familier : sujet + verbe (+ attribut ou complément) + point d'interrogation (et into-
nation interrogative sur la dernière syllabe)
Vous êtes français ?

⚠ *Est-ce que* devient *Est-ce qu'* devant une voyelle : *Est-ce qu'elle est contente ?*

⚠ Dans la question formelle, avec *on, il* et *elle*, il faut ajouter « *-t-* » si le verbe se
termine par une voyelle.
A-t-il faim ? Va-t-elle au cinéma ? Pourquoi parle-t-elle si fort ?

⚠ Dans la question formelle, quand le sujet est un nom, on garde le nom en début
de phrase et l'inversion se fait avec le pronom ajouté.
Sandra est-elle française ? Les enfants ont-ils déjeuné ?

⚠ *Si* répond affirmativement à une question négative.
Vous n'êtes pas italien ? – Si. (Je suis italien.)

■ **Les questions avec un mot interrogatif** : *où, quand, comment, pourquoi, quel,* etc.
Les mots interrogatifs sont de **trois types** :
– les adverbes interrogatifs : *combien, comment, où, pourquoi, quand*
– les pronoms interrogatifs : *que, qui, quoi, lequel, laquelle, lesquels, lesquelles*
– les adjectifs interrogatifs : *quel, quelle, quels, quelles*
• Courant : mot interrogatif + *est-ce que* + sujet + verbe :
Où est-ce que vous allez ?
• Formel : mot interrogatif + inversion verbe/sujet
Où allez-vous ?
• Familier : sujet + verbe + mot interrogatif
Tu vas où ?

⚠ Dans la question familière, le mot interrogatif est parfois mis au début de la phrase mais cela peut être très familier.
Où tu vas ? **Combien** ça coûte ? **Pourquoi** tu fais ça ?

✔ Exemples de questions avec un mot interrogatif :
Quand est-ce que Julie part ? / **Quand** Julie **part-elle** ? / Julie part **quand** ?
Quel est le pont de Paris le plus connu ? – Sûrement le Pont-Neuf.
Quel âge **est-ce que** tu as ? / **Quel** âge **as-tu** ? / Tu as **quel** âge ?
Quelle voiture **est-ce que** tu préfères ? / **Quelle** voiture **préfères-tu** ? / Tu préfères **quelle** voiture ?
À quoi est-ce que tu penses ? / **À quoi** penses-tu ? / Tu penses **à quoi** ?
Combien de sucres **est-ce que** tu prends ? / **Combien de** sucres **prends-tu** ? / Tu prends **combien de** sucres ?

(➥ Adjectifs interrogatifs, p. 40 – Pronoms interrogatifs, p. 56)

LES PHRASES NÉGATIVES

*La radio **ne** marche **pas**. Je **ne** bois **ni** thé **ni** café. **Personne** n'est venu.*

Les phrases négatives peuvent être une information, une question, etc. La négation peut être simple (*Gilbert est au bureau ? –* **Non**.) ou complexe, avec *ne* et un autre adverbe (*ne ... pas, ne ... plus,* etc.) placés de chaque côté du verbe.

■ *ne ... pas*
*Je **ne** comprends **pas**. Il **n'**est **pas** là.* (*n'* + voyelle ou *h* muet)
• D'autres adverbes de négation permettent de nuancer la phrase.
*Gaspard **ne** fume **plus**.*
*Florian **n'**est **jamais** en retard.*
*Le bébé **ne** marche **pas encore**.*
*Clara **ne** fait **rien** ce week-end.*
*Je **ne** connais **personne** ici.*

■ **Les doubles négations**
▶ *ne ... pas ... ni ...*
ni remplace *et* dans la négation.
J'inviterai Sylvain et Adam. → *Je **n'**inviterai **pas** Sylvain **ni** Adam.*

▶ *ne ... ni ... ni ...*
• Avec *ne ... ni ... ni ...,* la négation est renforcée.
J'inviterai Sylvain et Adam. → *Je **n'**inviterai **ni** Sylvain **ni** Adam.*
• Les articles *un, une, du, de la, de l'* et *des* deviennent *de* ou disparaissent dans la tournure *ne... ni... ni* pour renforcer la négation.
Laurence lit des livres et des magazines → *Laurence **ne** lit **pas** de livres **ni** de magazines. /*
*Elle **ne** lit **ni** livres **ni** magazines.*

■ **La négation et l'ordre des mots**

• La négation se place autour du verbe aux temps simples et autour de l'auxiliaire aux temps composés.

*José **ne** prend **pas** le métro. Alex **n'**a **pas** pris le train.*

⚠ Exception : aux temps composés, *personne* est placé après le participe passé.
*Je **n'**ai vu **personne**.*

• Le ou les pronoms compléments sont placés devant le verbe ou l'auxiliaire. Le participe passé s'accorde alors avec le pronom. (➥ L'accord du participe passé, p. 115)
*Alice **ne le** lit **pas**. Patrice **ne l'**a **pas** lu. Fabrice **ne les** a **pas** invités.*

• La place de *rien* et *personne* dépend de leur fonction dans la phrase.
*Je **ne** veux **rien** (COD). **Rien ne** change (sujet). Il **ne** s'intéresse à **rien** (COI).*
*Je **ne** connais **personne** (COD). **Personne ne** parle (sujet). Je **ne** parle à **personne** (COI).*

• Quand la négation se rapporte à un infinitif, les deux mots de la négation sont placés devant l'infinitif.
Ne pas + (pronom) + infinitif → ***Ne pas** fumer. **Ne pas** lui donner.*
(➥ La négation, p. 78)

LES PHRASES INTERRO-NÉGATIVES

*René **n'est-il pas** ton frère ?*

La phrase interro-négative est une question à la forme négative. La négation peut se porter sur les trois formes de questions en suivant la structure **ne** + **verbe** + **pas** (**plus, rien**, etc.).

*Est-ce que Monique **ne** vient **pas** avec nous ?*
*Monique **ne** vient-elle **pas** avec nous ?*
*Monique **ne** vient **pas** avec nous ?*

⚠ Dans le style formel : *ne* + verbe-pronom inversé + *pas* (*plus, rien*, etc.)
Monique **ne** vient-elle **pas** avec nous ?
Les phrases interro-négatives avec inversion sont parfois rares et compliquées.
*Les passagers **n'ont-ils pas** encore enregistré leurs bagages ?*

LES RÉPONSES AUX PHRASES INTERROGATIVES
ET INTERRO-NÉGATIVES

*J'ai fini mon exercice. – **Moi aussi.** Je ne suis pas satisfait. – **Moi non plus.***

▶ **Oui**

Oui répond à une question affirmative. Il peut être utilisé seul ou suivi d'une affirmation.
*Tu t'appelles Christian ? – **Oui.***

ou : *– **Oui**, je m'appelle Christian.*

ou : *– **Oui**, je m'appelle **bien** Christian.* (*bien* renforce l'affirmation)

▶ **Si**

Si répond à une question négative.
*Tu n'as pas fini ? – **Si.***

ou *– **Si**, j'ai fini.*

▶ **Non**

Non répond à une question affirmative ou négative.
*Tu t'appelles José ? – **Non.***

ou : *– **Non**, je ne m'appelle pas José.*

ou : *– **Non**, je m'appelle Christian.*

⚠ On peut combiner les deux dernières tournures.

***Non**, je ne m'appelle pas José. Je m'appelle Christian.*

ou : ***Non**, je ne m'appelle pas José, mais Christian.*

*N'es-tu pas content d'aller au cinéma ? – **Non.*** ou : *– **Non**, je ne suis pas content.*

▶ **Aussi, non plus**

Non plus indique le contraire de *aussi. Moi aussi* répond à une phrase affirmative et
moi non plus répond à une phrase négative. (*toi aussi, lui aussi, elle aussi*, etc.)
Je suis fatigué. – Moi aussi. (Je suis fatigué.)
*Je n'ai pas faim. – Moi **non plus**.* (Je n'ai pas faim.)

✔ On peut aussi mettre *non* et *si* après un nom ou un pronom pour indiquer le
contraire.
*J'ai peur. – Moi **non**.* (Je n'ai pas peur.)
*Je n'ai pas compris. – Moi **si**.* (J'ai compris.)
*Gabriel est content, Antoine **non**.* (Antoine n'est pas content.)

LES PHRASES EXCLAMATIVES

*Voilà Michèle ! **Comme** elle est belle !*

▶ La phrase exclamative est une phrase qui permet d'exprimer une émotion (l'admi-
ration, la joie, la colère, la surprise, la tristesse, le dégoût, etc.). Elle se termine par un
point d'exclamation (!). À l'oral, c'est l'intonation montante qui marque l'exclamation ; à l'écrit, c'est le point d'exclamation.
Jean-Daniel est arrivé !

▶ La phrase exclamative peut ne pas comporter de verbe : *Les voilà !*

▶ Elle peut ne comporter qu'un seul mot : *Enfin ! Ah ! Oh !*

▶ Elle peut être introduite par un adjectif exclamatif : *Quel, Quelle, Quels, Quelles,* ou un adverbe : *Comme, Que, Combien,* etc.

• **Quel(le)(s)** + nom : **Quelle** *jolie robe !*
• **Comme / Que** *(Qu'+* voyelle) + sujet + verbe : **Comme** *il est mignon !*
• **Combien** + sujet + verbe : **Combien** *nous aimons nos enfants !*
• **Combien de / Que de** + nom (+ sujet + verbe) : **Combien** (ou : **Que**) *de fautes tu as faites !*

⚠ Ne pas confondre *Qu'elle(s)* + sujet + verbe et *Quelle(s)* + nom.
Qu'elle est belle ! **Quelle** *belle robe !*

⚠ Pour renforcer l'exclamation, on peut reprendre le pronom et terminer la phrase par le nom.
Comme *ce canapé est confortable !* / **Comme** *il est confortable,* **ce canapé** *!*

▶ **Ce que** et **Qu'est-ce que**
Ce que et *Qu'est-ce que* remplacent *que* et *comme* en français familier.
Ce que *tu écris bien !* **Qu'est-ce que** *tes enfants sont sages !*

▶ Les adverbes d'intensité *si,* **tant** et **tellement** peuvent aussi marquer l'exclamation.
Ils sont **si/tellement** *gentils !* (si/tellement + adjectif ou adverbe)
On a **tant/tellement** *attendu !* (tant/tellement + verbe)
Les voisins font **tant/tellement de** *bruit !* (tant de/tellement de + nom)

▶ Quelques locutions permettent aussi de marquer l'exclamation : *Dire que, Dieu (seul) sait, Faut-il que,* etc.
Dire que *je lui faisais confiance !*
Dieu seul sait *pourquoi elle a abandonné ses études !*
Faut-il *être stupide pour croire aux promesses de ce ministre !*

II - Les parties du discours

Les noms

LE MASCULIN ET LE FÉMININ DES NOMS

un garçon, une fille, un train, une ville, une question

Tous les noms français, qu'ils représentent une personne, une chose ou une idée abstraite, ont un genre, masculin ou féminin.

■ **Masculin ou féminin ?**

▶ Le genre des noms de la catégorie animée correspond généralement au sexe.
un garçon / une fille – un homme / une femme

   ✔ Exceptions : peuvent être des hommes ou des femmes : *la sentinelle, la victime, le témoin*, etc., et peuvent être mâles ou femelles de nombreux animaux : *la souris, la girafe, la mouche, le moustique*, etc.

▶ Pour les noms de la catégorie non animée, la distinction entre le masculin et le féminin ne suit aucune logique. Rien n'explique pourquoi *une table, une voiture, une idée* sont du genre féminin et pourquoi *un tapis, un livre, un problème*, etc., sont du genre masculin.

▶ **En règle générale**, les noms féminins se finissent par la lettre *-e*.
une lampe, une fille, une promesse, etc.

▶ Cette règle a beaucoup d'exceptions.
• Des noms masculins sont en *-e*.
un livre, un homme, un problème, etc.
• Des noms féminins ne prennent pas de *-e*.
une maison, une souris, une passion, etc.

▶ Grâce à leur suffixe (les dernières lettres du mot), on peut reconnaître le genre de certains noms qui ne suivent pas la règle générale des noms féminins en *-e*.
Le tableau ci-dessous donne une liste de noms masculins qui se terminent par *-e* (*le problème*) et une liste de noms féminins qui ne se terminent pas par *-e* (*la nation*).

Sont masculins les noms en :	
-aire	*l'annuaire, le commentaire, le dictionnaire, l'exemplaire, le formulaire, le vestiaire*, etc. Exceptions les plus fréquentes : *l'affaire, l'aire, la chaire, la grammaire, la molaire, la paire, la praire, l'urticaire*, etc.
-age	*l'avantage, le bagage, le chauffage, le courage, le fromage, le langage, le lavage, le tatouage*, etc. Exceptions les plus fréquentes : *la cage, l'image, la nage, la page, la plage, la rage*.
-ège	*le collège, le cortège, le manège, le piège, le privilège, le sacrilège, le siège*, etc.

➡

-ème	*le barème, le diadème, l'emblème, le poème, le problème, le système, le thème, le théorème,* etc.
-isme	*l'alpinisme, le fanatisme, le féminisme, le mécanisme, le modernisme, le naturisme, le socialisme,* etc.
-ice	*le bénéfice, le dentifrice, le délice, l'exercice, l'office, le préjudice, le sacrifice, le vice,* etc.
	Exceptions les plus fréquentes : *l'avarice, la cicatrice, l'épice, la justice, la nourrice, la police,* etc.
-phone	*l'interphone, le dictaphone, le magnétophone, le microphone, le saxophone, le téléphone,* etc.
-scope	*le caméscope, l'horoscope, le kaléidoscope, le microscope, le stéthoscope, le télescope,* etc.

et beaucoup d'autres noms : *l'acte, l'arbre, le beurre, le code, le crime, le drame, l'espace, le groupe, le modèle, le pétrole, le programme, le siècle, le sucre, le texte, le verbe, le vote,* etc.

Sont féminins les noms en :

-sion/ssion	
	la conclusion, la division, l'émission, la fusion, la mission, la passion, la permission, etc.
-tion	*l'action, l'addition, la citation, la compétition, la distinction, la formation, la notion,* etc.
-té	*l'actualité, la beauté, la charité, la curiosité, la facilité, la légalité, la mobilité, la santé,* etc.
-son/sson/çon	
	la boisson, la chanson, la conjugaison, la façon, la leçon, la maison, la prison, la saison, la trahison, etc.
	Exceptions les plus fréquentes : *le buisson, le chausson, le frisson, le hérisson, le maçon, le nourrisson, l'ourson, le poison, le poisson, le saucisson,* etc.
-eur/œur	
	Les noms en *-eur/œur* sont généralement masculin mais il existe beaucoup de noms féminins en *-eur*.
	Mots féminins en *-eur/œur* les plus fréquents : *la blancheur, la couleur, l'erreur, la fleur, la fraîcheur, la grandeur, la grosseur, la hauteur, l'horreur, l'humeur, la largeur, la maigreur, la minceur, l'odeur, la peur, la rougeur, la rumeur, la saveur, la sœur, la splendeur, la terreur, la tumeur, la vapeur, la vigueur,* etc.

■ **Le féminin des noms**

La plupart des noms féminins sont construits en ajoutant un *-e* au nom masculin.
Il y a cependant des règles particulières pour former le féminin des noms.

▶ **Règle générale**
un ami → une amie
un client → une cliente
un Français → une Française

⚠ La prononciation ne change pas si le nom se termine par une voyelle (*un ami/un amie*) ou par *-l* (*un principal/une principale*). Mais le *-e* entraîne la prononciation de la consonne finale (*un client/une cliente*) ; le son nasal disparaît au féminin et l'on prononce la consonne finale (*un Américain/une Américaine*).

▶ **Cas particuliers**
● **Terminaisons fréquentes :**

	Masculin	Féminin
-e → -e (Les noms masculin en *-e* ne changent pas au féminin.)	*un journaliste*	*une journaliste*
-er → -ère	*un boulanger*	*une boulangère*
-on → -onne	*un Breton*	*une Bretonne*
-el → -elle	*un intellectuel*	*une intellectuelle*
-et → -ette	*un cadet*	*une cadette*
-at → -ate (Sauf *chat/chatte*)	*un magistrat*	*une magistrate*
-eur → -euse	*un serveur*	*une serveuse*
-teur → -trice (sauf *chanteur/euse, menteur/euse*)	*un acteur*	*une actrice*
-f → -ve	*un veuf*	*une veuve*
-e → -esse	*un prince*	*une princesse*

● Certains noms féminins sont des mots totalement différents de leur masculin.

un homme → une femme   *un oncle → une tante*
un garçon → une fille   *un roi → une reine*
un frère → une sœur   *un coq → une poule*
un père → une mère   *un cheval → une jument*

● Certains mots ont seulement le même radical.
un héros → une héroïne
un neveu → une nièce
un duc → une duchesse

● Certains noms n'ont pas de masculin.
une victime, une personne, etc.
La victime était un homme d'une trentaine d'année.

● Certains noms n'ont pas de féminin.

– Dans cette catégorie se trouvent de nombreux noms de professions autrefois exercées uniquement par des hommes.
un médecin, un professeur, un écrivain

✔ Certains de ces noms ont aujourd'hui tendance à se féminiser par l'ajout d'un -e :
un auteur ou *une auteure, un professeur* ou *une professeure,* etc.

– Dans une autre catégorie : *un témoin, un malfaiteur (*Mais : *un bienfaiteur/une bienfaitrice !),* etc.
Le témoin *est une femme qui a vu la scène de sa fenêtre du 1ᵉʳ étage.*

• Certains noms existent au masculin et au féminin et ont des sens différents ; ce sont des homonymes.
un livre (que l'on lit) et *une livre* (500 grammes)
un poste (un emploi) et *une poste* (un bureau de poste)
un tour (une promenade ou une visite) et *une tour* (la tour Eiffel)

▶ Les noms géographiques.
• Les noms de **pays** et de **régions** se terminant par -e (ce sont les plus courants) sont en majorité féminins : *la Belgique, la Chine, la Bretagne,* etc.
• Les **continents** sont féminins : *l'Amérique, l'Europe, l'Asie, l'Afrique* et *l'Océanie.*
• Les **villes** sont considérées du genre féminin quand elles se terminent par -e.
Lille est belle. / Paris est beau. (Mais : *Paris est une belle ville).*

LE SINGULIER ET LE PLURIEL DES NOMS

les amis, les parents, les animaux, les voix

■ **Règle générale**
En général, le pluriel des noms communs se fait en ajoutant un -s au singulier, masculin ou féminin.
un billet → des billets   *un ami → des amis*   *une amie → des amies*

■ **Cas particuliers**

Noms singuliers se terminant en :	Pluriel
-s, -x ou -z Si le nom singulier se termine par -s, -x ou -z, il n'y a pas de changement au pluriel.	*un pays → des pays* *un succès → des succès* *un autobus → des autobus* *un choix → des choix* *un index → des index* *un prix → des prix* *un gaz → des gaz* *un nez → des nez* *une merguez → des merguez* ➡

-au, -eau ou **-eu** Les noms en *-au*, *-eau* ou *-eu* prennent un *-x* au pluriel. Sauf : *des bleus, des pneus, des landaus*, etc.	*un bateau* → *des bateaux* *un chapeau* → *des chapeaux* *un cheveu* → *des cheveux* *un matériau* → *des matériaux*
-ou Sept noms en *-ou* font prennent un *-x* au pluriel, les autres prennent un *-s*. *Un bijou, un caillou, un chou, un genou, un hibou, un joujou, un pou.*	*Des bijoux, des cailloux, des choux, des genoux, des hiboux, des joujoux, des poux.* Mais : *des fous, des clous, des sous*, etc.
-al Les noms en *-al* font généralement leur pluriel en *-aux*. Sauf : *des bals, des carnavals, des chacals, des récitals*, etc.	*un journal* → *des journaux* *un cheval* → *des chevaux* *un métal* → *des métaux* *un hôpital* → *des hôpitaux* *un canal* → *des canaux*
-ail Un petit nombre de noms en *-ail* font leur pluriel en *-aux*. Les autres prennent un *-s* au pluriel : *un détail* → *des détails*	*un travail* → *des travaux* *un vitrail* → *des vitraux* *un corail* → *des coraux* *un émail* → *des émaux* etc.

Le nom *œil* a un pluriel complètement irrégulier.
un œil → *des* **yeux**

• Quelques noms ont seulement une forme plurielle (pas de singulier).

les gens   *les arrhes*   *les mœurs*
les alentours   *les fiançailles*   *les obsèques*
les condoléances *les funérailles*   *les ténèbres*, etc.

(➥ Le féminin des nom, p. 20)

LES NOMS COMPOSÉS AU SINGULIER ET AU PLURIEL

un beau-père, un lave-vaisselle – des beaux-pères, des lave-vaisselle

■ Qu'est-ce qu'un nom composé ?

Un nom composé est formé d'au moins **deux éléments**, réunis par un trait d'union (-) ou parfois par une apostrophe (').
Ces éléments peuvent être des noms (*un coupe-**papier***), des adjectifs (*un **libre**-service*), des verbes (*un **tire**-bouchon*), des adverbes (*une **presqu'**île*) ou des prépositions (*un arc-en-ciel*).

• Certains noms composés peuvent s'écrire en un seul mot.
un portefeuille (verbe : *porte* + nom : *feuille*)
un pourcentage (préposition : *pour* + adjectif numéral cardinal : *cent* + suffixe : *-age*)

■ **Le pluriel des noms composés**
Au pluriel, les noms composés ne suivent pas tous la même règle. Certains éléments prennent la marque du pluriel (*-s* ou *-x*), d'autres non.

▶ **nom + nom / nom + adjectif / adjectif + nom / adverbe + adjectif**
Noms et adjectifs prennent la marque du pluriel.

nom + nom	*un aller-retour* → *des allers-retours* *un café-restaurant* → *des cafés-restaurants*
nom + adjectif	*un cerf-volant* → *des cerfs-volants* *un coffre-fort* → *des coffres-forts* ⚠ Quand le premier élément se termine par *-o*, il est invariable : *des micro-ondes*.
adjectif + nom	*un rouge-gorge* → *des rouges-gorges* *une belle-mère* → *des belles-mères*
adverbe + adjectif	*un mal-aimé* → *des mal-aimés* *un trop-plein* → *des trop-pleins*

⚠ Certains éléments ne prennent pas la marque du pluriel car ils ont un caractère unique.
un timbre-poste → *des timbres-poste* (plusieurs *timbres* mais *la poste* en général)

⚠ Dans certains noms composés féminins, l'adjectif *grand* a la forme du masculin au singulier et au pluriel.
une grand-mère → *des grands-mères*
une grand-tante → *des grands-tantes*

▶ **verbe + nom / adverbe + nom / préposition + nom / nom + préposition + nom**
Seul le nom peut être au pluriel, selon son sens.

verbe + nom	*un porte-bagages* → *des porte-bagages* *un essuie-mains* → *des essuie-mains* *un ouvre-boîtes* → *des ouvre-boîtes* *un gratte-ciel* → *des gratte-ciel* (un seul ciel)
préposition + nom	*un en-tête* → *des en-têtes* *un sous-vêtement* → *des sous-vêtements*
nom + préposition + nom	*un arc-en-ciel* → *des arcs-en-ciel* (un seul ciel) *un chef-d'œuvre* → *des chefs-d'œuvre* (œuvre au sens général) *un cul-de-sac* → *des culs-de-sac* Exceptions invariables : *des tête-à-tête, des pied-à-terre*

⚠ Certains éléments du nom composé au singulier peuvent prendre la marque du pluriel, selon le sens.
un porte-clés (fait pour porter une ou plusieurs clés) → *des porte-clés.*

▶ **Les noms composés unifiés** (réunis en un seul mot)
Ils suivent la règle générale du pluriel des noms (*-s* ou *-x*).
un portefeuille → *des portefeuilles*
un portemanteau → *des portemanteaux.*

✔ Exceptions : *un monsieur* → *des messieurs, un bonhomme* → *des bonshommes,* etc.

▶ **Autres noms composés**
D'autres constructions de mots composés existent. On suit généralement les règles énoncées ci-dessus.
• verbe + verbe : *un laissez-passer* → *des laissez-passer*
• adjectif + préposition + nom : *une belle-de-jour* → *des belles-de-jour* (*le jour* en général)
• proposition (invariable) : *le qu'en-dira-t-on* → *les qu'en-dira-t-on*
etc.

▶ On trouve des noms composés qui s'écrivent sans trait d'union (-) ni apostrophe ('). Le pluriel est déterminé par le sens.
une pomme de terre → *des pommes de terre* (plusieurs pommes mais la terre au sens général)
une lune de miel → *des lunes de miel*

LE COMPLÉMENT DU NOM

*la voiture **de** Julien, une tasse **à** café, une tasse **de** café, une montre **en** or*

Un nom précédé d'une préposition (*à, de, en,* etc.), avec ou sans déterminant, peut compléter un autre nom. C'est alors un complément du nom. Le choix de la préposition dépend de la relation entre les deux noms (l'appartenance, la quantité, l'usage, la matière, etc.).
La préposition la plus fréquente est *de.*
(➡ Les prépositions, p. 83)

■ **L'appartenance :** *de* (suivi d'un déterminant)
Un nom peut être lié à un autre nom par la préposition *de* (ou *d'*) pour exprimer une relation d'appartenance, ou l'indication d'une partie d'un ensemble, d'un tout.
Les noms peuvent être animés ou non animés.
*le fils **de** mes voisins* (appartenance)
*la femme **de** Jonas* (appartenance)
*les mains **du** pianiste* (*les mains* = une partie du corps du pianiste)
*le pied **de** la chaise* (*le pied* = une partie de la chaise)

⚠ Devant un pronom, c'est la préposition à : *Une amie à moi.*

⚠ Attention aux contractions
de + le = du
de + les = des

■ **La quantité et la mesure : de** (sans article)
La préposition *de* permet aussi d'exprimer la quantité ou la mesure. Dans ce cas il n'y a pas d'article après *de.*
un kilo de tomates
un litre d'huile
un mètre de tissu.

■ **L'usage, la contenance : de ou à** (sans article)
L'usage, la destination d'une chose peuvent être indiqués en reliant deux noms avec la préposition *à.*
une tasse à café (une tasse destinée à contenir du café)
une machine à laver (usage)
La contenance est indiquée par *de.*
une tasse de café (remplie de café)

■ **La description, le type : à ou de** (sans article)
• *de* → description ou finalité
un homme de confiance (un type d'homme en qui on a confiance)
une salle de cinéma (une salle pour le cinéma)
un maillot de bain (un maillot pour prendre des bains)
• *à* → sens de *avec*
une chemise à fleurs (avec des fleurs imprimées)
un pistolet à eau (qui fonctionne avec de l'eau)
• *à* → parfum, arôme (avec article)
un gâteau au chocolat
une tarte aux fraises
une glace à la vanille

■ **La matière : en ou de** (sans article)
un pantalon en coton / de coton
une cuillère en argent / d'argent
• Selon l'usage, on emploie parfois plutôt une préposition qu'une autre.
une montre en or / une feuille d'or
• S'il y a un complément, il faut *en.*
une table en bois d'acajou
une veste en cuir rouge
• Dans les expressions figurées, on utilise *de.*
la dame de fer, un cœur de pierre, la langue de bois, des yeux de velours, etc.

■ **La forme :** *en* (sans article)
une bouche en cœur (qui a la forme d'un cœur)
le nez en trompette

Les articles

Les noms sont presque toujours précédés d'un article. Il y a trois types d'articles : les articles définis, les articles indéfinis et les articles partitifs.

LES ARTICLES DÉFINIS : *LE, LA, L', LES*
le restaurant, la table, les clients

■ **Formes**
Masculin : *le cinéma*. Féminin : *la voiture*. Pluriel : *les livres*.

⚠ *l'* se met devant une voyelle (a, e, i, o, u) : *l'opéra*, et devant un *h* muet : *l'homme*.

✔ Quelques exceptions : *le oui, le ouistiti, la ouate*, etc.

⚠ On garde *le* ou *la* devant un *h* aspiré : *le haricot, la haine*, etc.
Le *h* aspiré est moins fréquent que le *h* muet.

> **Exemples de mots les plus fréquents avec un *h* aspiré :**
> *la haine, le hall, la halle, le hamburger, le handicap, le hareng, le haricot, la harpe, le hasard, la hausse, la hauteur, le héros, le hockey, la Hollande, le homard, la Hongrie, la honte, le hors-d'œuvre, le hot-dog, le hublot*, etc.

⚠ Les mots commençant par *y* (souvent d'origine étrangère) sont généralement précédés de *le* ou *la* : *le yacht, le yaourt, la Yougoslavie, le yen*, etc.

⚠ *Le* s'utilise devant les nombres : *le un, le huit, le onze*, etc.
Le numéro gagnant de notre jeu est le huit.

■ **Les emplois des articles définis**
On utilise l'article défini dans les cas suivants :
▶ Quelque chose ou quelqu'un qui est connu.
Je peux utiliser l'ordinateur ?
J'ai laissé les clés chez la gardienne.

▶ Quelque chose ou quelqu'un qui a déjà été mentionné.
Michel a acheté des livres et des CD. Les livres sont pour lui et les CD sont pour sa fille.

▶ Quelque chose qui est déterminé dans la phrase.
Viens voir l'ordinateur que j'ai acheté. (*ordinateur* est déterminé par *que j'ai acheté*)

▶ Quelque chose qui est unique.
La tour Eiffel mesure 324 mètres.

▶ Avec les verbes exprimant le goût, la préférence : *aimer, adorer, préférer, détester,* etc.
Justine adore le chocolat au lait. Moi, je préfère le chocolat noir.
Arnaud n'aime pas les films d'horreur.

▶ Quelque chose qui a un sens général :
• les noms : *Le métro est un moyen de transport rapide en ville.*
• les groupes : *Les Français voyagent moins que les Anglais.*
• les notions (les noms abstraits) : *L'amour passe, l'amitié reste.*

▶ Les matières scolaires, les langues.
Alex a étudié les mathématiques mais il a toujours préféré la physique.
Jennifer a passé un an à Paris pour étudier le français.

▶ Avec les titres de personnes.
Le docteur Rey ne reçoit pas le lundi.
Nous avons dîné avec le général Leduc et sa femme.

▶ Les parties du corps.
Il a mal à la tête.
Elle s'est cassé la jambe.

▶ Les pays, les États, les régions.
Pendant les vacances, nous avons visité la France, la Belgique, les Pays-Bas et le Danemark.
La Provence est ma région préférée.

▶ Les dates.
• Date précise
La semaine dernière, j'étais en vacances.
Mes parents arrivent la semaine prochaine.
Aujourd'hui, nous sommes le 16 septembre.

⚠ Si l'on précise le jour sans la date, pas d'article.
Aujourd'hui, nous sommes jeudi.
Jeudi dernier, j'ai vu Rachel.
On déjeune ensemble jeudi prochain.

⚠ Si l'on précise le jour et la date, il y a 3 possibilités :
Jeudi 16 septembre / le jeudi 16 septembre / jeudi le 16 septembre

• Habitude : *Le samedi, les enfants n'ont pas classe.* (tous les samedis)

▶ Le prix selon la quantité.
Les pommes coûtent deux euros le kilo.
Les melons sont à trois euros la pièce.

⚠ L'article disparaît parfois devant *pièce* : *Les melons sont à trois euros pièce.*

▶ Des expressions.
Certaines expressions demandent l'article défini : *avoir le temps, faire la vaisselle, pren-*
dre le volant, être sur les nerfs, etc.

■ **Les articles et les prépositions *à* et *de***
Attention aux contractions !

à	de
à + le = **au** *Jacques va **au** cinéma*	de + le = **du** *On a parlé **du** film.*
à + la = **à la** *Fabien va **à la** bibliothèque.*	de + la = **de la** *Luc se souvient **de la** chanson.*
à + l' = **à l'** *Les enfants sont **à l'**école.*	de + l' = **de l'** *Ils jouent dans la cour **de l'**école.*
à + les = **aux** *Antoine est **aux** États-Unis.*	de + les = **des** *Monica vient **des** Pays-Bas.*

LES ARTICLES INDÉFINIS : *UN, UNE, DES*
*un livre, **une** feuille, **des** stylos*

■ **Formes**
Masculin : ***un** garçon*. Féminin : ***une** assiette*. Pluriel : ***des** oiseaux*.

■ **Les emplois des articles indéfinis**
On utilise l'article indéfini pour quelque chose qui n'a pas été mentionné avant ou
qui est indéterminé :
*Il y a **des** expositions très intéressantes dans ce musée.*
*Est-ce que tu as **un** stylo rouge ?*

✔ *un* et *une* indiquent aussi le nombre 1 :
*Pascal a **un** frère et deux sœurs. Il a **une** cousine et trois cousins.*

⚠ *les ≠ des*
*Charles a visité **les** musées.* (les musées que je lui ai recommandés ou tous les musées
de la ville)
*Charles a visité **des** musées.* (je ne connais pas précisément ces musées)

LES ARTICLES PARTITIFS : *DU, DE LA, DE L'*
*du pain, **de la** confiture, **de l'**amitié*

■ **Formes**
Masculin : ***du** lait*. Féminin : ***de la** mayonnaise*.

⚠ *de l'* se met devant une voyelle (a, e, i, o, u) : *de l'eau*, et devant un *h* muet : *de l'huile*.

On garde *du* ou *de la* devant un *h* aspiré : *du hareng*. (➡ liste, p. 28)

⚠ Devant *y* : pas d'élision en général (➡ Les articles définis, p. 28) : *du yaourt*.

■ **Les emplois des articles partitifs**
On utilise l'article partitif dans les cas suivants :
▶ **Une quantité indénombrable**
Le bébé boit du lait.
J'ai mis de la moutarde dans mon sandwich.

⚠ Quand il s'agit d'un ensemble de choses dénombrables mais dont la quantité est inconnue ou non précisée, on utilise l'article indéfini *des*.
Si tu vas au marché, tu peux acheter des tomates ?

▶ **Un nom abstrait ou une notion abstraite**
Si tu as de la chance, tu pourras rencontrer le ministre.
Avec du courage et de la persévérance, tu réussiras tes études.

⚠ Quand le nom est accompagné d'un adjectif, on emploie l'article indéfini.
Il a un courage extraordinaire.

L'OMISSION DE L'ARTICLE

Noëlle n'a pas de voiture. Elle parle avec conviction. Il est en prison pour vol.

L'article est parfois remplacé par *de* ou parfois simplement omis.

■ ***de* remplace parfois l'article indéfini ou l'article partitif**
▶ ***de* remplace l'article indéfini :**
• quand il y a un adjectif pluriel placé avant le nom.
Aurélie a de jolis cheveux.

✔ Mais, à l'oral, il est fréquent de garder *des* : *Aurélie a des jolis cheveux.*

✔ On garde aussi *des* quand l'adjectif fait partie intégrante du nom.
Des petits pains, des jeunes filles, etc.

• quand l'article est précédé d'une quantité : *Marc a beaucoup de copains.*
• après certains verbes ou expressions *: avoir besoin de, avoir envie de, se servir de,* etc.
Samya a besoin de chaussures neuves.

⚠ Au singulier, *de* peut remplacer *un* ou *une* ou précéder l'article.
J'ai envie de glace au chocolat. (quantité non précisée)
J'ai envie d'une glace au chocolat. (quantité précisée)

• quand l'article est précédé d'une négation.
Pour Noël, tu achètes un chien ? – Ah, non. Je n'achète pas de chien.
Georges a une voiture ? – Non, il n'a pas de voiture.

*Ludovic a des problèmes ? – Non, il n'a jamais **de** problème.*
*Tu as des enfants ? – Non, je n'ai pas **d'**enfant.*

⚠ L'article défini est maintenu avec la négation.
*Henri ne prend pas **le** métro.*

• Dans la double négation *ne... ni... ni...*, l'article peut être omis pour marquer l'insistance.
Mes parents n'ont ni chien ni chat.

• Les articles indéfinis sont maintenus quand :
– on insiste sur la quantité.
*Je n'ai pas **un** euro sur moi.* (aucun euro ou pas un seul euro)
– il y a une opposition.
*Je n'ai pas fait **un** gâteau mais une tarte.*

⚠ Dans les tournures *Ce n'est pas, ce ne sont pas*, l'article est maintenu.
*Qu'est-ce que c'est mon cadeau, un jouet ? – Non, ce n'est pas **un** jouet, c'est un livre.*
*C'est du fromage, ça ? – Non, ce n'est pas **du** fromage, c'est de la crème.*
*Ce sont des diamants ? – Non, ce ne sont pas **des** diamants, ce sont des imitations en verre.*

▶ ***de** remplace l'article partitif :*
• quand l'article partitif est précédé d'une quantité.
*Tu veux un peu **de** vin ? Aujourd'hui, il y a trop **de** vent pour faire du bateau.*
*Béatrice donne beaucoup **d'**amour à ses enfants.*
• quand l'article partitif est précédé d'une négation.
*Lucien a pris du café ? – Non, il n'a pas pris **de** café.*
*Tu as de la chance ? – Non, je n'ai pas **de** chance.*
*Les enfants mangent des bonbons ? – Non, ils ne mangent pas **de** bonbons.*

⚠ *de l'eau ≠ d'eau :*
*Paul boit **de l'**eau. Il boit beaucoup **d'**eau. Son frère ne boit pas **d'**eau.*
de l'argent ≠ d'argent :
*Sa mère a **de l'**argent. Elle a assez **d'**argent. Il n'a plus **d'**argent.*

▶ **Verbes construits avec *de* :**
L'article est maintenu : *se souvenir de, être content de, avoir peur de, se servir de,* etc.
*Je ne me souviens pas **des** paroles de la chanson.*   *(des = de + les)*
*Philippe n'est pas content **du** gouvernement.*   *(du = de + le)*
*Linda se sert **de la** théière que je lui ai offerte.*
*Pour écrire, je me sers **d'un** stylo-plume.*

⚠ Avec les verbes construits avec *de*, *de* remplace l'article partitif. (➡ Les articles partitifs, p. 30)
*Nous avons besoin **d'**eau.*

■ **Autres cas d'omission de l'article**

▶ Dans la construction : **nom** (pronom) + ***être*** (ou : *devenir, rester*) + **profession**.
Ma voisine est architecte. Il voudrait être astronaute.

⚠ Quand le nom de la profession est précisé, on met un article.
*Ma voisine est **une** architecte connue.* (article indéfini avec un adjectif)
Mais : *C'est **une** architecte connue.* (et non *Elle est*)
*Monsieur Martel est **le** directeur de l'école.* (article défini avec un complément du nom qui donne un caractère unique au nom : le seul directeur de l'école, qui est connue)

▶ **Avec certaines prépositions :** *avec, sans, par, pour.*
• *Avec*
*Mon collègue m'a parlé **avec** franchise.*

⚠ Si le nom est qualifié, l'article est maintenu.
*Mon collègue m'a parlé avec **une** franchise étonnante.*

⚠ Avec *grand*, l'article peut être omis.
*Je viendrai **avec (un) grand** plaisir.*

• *Sans*
*Georges a quitté la table **sans** explication.*

⚠ Pour marquer l'insistance, l'article peut être maintenu.
*Georges a quitté la table **sans une** explication* (ou : *sans aucune explication*).
L'article est aussi maintenu quand le nom est déterminé.
***Sans** l'aide de ma sœur, je n'aurais jamais réussi mon examen.* (le nom *aide* est déterminé par *de ma sœur*)

• *Par*
Quand le nom indique une cause, un moyen ou une unité, il n'y a pas d'article.
*Elsa a cassé le jouet de son frère **par** jalousie.* (la cause)
*Je te contacterai **par** téléphone.* (le moyen)
*Les enfants vont à la piscine une fois **par** semaine.* (l'unité)

Il y a de nombreuses locutions avec *par* : *par avance, par erreur, par exemple, par hasard, par personne, par principe, par terre,* etc.

• *Pour*
*Cet homme politique a fait de la prison **pour** fraude fiscale.* (la cause)

⚠ Si le nom est qualifié, l'article est maintenu.
*Cet homme politique a fait de la prison **pour une** énorme fraude fiscale.*

▶ **Dans les constructions :**
• **Article + nom + à + nom** (le 2ᵉ nom indiquant le type du 1ᵉʳ nom)
une tasse à café (un type de tasse faite pour contenir du café)
une robe à fleurs

⚠ Si le 2ᵉ nom indique le parfum d'un aliment, un ingrédient ou un mode de préparation, l'article est maintenu.
*un gâteau **au** chocolat*   *une tarte **aux** fraises*
*une glace **à la** vanille*   *une salade de tomates **à la** napolitaine*

• **Article + nom + *de* + nom** (le 2ᵉ nom indiquant la matière, le contenu, la provenance, le type)
*Un pantalon **de** cuir* (ou ***en** cuir*)
*une tasse **de** café* (une tasse remplie de café)
*une pomme **de** terre*

▷ On omet aussi l'article dans les cas suivants :
• **Le vocatif** (lorsque l'on s'adresse directement à quelqu'un)
Bonjour, docteur.
• **Les énumérations**
Cette omission n'est pas obligatoire mais elle donne un effet d'insistance.
Irlandais, Australiens, Britanniques, Américains parlent anglais.
(ou *Les Irlandais, les Australiens, les Britanniques et les Américains parlent anglais.*)

Les adjectifs

LES ADJECTIFS QUALIFICATIFS

*Victoire a une **petite** voiture **blanche**. Vos amis sont **gentils**.*

L'adjectif qualificatif peut être **épithète** (quand il qualifie un nom).
*Un **petit** garçon **blond***
[*petit* et *blond* s'accordent en genre (masculin ou féminin) et en nombre (singulier ou pluriel) avec le nom *garçon*]
Il peut aussi être **attribut du sujet** (employé avec un verbe d'état comme *être*).
*La maison est **grande**.* (*grande* s'accorde avec le sujet *La maison*)

⚠ Les **participes passés** employés comme adjectifs s'accordent comme les adjectifs.
*Les portes sont **fermées**.* (➡ L'accord du participe passé, p. 115)

Principaux verbes d'état : *avoir l'air, demeurer, devenir, être, paraître, passer pour, rester, sembler,* etc.

1. Le féminin et le pluriel des adjectifs qualificatifs

■ **Le féminin des adjectifs qualificatifs**
Il y a différentes façons de former le féminin.

▷ **En général, on ajoute un *-e* à l'adjectif masculin**
Joli → jolie / grand → grande / brun → brune / gris → grise

⚠ La nasale finale disparaît au féminin et on prononce la consonne finale :
brun → bru_ne_.

⚠ Si l'adjectif masculin comporte déjà un -e final, pas de changement au féminin.
Robert est malade → *Sophie est malade.*

▷ **Il y a doublement de la consonne finale pour tous les adjectifs en :**
-el → -elle   *éternel/éternelle, habituel/habituelle naturel/ naturelle*
-on → -onne   *bon/bonne, breton/bretonne, mignon/mignonne*
-(i)en → -(i)enne   *ancien/ancienne, européen/européenne, italien/italienne*

⚠ Quelques adjectifs en -s suivent cette règle :
bas/basse, épais/épaisse, gros/grosse, gras/grasse, las/lasse
Les autres adjectifs en -s sont réguliers :
gris/grise, confus/confuse, français/française, etc.

✔ Cas particuliers de doublement de la consonne finale :
cadet/cadette, coquet/coquette, fluet/fluette, muet/muette, net/nette, simplet/simplette, violet/violette, nul/nulle, pareil/pareille

▷ **Féminin avec -e accent grave (-è)**
Pour les adjectifs en :
● -er → -ère   *dernier/dernière, entier/entière, premier/première*

⚠ Les adjectifs *amer/amère, cher/chère, fier/fière* suivent cette règle mais le -r final du masculin est prononcé. Masculin et féminin ont donc la même prononciation.
● -et → -ète   *complet/complète, discret/discrète, inquiet/inquiète*

▷ **Changement de la consonne finale + -e**
● -c → -che   *blanc/blanche, franc/franche, sec/sèche* (accent grave)

⚠ L'adjectif *frais* suit cette règle : *frais/fraîche* (avec accent circonflexe)

⚠ Mais :   *caduc/caduque, public/publique, turc/turque* et *grec/grecque* (conserve le c)
                   et *chic/chic* (pas de changement)
● -eau → -elle   *beau/belle, nouveau/nouvelle, jumeau/jumelle*
● -eur → -euse   *charmeur/charmeuse, menteur/menteuse*

⚠ Sauf : *antérieur(e), inférieur(e), extérieur(e), intérieur(e), postérieur(e), supérieur(e), majeur(e), mineur(e), meilleur(e),* et *ultérieur(e).*
● -eux → -euse *heureux/heureuse, matheux/matheuse, studieux/studieuse*

⚠ Sauf : *vieux/vieille*
● -if → -ive   *actif/active, négatif/négative, positif/positive, sportif/sportive, vif/vive*
-ou → -olle   *fou/folle, mou/molle* (deux adjectifs)
-teur → -trice   *interrogateur/interrogatrice, moteur/motrice, observateur/observatrice*

⚠ Sauf : *menteur/menteuse.*

⚠ Les adjectifs *beau, nouveau, vieux* et *fou* possèdent deux formes au masculin.
*Un **beau** garçon / Un **bel** homme* (devant nom masculin commençant par une voyelle ou un *h* muet)
*Un **nouveau** bureau / Un **nouvel** ordinateur*
*Un **vieux** monsieur / Un **vieil** homme*

✔ *Fou* est particulier car il se place généralement derrière le nom (*un amour* **fou**) mais en littérature ou en style recherché, on peut le trouver sous la forme *fol* devant un mot masculin commençant par une voyelle (*un* **fol** *espoir, un* **fol** *amour*).

⚠ Quelques adjectifs particuliers :
*favori/favori**te***
*gentil/genti**lle***
*aigu/aig**uë**, ambigu/ambig**uë**, exigu/exig**uë***
*doux/dou**ce**, jaloux/jalou**se**, roux/rou**sse**, faux/fau**sse***
*bénin/béni**gne**, malin/mali**gne***

■ **Le pluriel des adjectifs qualificatifs**

▶ **En général, on ajoute un** *-s* **à l'adjectif masculin ou féminin.**
un stylo vert → des stylos verts
une jupe verte → des jupes vertes

▶ **Cas particuliers**
Certains adjectifs ont un pluriel masculin irrégulier.

-s → -s	*un dictionnaire épais / des dictionnaires épais*
-x → -x	*un collier précieux / des colliers précieux*
-eau → -eaux	*un **beau** livre / de **beaux** livres*
-al → -aux	*un document lég**al** / des documents lég**aux***

⚠ Sauf : *natal(s), fatal(s), naval(s),* etc.
Quelques adjectifs acceptent les deux formes du pluriel :
banal → banals/banaux ; final → finals/finaux ; idéal → idéals/ idéaux ;
glacial → glacials/glaciaux (+ rare).

2. La place et l'accord des adjectifs qualificatifs

■ **La place des adjectifs qualificatifs**

▶ **Les adjectifs placés après le nom**
C'est le cas le plus fréquent : *une discussion* **intéressante**.

▶ **Les adjectifs placés devant le nom**
Ce sont généralement des adjectifs courts : *un* **beau** *tableau*.

⚠ *De* remplace *des* devant l'adjectif pluriel placé devant le nom.
Tatiana a **de jolis** *cheveux.*

Principaux adjectifs placés avant le nom : *autre, beau, bon, demi, dernier, double, grand, gros, jeune, joli, long, mauvais, nouveau, petit, premier, prochain, vieux,* etc.

⚠ *Prochain* et *dernier* se placent après les mots qui expriment le temps.
jeudi **prochain**, *la semaine* **dernière**

Les adjectifs de nombres sont aussi toujours placés avant le nom.
le vingt-et-unième siècle (➡ Les adjectifs numéraux ordinaux, p. 45)

▶ **Les adjectifs placés avant ou après le nom**
On distingue alors deux catégories : avec ou sans changement de sens.
• Sans changement de sens : surtout des adjectifs d'appréciation.
*un repas **excellent** / un **excellent** repas.* (Une emphase est mise sur l'adjectif placé avant le nom.)
On ne met généralement pas un adjectif long devant un nom court.

Exemples d'adjectifs d'appréciation : *étrange, excellent, extraordinaire, formidable, horrible, ignoble, incroyable, magnifique, odieux, remarquable, somptueux, splendide, superbe,* etc.

• Avec changement de sens
Exemples :

ancien →	un **ancien** magasin (un local qui était un magasin autrefois mais ne l'est plus)	un appartement **ancien** (vieux ou de style d'époque)
cher →	mes **chers** amis (que j'aime)	des vacances **chères** (qui coûtent beaucoup d'argent)
curieux →	une **curieuse** coïncidence (étrange)	un enfant **curieux** (1. qui s'intéresse à tout 2. étrange)
drôle →	une **drôle de** femme (étrange) ⚠ drôle + **de** + nom	une femme **drôle** (amusante)
grand →	un **grand** homme (important, célèbre)	un homme **grand** (de haute taille)
propre →	mon **propre** frère (insistance sur l'appartenance)	un vêtement **propre** (pas sale)
seul →	un **seul** homme (pas plus d'un)	un homme **seul** (qui n'a personne avec lui)

⚠ Certains adjectifs comme *grand* se placent généralement devant le nom.
*un **grand** arbre* (de haute taille)
Ils peuvent changer de sens en restant devant le nom.
*un **grand** homme* (célèbre) / *un **grand** enfant* (un adulte qui se comporte comme un enfant)
Pour ces cas, il faut donc mettre l'adjectif derrière le nom pour qu'il reprenne son sens premier.
*un homme **grand** ; un enfant **grand*** (de haute taille)

II - Les parties du discours

■ **L'accord des adjectifs qualificatifs**
• En général, l'adjectif s'accorde en genre (masculin ou féminin) et en nombre (singulier ou pluriel) avec le nom auquel il se rapporte.
une fille intelligente, des livres anciens, des questions générales
• Si l'adjectif qualifie plusieurs noms du même genre, le genre est maintenu.
un livre (masculin) et un film (masculin) passionnants (masculin pluriel)
une pomme (féminin) et une poire (féminin) succulentes (féminin pluriel)
• Si l'adjectif qualifie plusieurs noms de genres différents, il est masculin pluriel.
une étudiante (féminin) et un étudiant (masculin) allemands (masculin pluriel).

▶ **Cas particuliers : les adjectifs de couleur**
• Les couleurs *blanc, bleu, jaune, noir, rose, rouge, vert,* etc., s'accordent régulièrement.
une mer bleue, des chaussures noires, etc.
• Les noms employés comme adjectifs de couleur ne s'accordent généralement pas.
des tee-shirts orange, des cheveux marron, des nappes saumon, etc.

Exemples de noms employés comme adjectifs de couleur : *abricot, acajou, argent, aubergine, auburn, brique, bronze, café, caramel, carmin, cerise, champagne, chocolat, citron, corail, crème, cuivre, ébène, émeraude, framboise, grenat, groseille, indigo, kaki, lavande, marron, moutarde, noisette, ocre, orange, prune, sable, safran, saumon, turquoise, vermillon,* etc.

⚠ Exceptions : *des robes roses, des châles mauves.*

⚠ L'adjectif *châtain* (de la couleur de la châtaigne) s'utilise surtout pour désigner la couleur des cheveux, entre le blond et le brun.
un homme châtain, une femme châtain (châtaine : rare*), des cheveux châtains.*
Il s'accorde rarement au féminin mais toujours au pluriel.

• Les adjectifs de couleur composés
Ils sont formés d'un adjectif de couleur précisé par un deuxième adjectif. Ils sont invariables.
un ciel bleu foncé, des eaux bleu foncé, des jupes vert clair.

3. Les compléments des adjectifs qualificatifs
L'adjectif peut être précisé par un complément (un mot ou un groupe de mots).
Fabienne est folle de joie, elle est amoureuse d'un étudiant espagnol.
(de joie précise folle et d'un étudiant espagnol précise amoureuse)

▶ **Le complément de l'adjectif peut être :**
• un nom commun : *François est furieux contre son chef.*
• un nom propre : *François est furieux contre Bernard.*
• un pronom (personnel, indéfini, possessif, démonstratif) :
Je suis jaloux de toi / de certains / des tiens / de celles-ci.
• un infinitif : *Mon frère est impossible à comprendre.*

- un adverbe : *Cet exercice est **vraiment** difficile.*
- une proposition complétive (introduite par *que*) : *Je suis sûr **que Marc a compris**.*

▶ **Les prépositions devant le complément**
Le complément peut être relié au complément par une préposition : *à, de, en, par, pour,* etc., mais aussi par le pronom *que.*
*C'est facile **à faire**. / Ce vin est riche **en alcool**. / Alice est contente **que son frère soit là**.*
- Les prépositions les plus fréquentes sont *à* et *de*.
On utilise *à* dans les constructions :
– sujet (sauf *il* impersonnel) + *être* + adjectif + *à* : *Ce journal est facile **à** lire.*
– ... nom + adjectif + *à* : *Voici un journal facile **à** lire. / J'ai acheté un journal facile **à** lire.*
- On utilise *de* dans les constructions impersonnelles.
*Il est + adjectif + de : Il est facile **de** lire ce journal.*
- D'autres prépositions peuvent être utilisées devant le complément.
*Cette ville est connue **pour** ses nombreuses fontaines.*
*Ludivine est très gentille **envers** son petit frère.*
*Carla est restée silencieuse **par** timidité.*
Etc.

LES ADJECTIFS POSSESSIFS

***mon** piano, **ma** tasse, **mes** vêtements*

Les adjectifs possessifs se placent devant un nom et s'accordent en genre et en nombre avec celui-ci. Ils sont choisis en fonction de celui qui possède et s'accordent avec ce qui est possédé.

Singulier		Pluriel	Sens
Masculin	**Féminin**	**Masculin et féminin**	
mon père	**ma** mère **mon** amie*	**mes** parents	*à moi*
ton père	**ta** mère **ton** amie*	**tes** parents	*à toi*
son père	**sa** mère **son** amie*	**ses** parents	*à lui, à elle*
notre père	**notre** mère	**nos** parents	*à nous*
votre père	**votre** mère	**vos** parents	*à vous*
leur père	**leur** mère	**leurs** parents	*à eux, à elles*

* Au singulier, devant un nom féminin avec une voyelle ou un *h* muet (➡ Les articles définis, p. 28), *ma, ta* et *sa* sont remplacés par *mon, ton* et *son.*
***Mon** école sera fermée demain. Je n'ai pas bien compris **ton** histoire.*

Exemples :
*Je viendrai avec **mon** ordinateur et **mes** livres.*
***Ta** montre est belle.*
*Véronique a mis **son** chapeau et **ses** lunettes. Pierre a aussi mis **son** chapeau et **ses** lunettes.*
***Mon** mari et moi, nous adorons **notre** nouvelle maison. **Nos** enfants s'y sentent bien.*
*Madame Mercier, vous avez oublié **votre** parapluie et **vos** gants chez moi.*
*Les arbres de mon jardin ont perdu **leurs** feuilles.*
*Les voisins n'arrosent pas **leur** jardin.*

⚠ Au pluriel, il n'y a pas de distinction entre l'adjectif possessif masculin et féminin.
***mes** frères, **mes** sœurs, **mes** frères et sœurs*

⚠ La troisième personne du singulier est souvent un peu confuse pour certains étrangers.
***Son** ordinateur :* peut indiquer l'ordinateur qui appartient à une femme ou à un homme.
***Sa** voiture :* peut indiquer la voiture qui appartient à une femme ou à un homme.
*Marc utilise **son** ordinateur. Sophie utilise **son** ordinateur.*
*Marc prend **sa** voiture. Sophie prend **sa** voiture.*

LES ADJECTIFS INTERROGATIFS

***Quel** est ton nom ? **Quelles** lunettes préférez-vous ?*

■ Formes

Les adjectifs interrogatifs s'accordent en genre et en nombre avec le nom qu'ils accompagnent.
* **Quel** : *Quel film est-ce que nous allons voir ?* (masculin singulier)
* **Quelle** : *Quelle voiture préfères-tu ?* (féminin singulier)
* **Quels** : *Quels sont les horaires des trains Paris-Lyon ?* (masculin pluriel)
* **Quelles** : *Quelles chaussures est-ce que je dois mettre ?* (féminin pluriel)

■ Les emplois des adjectifs interrogatifs

L'adjectif interrogatif peut être :
* suivi d'un nom :
*Donne-moi le livre. – **Quel** livre ?*
* suivi d'un groupe verbal. Plusieurs cas :
– *Quel* + sujet + verbe (+ complément)
***Quelle** étudiante parle chinois ?*
– *Quel* + COD + verbe + sujet
***Quels** pays a-t-il visités ? **Quels** pays ton père a-t-il visités ?*
Si *quel* est devant le complément d'objet (*pays*) et si le sujet est un nom (*ton père*), il y a une inversion avec le pronom (*il*) qui reprend le sujet.

– *Quel* + *être* + sujet
Quel *est ton nom ?* **Quel** *est-il ?*
Si *quel* est devant le verbe *être*, il y a inversion verbe/sujet [trait d'union (-) devant le pronom].
• précédé d'une préposition construite avec le verbe :
De **quel** *outil as-tu besoin ?*

LES ADJECTIFS DÉMONSTRATIFS

ce peintre, **cet** *homme,* **cette** *peinture,* **ces** *visiteurs*

Les adjectifs démonstratifs se placent devant le nom et s'accordent en genre et en nombre avec celui-ci.

■ **Formes**

Singulier		Pluriel
Masculin	**Féminin**	**Masculin et féminin**
ce tableau (-ci, -là) **cet** avion* (-ci, -là)	**cette** porte (-ci, -là)	**ces** chansons (-ci, -là) **ces** livres (-ci, -là)

* Au masculin singulier, on emploie *cet* devant une voyelle ou un *h* muet.
***cet** enfant,* **cet** *homme*
On utilise *ce* devant une consonne ou un *h* aspiré (➡ liste p. 28).
ce poisson, ce homard

■ **Les emplois des adjectifs démonstratifs**
Les adjectifs démonstratifs peuvent :
• désigner quelque chose de précis.
Je peux prendre **cette** *chaise ?* (la chaise que je vois ici)
• indiquer que quelque chose a déjà été mentionné dans une phrase précédente.
Il y a eu un ouragan dans le sud du pays. Heureusement, **cet** *ouragan n'a pas fait de victimes.*
• ajouter une idée d'énervement ou de moquerie au nom qu'il précède.
Bastien nous a encore présenté une nouvelle fiancée. – Ah, **ce** *Bastien…*
• être suivis d'un nom avec *-ci* ou *-là*.
-ci indique un rapprochement et *-là* un éloignement mais dans l'usage, employés seuls, ils sont interchangeables :
Je voudrais **ces** *chaussures-**ci**. / Je voudrais* **ces** *chaussures-**là**.* (plus fréquent)
Employés ensemble, ils servent alors à différencier les deux choses :
Tu préfères **ce** *manteau-**ci** ou ce manteau-**là** ?*

⚠ Avec une expression du temps, *-là* permet de renvoyer à une période lointaine.
Je suis arrivé à Paris il y a quatre ans, un lundi. Je me souviens, **ce** *lundi-**là*** (ou : **ce** *jour-**là**), il y avait une grève des transports.*

Dans la langue formelle, *-ci* peut indiquer l'époque présente : *Je pars ce samedi-ci.*
Dans la langue courante, on dit généralement : *Je pars ce samedi.*

LES ADJECTIFS INDÉFINIS

*Basile n'a **aucun** problème. **Chaque** matin, il court.*

• L'adjectif indéfini accompagne un nom avec lequel il s'accorde en genre et en nombre.
*Mon oncle a un **certain** âge.*
*Baptiste a résolu l'équation avec une **certaine** facilité.*
***Certains** meubles sont à jeter.*
***Certaines** personnes n'ont pas aimé ton exposé.*
• Les adjectifs indéfinis peuvent exprimer une idée de **quantité** (*aucun, chaque, différents, divers, maint, nul, plusieurs, quelque, tout,* etc.), de **qualité** (*certain, quelque, quelconque, n'importe quel*) ou de **ressemblance** (*autre, même, tel*).

■ Les adjectifs indéfinis de quantité

▶ *Aucun*
Aucun (*aucune*) est toujours au singulier et est accompagné de *ne*. Il a le sens de *pas un seul*.
*Roberta **n'a aucun** ami en France. Pourtant, elle **n'a aucune** envie de rester seule.*

▶ *Chaque*
Chaque (invariable) n'a pas de pluriel. Il détermine un élément d'un groupe.
***Chaque** passager doit valider son ticket.*

▶ *Différents* et *divers*
Différents (*différentes*) et *divers* (*diverses*) n'ont pas de singulier et indiquent la multiplicité.
*J'ai préparé **différents** petits-fours pour le dessert. Il a eu **diverses** difficultés dans sa vie.*

▶ *Maint*
Maint (*mainte, maints, maintes*) s'emploie surtout au pluriel et signifie « un grand nombre de ».
*Elle a visité **maintes** maisons mais n'a pas trouvé celle qui lui plaît.*

⚠ *Maintes fois* ou *Maintes et maintes fois* (très souvent) peuvent s'utiliser avec une idée d'énervement, d'irritation.
*Je t'ai répété **maintes et maintes fois** de fermer la fenêtre quand tu sors.*

▶ *Nul*
Nul (*nulle, nuls, nulles*) s'emploie avec *ne*. Il a le sens de *aucun* mais il est moins fréquent.
*Émilie **n'a nulle** envie de redoubler sa classe.*

⚠ *Nul* est aussi adjectif qualificatif et signifie « qui ne vaut rien » : *On a vu un film **nul**.*

⚠ Quand *sans* précède *nul*, *ne* disparaît : *Ses parents l'aideront financièrement, **sans nul** doute.*

▸ *Plusieurs*

Plusieurs (invariable) s'utilise toujours au pluriel et indique la multiplicité.
*Béatrice a essayé **plusieurs** montres avant de se décider.*

▸ *Tout*

Tout (*toute*, *tous*, *toutes*) s'accorde en genre et en nombre avec le nom qu'il accompagne.
Il peut s'utiliser :
• devant un nom précédé d'un article, d'un possessif ou d'un démonstratif.
– Il peut avoir un sens d'intégralité :
*On a refait **tout** le bureau. **Toute** sa famille est venue. **Tous** ces problèmes me dépriment.*
– Il peut avoir un sens de régularité :
*Je me lève à huit heures **tous** les matins. Les automobilistes doivent s'arrêter **toutes** les heures.*
• sans déterminant ; il prend alors le sens de *chaque* et indique une vérité générale.
Tout travail mérite salaire.

⚠ Cet emploi est souvent au singulier mais le pluriel est parfois sous-entendu.
*De **toute** façon, je n'irai pas à son anniversaire.* (= de toutes les façons)
*Dans ce restaurant, on peut manger à **toute** heure.* (= à toutes les heures)

■ **Les adjectifs indéfinis de qualité**

▸ *Certain*

Certain (*certaine*, *certains*, *certaines*) est généralement accompagné d'un article au singulier et sans article au pluriel. Il peut indiquer une imprécision.
*Jean-Louis a une **certaine** connaissance en économie.*
***Certains** professeurs donnent trop de devoirs.*

⚠ Il y a un article au pluriel quand *certain* est adjectif qualificatif.
*Ce sont des prévisions **certaines**.*

▸ *N'importe quel*

N'importe quel (*quels*, *quelle*, *quelles*) indique l'indétermination. L'accord se fait en genre et en nombre avec le nom.
*Avec ce pantalon noir, je peux mettre **n'importe quel** pull et **n'importe quelles** chaussures.*

▸ *Quelconque*

Quelconque est accompagné d'un article indéfini et peut s'utiliser avant ou après un nom ; ce mot signifie *n'importe quel*.
*Écrivez votre nom et votre adresse sur une feuille **quelconque**.*
Quelconque peut être employé comme adjectif qualificatif et être donc mis au pluriel (*quelconques*). Il a alors un sens dépréciatif.
Ce restaurant était quelconque. (sans intérêt)

▶ **Quelque**

Au singulier, *quelque* indique l'indétermination et signifie *un(e) certain(e)*.
*Hector a vécu dix ans dans **quelque** île du pacifique.*

■ **Les adjectifs indéfinis de ressemblance**

▶ **Autre**

Autre (*autres*) s'emploie entre un déterminant (*un, une, d', l', les, son, cet,* etc.) et un nom. Il est utilisé pour différencier deux choses ou deux personnes.
*Sandrine a un fils médecin. Son **autre** fils est architecte.*

⚠ Le pluriel de *un(e) autre* est **d'autres**.
*Diane a invité **une autre** personne à la fête.* → *Diane a invité **d'autres** personnes à la fête.*

✔ Ne pas confondre avec *des autres*, dans le cas du complément du nom.
*Les parents **des autres enfants** ne sont pas venus au pique-nique.*
*Tu as vu le film La Vie **des autres** ?*

▶ **Même**

Même (*mêmes*) est précédé d'un article défini (*le, la, les*).
*Astrid a le **même** manteau que sa sœur. Elles ont les **mêmes** manteaux.*

▶ **Tel**

Tel (*telle, tels, telles*) désigne quelque chose de particulier mais que l'on ne nomme pas.
*La directrice m'a dit de me présenter à **tel** endroit à **telle** heure.*

LES ADJECTIFS NUMÉRAUX CARDINAUX ET ORDINAUX (LES NOMBRES)

*Jules a **soixante-et-onze** ans. C'est la **troisième** fois qu'il est là.*

1. Les adjectifs numéraux cardinaux

• Ils indiquent un nombre, une quantité : *un, cinq, quatre-vingt-deux, mille deux cents,* etc.
• Ils peuvent s'employer seuls avec un nom, avec ou sans article.
*Bruno a acheté **deux** livres. Les **deux** livres que Bruno a achetés sont en anglais.*
*Les élèves sont trop nombreux dans la classe. Ils sont **trente-six**.*

■ **Formes**

• Les adjectifs numéraux cardinaux sont simples ou composés.
– Simples : *zéro, un, deux, trois, quatre, cinq, six, sept,* etc.
– Composés : par addition (*vingt-quatre : 20 + 4*), par multiplication (*quatre-vingts : 4 × 20*) ou les deux (*quatre-vingt-seize : 4 × 20 + 16*).
• Il y a un trait d'union (-) entre les dizaines et les unités.
trente-deux (mais cent deux)

On ajoute *et* entre les dizaines et *un.*
Vingt et un, trente et un, etc. (mais *quatre-vingt-un*).
Pour *onze,* on écrit *soixante et onze* mais *quatre-vingt-onze.*

■ **L'accord de l'adjectif numéral cardinal**
Les adjectifs cardinaux sont invariables sauf *un, vingt,* et *cent.*
les quatre saisons / les douze travaux d'Hercule
• *Un* s'accorde au féminin singulier.
une idée / vingt et une personnes / les trente et une participantes.
• *Vingt* et *cent* s'accordent au pluriel s'ils ne sont pas suivis d'un autre nombre et s'ils sont multipliés.
Nicolas a vingt ans. Son grand-père a quatre-vingts ans, sa grand-mère a quatre-vingt-deux ans.
Mon voisin a gagné huit cents euros au Loto.
La salle contient exactement trois cent vingt places.

⚠ Pas de *-s* quand *cent* est précédé de l'article *les.*
Les cent premiers coureurs ont mis moins de deux heures.
Il y avait trois cents coureurs dans cette course.

⚠ *Mille* est invariable.
Il y avait près de dix mille personnes au concert.

⚠ Les adjectifs cardinaux peuvent être employés comme noms.
*Mon numéro de maillot de basket-ball est **le quatre**.*

2. Les adjectifs numéraux ordinaux
Ils indiquent l'ordre, le rang : *premier, cinquième, quatre-vingt-deuxième,* etc.

■ **Formes**
• *un(e)* → **premier** *(première)*
⚠ Dans les adjectifs composés avec *un* ou *une,* on emploie *unième.*
vingt et un → *vingt et **unième***
• Ensuite, l'adjectif ordinal se fait en ajoutant *-ième* à l'adjectif cardinal.
deux → *deuxième* (ou *second*)
trois → *troisième*
quatre → *quatrième*
• Le *-e* final de l'adjectif cardinal tombe. (quatr~~e~~ + ième = quatrième)
onze → *onzième*
douze → *douzième*
mille → *millième*

⚠ *neuf* → *neuvième*

■ **L'accord de l'adjectif numéral ordinal**
Il s'accorde en genre et en nombre avec le nom auquel il se rapporte.
les premiers habitants / une seconde chance / les quarantièmes rugissants.

■ **Les emplois des adjectifs numéraux et ordinaux**

L'adjectif numéral ordinal peut avoir plusieurs fonctions :
– épithète : *Le **troisième** jour, on a visité le Louvre.*
– attribut du sujet : *Dans sa classe, Ludovic est **quatrième**.*
– attribut du COD : *Le jury a déclaré le cycliste belge **premier** de la course.*
– adjectif apposé : *Nathalie, **deuxième** au concours, a été admise dans une grande école.*

Les pronoms

LES PRONOMS PERSONNELS SUJETS

*Je lis le journal. **Tu** écoutes la radio. **Nous** habitons à Paris.*

Le sujet représente une personne ou une chose qui fait l'action décrite par le verbe.
***Patrice** s'achètera une moto. **Maeva** visite le Louvre. **Les banques** ouvrent à 9 heures.*
Ces personnes ou choses peuvent être remplacées par des pronoms, utilisés comme
sujets, pour **éviter une répétition** dans une même phrase ou dans une autre phrase.
*Quand Patrice aura vendu sa voiture, **il** s'achètera une moto.*
*Que fait Maeva en ce moment ? – **Elle** visite le Louvre.*
*Les banques sont fermées à 8 heures. **Elles** ouvrent à 9 heures.*

■ **Formes**

		Pronoms personnels sujets
Singulier	1ʳᵉ personne	je (j')
	2ᵉ personne	tu
	3ᵉ personne	il, elle, on
Pluriel	1ʳᵉ personne	nous
	2ᵉ personne	vous
	3ᵉ personne	ils, elles

✔ **Je (J')**
Je devient *J'* devant une voyelle ou un *h* muet. (➡ *h* muet, *h* aspiré, p. 28)
*Je viens de Belgique mais **j'**habite en France. **J'**aime beaucoup Paris.*

■ **Les emplois des pronoms personnels sujets**
Le pronom se place :
– généralement devant le verbe : ***Nous** attendons le train.*
– mais après le verbe dans les questions (dans les constructions avec l'inversion verbe-
sujet) : *Allez-**vous** à la conférence ?*

■ **Emplois particuliers**

▶ **Vous**

• *Vous* est aussi la forme de politesse quand on s'adresse à une ou plusieurs personnes.
*Bonjour, monsieur Blanchet. **Vous** allez bien ?*

• Avec les verbes d'état comme *être, sembler, devenir*, etc., l'adjectif est au singulier quand le sujet est une seule personne.
***Vous** êtes content, monsieur Dulac ? **Vous** êtes contente, madame Dulac ?*
Mais : ***Vous** êtes contents, monsieur et madame Dulac ?*

▶ **Les pronoms qui remplacent les noms de choses (ou abstraits) : *il(s)* et *elle(s)***
Comme les personnes, les choses ont un genre (masculin ou féminin) et un nombre (singulier ou pluriel). Ils sont remplacés par les pronoms personnels sujets correspondants.

Le tableau est joli → *Il est joli.*   *Les tableaux sont jolis* → *Ils sont jolis.*
La porte est fermée → *Elle est fermée.*   *Les portes sont fermées* → *Elles sont fermées.*

✔ *Il* peut aussi être neutre quand il est utilisé dans les constructions impersonnelles.
Il pleut. Il faut prendre un parapluie. Il y a du vent. Il est utile de mettre un manteau.
(➥ Les verbes impersonnels, p. 101)

LE PRONOM « ON »

On reste à la maison. On ne m'a pas dit que l'école était fermée.
On boit du bon vin en Italie.

Le pronom *on*, troisième personne du singulier, est **pronom personnel** quand on sait qui il désigne (*nous, toi*) et **pronom indéfini** lorsqu'il signifie *les gens, quelqu'un*.

■ *On*, **pronom personnel**

• *On* remplace souvent *nous* en français oral. Le verbe reste conjugué au singulier.
*Alors, vous venez ? – Oui, **on** arrive. **On** est là dans une seconde.*
*Léo et moi, **on** aime bien se promener le long de la Seine.*

⚠ L'adjectif et le participe passé prennent la marque du pluriel (ou féminin pluriel).
*Manuel et Patricia, quand êtes-vous arrivés à Paris ? – **On** est arrivés hier.*
*Ma sœur et moi, **on** est brunes.*

• *On* peut aussi avoir un sens ironique, utilisé à la 2ᵉ personne du singulier.
*Alors Mario, **on** dort en classe ?* (ou, moins ironique : *Alors Mario, tu dors en classe ?*)
*C'est à toi cette voiture de sport ? **On** ne se refuse rien...*

■ *On*, **pronom indéfini**

• *On* peut remplacer *quelqu'un* (dans un sens indéfini, un inconnu).
***On** m'a volé mon sac dans le métro.*

• *On* peut aussi remplacer *les gens* (dans un sens indéfini, des gens qu'on ne connaît pas).
*Qu'est-ce qu'**on** t'a dit à la mairie ?* (variante : *Qu'est-ce qu'ils t'ont dit à la mairie ?*)
*En France, **on** dîne vers 20 heures.*

⚠ *On* peut souvent être remplacé par *l'on* après *et, que, qui, si* et *où* dans la langue soutenue. (Cette règle n'est pas appliquée quand *on* est devant un mot commençant par *l* ou après *dont*, pour des raisons de prononciation.)
*Il ne savait pas que **l'on** venait.*
*C'est la salle où **l'on** se réunit.* (Mais : *C'est la salle où on lit*)
*Une personne dont **on** se souvient* (la liaison se fait avec le *t* de *dont*).

LES PRONOMS TONIQUES

*C'est **lui**. **Moi**, je ne veux pas y aller. Tu danses avec **moi** ?*

	Singulier	Pluriel
1ʳᵉ personne	**moi**	**nous**
2ᵉ personne	**toi**	**vous**
3ᵉ personne	**lui, elle**	**eux, elles**

Les pronoms toniques sont employés pour renforcer un nom ou un pronom représentant une personne.

■ **Les pronoms toniques s'emploient :**

▶ avec un nom ou un pronom et peuvent permettre d'insister. La place du pronom n'est pas fixe.
Jeanne est d'accord. Frédéric n'est pas d'accord → *Frédéric, **lui**, n'est pas d'accord.*
Vous êtes d'accord ? → ***Vous**, vous êtes d'accord ?*
*Je ne sais pas, **moi**.*

⚠ Le pronom tonique peut aussi être employé à l'impératif.
***Toi**, viens m'aider !* (ou : *Viens m'aider, **toi** !*) (ordre)
*Demande à maman, **toi**.*

▶ pour poser une question ou pour répondre à une question (avec un verbe sous-entendu).
*Je n'ai pas envie de changer de professeur. Et **elles** ?* (variante : *Et elles, est-ce qu'elles en ont envie ?*)
*Qui a pris mon stylo ? – **Moi**.* (variante : *C'est moi. / C'est moi qui l'ai pris.*)

▶ avec les présentatifs *c'est* et *ce sont*.
C'est précède les personnes du singulier et les 1ʳᵉ et 2ᵉ personnes du pluriel et *Ce sont* précède la 3ᵉ personne du pluriel. C'est le pronom tonique qui détermine la personne à laquelle est conjugué le verbe :
*C'est **moi** qui apporterai le vin.*

*C'est **toi** qui fera la vaisselle.*
*C'est **lui/elle** qui promène le chien.*
*C'est **nous** qui avont préparé le dîner.*
*C'est **vous** qui avez pris la chaise ?*
Mais : *Ce sont **eux/elles** qui ont triché.* (*C'est* est fréquent à l'oral : *C'est eux qui ont triché.*)

▸ associés par *et* à un nom (ou à un autre pronom tonique) pour former un sujet (attention à l'accord avec le verbe) ou un complément d'objet.
*Bérénice et **moi** suivons le même cours de yoga.*   (Bérénice et moi : 1re pers. du pluriel)
*Toi et **lui** devrez travailler ensemble.*   (Toi et lui : 2e pers. du pluriel)
*Je vous ai observés, **toi** et **eux**.*   (toi et eux : 2e pers. du pluriel)

▸ avec la négation *ne ... ni ... ni* et la restriction *ne ... que*.
*Ces gens ne respectent ni **vous** ni **moi**. / Je n'aime que **toi**.*

▸ après une préposition : *à, de, en, sur, avec, sans*, etc.
*Amélie est amoureuse de **lui**. Ils sont sortis sans **nous**. Personne n'a confiance en **eux**.*

✔ Cas particulier : avec la préposition *à*
– pour indiquer la possession :
*Il est à qui ce parapluie ? – Il est à **moi**.*
*Cette maison n'est plus à **eux**.*
*En nettoyant le grenier, j'ai trouvé des vieux livres à **toi**.*
– après certains verbes + *à* qui n'acceptent pas de pronom complément d'objet indirect (➥ Le pronom complément d'objet indirect, p. 50) :
*Je pense à **toi**. Le syndicat s'est opposé à **eux**.*

▸ avec les comparaisons.
*Nous participons autant qu'**elle**. J'ai moins de moyens que **toi**. Mes enfants chantent mieux que **moi**.*

▸ avec *aussi, seul, surtout*, etc.
***Nous** aussi, nous voudrions bien faire une croisière.*
*Toi **seul** sais combien cela est difficile.*
*Nous étions morts de fatigue après la randonnée, surtout **moi**.*

▸ avec *-même(s)* pour renforcer l'identité de la personne.
*Je n'ai pas d'argent, alors je réparerai la voiture **moi-même**.*
*C'est le directeur **lui-même** qui a préparé le café.*

■ **Le pronom *soi***
C'est un pronom tonique employé lorsque le sujet est *on* ou lorsque la ou les personnes sont indéfinies :
• après une préposition :
*Dans ce bureau, il n'y a pas de travail d'équipe, c'est chacun pour **soi**.*
*On prend une boussole avec **soi** quand on part en forêt.*
*On n'est jamais si bien servi que par **soi**-même.* (proverbe)
• pour renforcer un verbe pronominal :
*À dix ans, on s'habille **soi-même**.* (tout seul)

LES PRONOMS PERSONNELS COMPLÉMENTS D'OBJET

*Je **le** regarde. Nous ne **leur** parlons pas. Marc **nous** a aidés.*

■ Le pronom complément d'objet direct (COD)

Il se place **devant** le verbe (sauf à l'impératif). Il remplace un nom et répond à la question *qui ?* ou *quoi ?*
Alexandre regarde la télévision. → *Alexandre **la** regarde.* (Alexandre regarde quoi ? – La télévision.)

Singulier	1re personne →		me	
	2e personne →		te	
	3e personne →	Charles	le, la	regarde.
Pluriel	1re personne →		nous	
	2e personne →		vous	
	3e personne →		les	

⚠ *Me, te, le,* et *la* deviennent *m', t'* et *l'* devant une voyelle ou un *h* muet.

▷ Avec les verbes qui expriment le goût (*adorer, aimer, détester, préférer,* etc.), on utilise :
● *le, la, l'* ou *les* avec les personnes.
*Caroline aime Stéphane ? – Oui, elle **l'**aime.*
● *ça* (ou rien) avec les choses.
*Tu aimes le chocolat ? – Oui, j'adore **ça**. / Oui, j'adore.*
Mais : *Tu aimes ce chocolat ?* (spécifique)
*– Oui, je **l'**adore.*

⚠ Même règle avec le verbe *connaître* (mais on n'utilise pas *ça* avec les choses).
*– Tu connais Sophie ? – Oui, je **la** connais. / – Tu connais Paris ? – Oui, je connais.*

⚠ *Le* peut remplacer une proposition.
*Le tabac est mauvais pour la santé et tous les fumeurs **le** savent.* (*le* = que le tabac est mauvais pour la santé)

■ Le pronom complément d'objet indirect (COI)

Il se place aussi **devant** le verbe (sauf à l'impératif affirmatif). Il remplace un nom précédé de la préposition *à* et répond à la question *à qui ?*
Paul parle à Camille. → *Paul **lui** parle.* (Paul parle à qui ? – À Camille.)

Singulier	1re personne →		me	
	2e personne →		te	
	3e personne →	Oscar	lui	parle.
Pluriel	1re personne →		nous	
	2e personne →		vous	
	3e personne →		leur	

⚠ *Lui* et *leur* remplacent des noms masculins ou féminins (pluriel).
Je parle à Jean. → *Je **lui** parle. Je parle à Marie.* → *Je **lui** parle.*
Je parle aux étudiants. → *Je **leur** parle. Je parle aux étudiantes.* → *Je **leur** parle.*

▷ On utilise les pronoms indirects avec :
• les verbes de **communication** construits avec la préposition *à*.

Verbes de communication les plus fréquents : *demander à, dire à, écrire à, expliquer à, murmurer à, parler à, proposer à, répondre à, souhaiter à, téléphoner à,* etc.

⚠ *Appeler* a une construction directe : *appeler quelqu'un.* Il faut donc un pronom COD.
J'ai appelé Stéphane. → *Je l'ai appelé.*

• des verbes avec une double construction du type *donner quelque chose à quelqu'un*.
Julien a donné dix euros à Louis → *Julien **lui** a donné dix euros.*

Verbes à double construction les plus fréquents : *donner à, emprunter à, offrir à, prêter à, rendre à, voler à,* etc.

• et d'autres verbes : *aller à, plaire à, ressembler à, sourire à,* etc.
Cette jupe violette va bien à Nicole. → *Cette jupe **lui** va bien.*
Cette émission plaît bien aux enfants. → *Cette émission **leur** plaît bien.*

⚠ Quelques verbes comme *penser à* sont suivis du pronom tonique *moi, toi, lui, elle, nous, vous, eux, elles*). (➥ Les pronoms toniques, p. 48)
Je pense à Georges. → *Je pense à **lui**.*
Je pense à Sabrina. → *Je pense à **elle**.*
Marie pense à ses amis. → *Marie pense à **eux**.*

■ **Cas particulier**

À l'impératif affirmatif, les pronoms COD et COI sont placés **après** le verbe ; *me* et *te* sont remplacés par *moi* et *toi*. Il faut mettre un trait d'union (-) entre le verbe et le pronom. (➥ Le mode impératif, p. 136)
*Prends-**les**. Parle-**lui**. Appelez-**moi** ce soir.*

⚠ Cette règle ne s'applique pas à l'impératif négatif.
*Ne **les** prends pas. Ne **m'**appelez pas.*

LE PRONOM « EN »

*Michel **en** mange. Ils **en** ont parlé.*

La **place** du pronom *en* dans la phrase suit la règle des pronoms COD et COI (➥ La place du pronom personnel complément d'objet, p. 54).

▸ *en* = *de* + **nom** complément d'un autre nom.
Tu as du champagne ? J'en boirais volontiers une coupe. (*en* = de champagne)

▸ *En* remplace les **quantités indéterminées** (articles partitifs *du, de la, de l'* ou indéfini *des* + nom). (➥ Les articles partitifs, p. 30)
Henri boit du cognac → *Henri en boit.*
J'ai acheté de la crème. → *J'en ai acheté.*

⚠ Si la quantité est **déterminée** (par un nombre, un adverbe par exemple), elle s'ajoute à *en*.
Camille a deux voitures → *Camille en a deux.*
Elle a beaucoup de problèmes. → *Elle en a beaucoup.*
Dans ce cas, *en* peut remplacer une personne.
Fabrice a trois enfants. → *Fabrice en a trois.*

✔ À la forme négative, on met seulement *en*.
Pierre a quatre neveux mais Camille n'en a pas.

▸ Avec les **verbes** (ou locutions) **construits avec** *de*, *en* remplace les noms de **choses**.
Denis parle de son travail. → *Denis en parle.*
Elsa se souvient de ses vacances au Mali. → *Elsa s'en souvient.*
J'ai besoin de calme. → *J'en ai besoin.*
Dans le cas de ces verbes, *en* peut remplacer le complément *de* + infinitif (ou *de* + proposition infinitive ou subordonnée).
Xavier a besoin de se reposer. → *Xavier en a besoin.* (*en* = de se reposer)
Noëlle parle de quitter son travail. → *Noëlle en parle.* (*en* = de quitter son travail)
Iris ne se souvient pas de ce que j'ai dit. → *Iris ne s'en souvient pas.* (*en* = de ce que j'ai dit)

▸ Quand le complément est une **personne**, il faut garder *de* suivi du **pronom tonique** (*de moi, de toi, de lui, d'elle, de nous, de vous, d'eux, d'elles*) placés après le verbe.
Sabine parle de son fiancé. → *Sabine parle de lui.*
Mme Bahamonde s'occupe de mes enfants. → *Mme Bahamonde s'occupe d'eux.*

✔ Avec les verbes comme *venir de, revenir de, rentrer de*, etc., *en* peut remplacer un complément de lieu.
Arnaud revient de la piscine. → *Arnaud en revient.*

LE PRONOM « Y »

Mélanie y va. Ils y pensent.

Y ne remplace jamais une personne.

▸ *Y* remplace les **compléments de lieu** précédés d'une préposition de lieu sauf *de* (*à, dans, sur*, etc.).
Jean-Pierre habite à Marseille. Il y habite depuis vingt ans.
Tu es arrivé sur les Champs-Élysées ? – Oui, j'y suis depuis une heure.

⚠ Devant le verbe *aller* au futur, *y* disparaît mais il reste implicite.
*La banque est fermée aujourd'hui, alors j'***irai*** demain.*

▶ *Y* remplace *à* + **nom de chose** complément du verbe.
Carlos pense souvent à son pays. → *Carlos **y** pense souvent.*
Les étudiants participeront à la cérémonie. → *Les étudiants **y** participeront.*
Zoé joue à la poupée. → *Zoé **y** joue.*

⚠ Ne pas confondre : *jouer à* + jeux/sports et *jouer de* + instruments de musique.
Il joue de la guitare. → *Il **en** joue.*

⚠ Des verbes comme *penser* ont **plusieurs constructions** et changent ainsi de sens.
Le pronom varie avec la construction :
– *penser* quelque chose
Marcello pense être le plus intelligent de sa classe. → *Il **le** pense.*
– *penser à* quelque chose
Ils pensent toujours à nous rapporter des cadeaux. → *Ils **y** pensent toujours.*
– *penser de* quelque chose
Que pensez-vous de ce projet ? → *Qu'**en** pensez-vous ?*

⚠ *Y* peut parfois remplacer le complément *à* + **infinitif** (ou *à* + proposition infinitive ou subordonnée).
Il faudra penser à fermer les fenêtres. → *Il faudra **y** penser.* (*y* = à fermer les fenêtres)
Je ne m'attendais pas à ce que tu partes. → *Je ne m'**y** attendais pas.* (*y* = à ce que tu partes)

▶ Quand le complément est une **personne**, il faut garder *à* suivi du pronom tonique (*à moi, à toi, à lui, à elle, à nous, à vous, à eux, à elles*) placés après le verbe.
Quentin pense à Mathilde. → *Quentin pense **à elle**.*

▶ Tous les verbes ne prennent pas le pronom tonique avec les personnes. Il faut différencier deux catégories de verbes :
• les **verbes + *à*** qui acceptent *y* avec les choses et *à* + *pronom tonique* avec les personnes. (➡ Les pronoms toniques, p. 48)
Vous pensez à vos problèmes. → *Vous **y** pensez.*
Vous pensez à Jules. → *Vous pensez **à lui**.*

> **Verbes les plus fréquents :** *s'adapter à, s'attaquer à, faire attention à, s'habituer à, s'intéresser à, s'opposer à, penser à,* etc.

• les **verbes + *à*** qui acceptent *y* avec les choses et le pronom complément d'objet indirect (*me, te, lui, nous, vous, leur*) avec les personnes.
Ce contrat obéira à vos exigences. → *Ce contrat **y** obéira.*
Daphné obéit à ses parents. → *Daphné **leur** obéit.*

> **Verbes les plus fréquents :** *échapper à, faire face à, obéir à, résister à, ressembler à,* etc.

LA PLACE DU PRONOM PERSONNEL COMPLÉMENT D'OBJET

*Véronique **le** regarde. Elle **lui** a parlé. Je voudrais **leur** expliquer.*

■ La place des pronoms personnels COD ou COI

▶ Le pronom complément se place **devant** le verbe conjugué ou l'auxiliaire (sauf à l'impératif affirmatif).
*Nous **le** connaissons. Nous **lui** avons parlé.*

▶ La **négation** (*ne ... pas, ne... personne,* etc.) se place autour du bloc pronom complément + verbe (ou pronom complément + auxiliaire) :
*Romain le prend. → Romain **ne** le prend **pas**.*
*Nadia lui a parlé. → Nadia **ne** lui a **jamais** parlé.*

▶ Avec les **verbes pronominaux**, le pronom complément est entre le pronom réfléchi et le verbe (ou l'auxiliaire).
*Pauline se lave les mains. → Pauline se **les** lave.*
*Hier, elle se les est lavées. Mais ce matin, elle ne se **les** est pas lavées.*

⚠ Attention à l'accord du participe passé (*lavées*) avec le pronom COD placé devant le verbe. (➥ L'accord du participe passé, p. 115)

▶ Avec un verbe conjugué suivi d'un infinitif, il y deux cas :
• avec les verbes *aller, pouvoir, savoir, vouloir,* etc., le pronom est devant l'infinitif dont il est complément.
*Je vais faire la vaisselle. → Je vais **la** faire.* (*la vaisselle* complément de *faire*)
• avec d'autres verbes comme les verbes de perception *voir, regarder, entendre, écouter, sentir,* etc., le pronom est devant le verbe conjugué dont il complément.
*Anne regarde les enfants jouer. → Anne **les** regarde jouer.* (*les enfants* complément de *regarde*)

■ La place des pronoms en et y

▶ Comme les pronoms COD et COI, les pronoms *en* et *y* se placent **devant** le verbe conjugué, sauf à l'impératif affirmatif.
*Christian prend des médicaments. → Il **en** prend. / Il va à la pharmacie. → Il **y** va.*

▶ En combinaison avec un autre pronom, *y* et *en* sont toujours **en deuxième position**.
*Je vous conduirai à l'aéroport. → Je vous **y** conduirai.*

⚠ Devant *en, te* et *me* deviennent *m'* et *t'*.
*Pedro ne me parle jamais de son travail. → Il ne **m'en** parle pas.*

▶ **À l'impératif affirmatif**, les verbes conjugués qui se terminent par un *e* ou un *a* prennent un *s* devant *en* et *y* (pour faciliter la prononciation grâce à la liaison).
Mange des légumes. → Manges-en. / Va à la salle de sport. → Vas-y.
Ces verbes ne changent pas aux autres formes.
Mangez des légumes. → Mangez-en. / Allons au cinéma. → Allons-y.

⚠ À l'impératif négatif, *en* et *y* sont devant le verbe qui n'a aucune modification.
*N'**en** mange pas. N'**y** va pas.*

LES PRONOMS PERSONNELS COMPLÉMENTS DOUBLES
*Ma sœur **me le** raconte. La voisine **nous l'**a dit. Donnez-**lui-en**.*

▶ Quand un verbe a deux compléments, ils peuvent être remplacés par deux pronoms dans la même phrase. Ils se placent **ensemble devant** le verbe (sauf à l'impératif affirmatif).

▶ L'**ordre des deux pronoms** dans la phrase ne peut pas être déterminé par la fonction COD ou COI du complément. Pour certaines personnes, le COD est devant le COI et pour d'autres, le COI est devant le COD.
Le serveur donne l'addition au client. → *Le serveur **la lui** donne.* (*la* : COD, *lui* : COI)
Le serveur nous donne l'addition. → *Le serveur **nous la** donne.* (*nous* : COI, *la* : COD)
• **Le schéma ci-dessous permet de déterminer l'ordre des deux pronoms.** Il se lit de la gauche vers la droite, les deux pronoms doivent se trouver **dans le même cercle mais pas dans la même colonne.**
Par exemple, les combinaisons ***nous la*** ou ***la lui*** sont possibles mais ***me nous*** ou ***te leur*** sont impossibles.

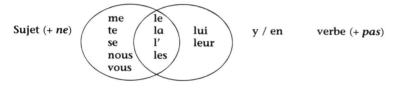

⚠ *Y* et *en* sont toujours en deuxième position.
*Vous connaissez Lyon ? Si vous voulez, je **vous y** emmènerai. Je **vous en** ai souvent parlé.*
• Seules les combinaisons suivantes sont possibles devant un verbe conjugué (sauf à l'impératif affirmatif) :

me le	te le	se le	nous le	vous le	le lui	le leur
me la	te la	se la	nous la	vous la	la lui	la leur
me les	te les	se les	nous les	vous les	l'y / l'en	les leur
m'y	t'y	s'y	nous y	vous y	les lui	lui en
m'en	t'en	s'en	nous en	vous en	les y	leur en

⚠ La combinaison *y en* n'existe pas sauf dans l'expression : *Il **y en** a.*

Exemples :
Louis a recommandé ce restaurant à ses amis. → *Louis **le leur** a recommandé.*
As-tu donné cette lettre à Julia ? → ***La lui** as-tu donnée ?*
Ne me raconte pas ta vie. → *Ne **me la** raconte pas.*
Je veux montrer ce document à Pierre. → *Je veux **le lui** montrer.*
Jasmine se plaît à Tours. → *Jasmine **s'y** plaît.*
• Lorsqu'une combinaison est impossible (*me vous*), il faut le pronom tonique.

*On **m'a** recommandé à **vous**.*
Ou un seul pronom.
*Il **l'a** dénoncé aux policiers.* → *Il **l'a** dénoncé.* (à eux)

▶ **À l'impératif affirmatif,** les pronoms sont placés derrière le verbe, avec un trait d'union (-) devant chaque pronom et les combinaisons sont différentes.

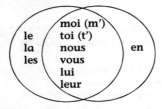

Exemples :
Passe-moi le sel. → *Passe-**le-moi.***
Donne le lait au chat. → *Donne-**le-lui.***
Explique cette question à tes amis. → *Explique-**la-leur.***
Donne du pain aux oiseaux. → *Donne-**leur-en.***

⚠ *Moi* et *toi* deviennent *m'* et *t'* devant *en*.
Donne-moi des bonbons. → *Donne-**m'en.***

⚠ *Y* ne se trouve généralement pas avec un autre pronom personnel à l'impératif. Il est remplacé par un adverbe de lieu : *là, là-bas, dedans,* etc.
*Accompagne-**nous là-bas.***

LES PRONOMS INTERROGATIFS SIMPLES : *QUI, QUE*

*****Qui** a crié ? **Qui est-ce qui** veut venir ? **Que** voulez-vous ?*
*****Qu'est-ce que** vous dites ?*

Qui et que sont des pronoms interrogatifs très utilisés.

⚠ Ne pas confondre avec *qui* et *que* pronoms relatifs. (➥ Les pronoms relatifs simples, p. 62)

Qui pose une question sur une **personne** et *que* sur une **chose** ou **idée**. *Qui* et *que* (et leurs variantes) peuvent être sujets de l'interrogation (***Qui** est là ? **Qu'est-ce qui** est difficile ?*) ou objets de l'interrogation (***Qui** aimes-tu ? **Que** fais-tu ?*).

Interrogation	Personnes	Choses ou idées
sujet	qui qui est-ce qui	qu'est-ce qui
objet	qui qui est-ce que (qu')	que (qu') qu'est-ce que (qu')

▶ *Qui*

Qui permet de poser une question dont la réponse est une personne.
Qui a commandé une pizza aux champignons ? – C'est papa.
• **Qui peut être sujet.**
Les deux formes de questions possibles sont **Qui** et **Qui est-ce qui.**
Qui a signé ce document ?/ Qui est-ce qui a signé ce document ?
• **Qui peut être objet.**
Les deux formes de questions possibles sont **Qui + inversion** (verbe/sujet) et **Qui est-ce que.**
Qui connaissez-vous ici ? / Qui est-ce que vous connaissez ici ?

⚠ Devant une voyelle, *qui est-ce que* devient *qui est-ce qu'* mais *qu'est-ce qui* ne devient pas *qu'est-ce qu'*.
Qui est-ce qu'il a invité ? Qui est-ce qui est intéressé ?

▶ *Que (Qu')*

Que permet de poser une question dont la réponse est une chose ou une idée.
Que faites-vous ? – Un gâteau au chocolat.
Que voulez-vous ? – Un renseignement, s'il vous plaît.
• **Que peut être sujet.**
Une seule forme de question possible : **Qu'est-ce qui.**
Qu'est-ce qui te plaît chez cet homme ? Qu'est-ce qui fait ce bruit ?
• **Que peut être objet.**
Les deux formes de questions possibles sont **Que + inversion** (verbe/sujet) et **Qu'est-ce que.**
Que préférez-vous ? / Qu'est-ce que vous préférez ?

⚠ Devant une voyelle, *que* devient *qu'* et *qu'est-ce que* devient *qu'est-ce qu'*.
Qu'a-t-il dit ? / Qu'est-ce qu'il a dit ?

▶ **Qui et que peuvent être précédés d'une préposition :** *à, de, en, pour, par,* etc. Dans ce cas, *que* devient *quoi.*
De qui parlez-vous ? (Ou : *De qui est-ce que vous parlez ?*)
À qui peut-on poser cette question ? (Ou : *À qui est-ce qu'on peut poser cette question ?*)
De quoi avez-vous besoin ? (Ou : *De quoi est-ce que vous avez besoin ?*)
Par quoi faut-il commencer ? (Ou : *Par quoi est-ce qu'il faut commencer ?*)

⚠ Lorsque *lequel, laquelle, lesquels, lesquelles* remplacent une personne, on peut utiliser la variante *qui* pour les quatre formes.
*De toutes ces actrices, avec **laquelle / qui** aimeriez-vous dîner ?*
Le pronom *qui* peut aussi avoir un sens général, sans proposition de choix.
*Avec **qui** aimeriez-vous dîner ?*

LES PRONOMS INTERROGATIFS COMPOSÉS :
LEQUEL, LAQUELLE, LESQUELS, LESQUELLES
J'ai du thé vert et du thé noir. Lequel préfères-tu ?

Les pronoms *lequel* (masculin singulier), *laquelle* (féminin singulier), *lequel* (masculin pluriel) *et lesquelles* (féminin pluriel) permettent de poser une question offrant un choix entre des personnes ou des choses.
*Je ne sais pas si je dois mettre ma chemise bleue ou la rose. Martha, **laquelle** préfères-tu ?* (choix entre la chemise rose et la chemise bleue)
*De toutes ces séries télévisées, **lesquelles** sont françaises ?* (choix entre les émissions)

▶ ***Lequel, laquelle, lesquels et lesquelles* peuvent être précédés d'une préposition :** *en, pour, par,* etc.
*Il y a trop de dossiers sur ton bureau. **Dans lequel** as-tu mis le contrat ?* (mettre le contrat dans un dossier)
*De toutes ces actrices, **avec laquelle** aimeriez-vous dîner ?* (dîner avec une actrice)
*Tu as beaucoup de collègues mais **en lequel** as-tu vraiment confiance ?* (avoir confiance en un collègue)

▶ **Cas particulier : prépositions *à* et *de* + pronoms *lequel, laquelle, lesquels, lesquelles***
Les prépositions *à* et *de* sont déterminées par le verbe : *penser à, essayer de,* etc.
(➡ Verbe + préposition, p. 89) Les pronoms prennent alors des formes contractées.

	+ lequel	+ laquelle	+ lesquels	+ lesquelles
à	**auquel**	**à laquelle**	**auxquels**	**auxquelles**
de	**duquel**	**de laquelle**	**desquels**	**desquelles**

Je n'ai répondu qu'à un seul e-mail. – Auquel as-tu répondu ? (répondre à)
*De tous ses frères et sœurs, **auxquels** ressemble-t-elle ?* (ressembler à)
*J'ai pris mes dictionnaires d'anglais. **Duquel** ont-elles besoin ?* (avoir besoin de)

LES PRONOMS DÉMONSTRATIFS
Quel ordinateur voulez-vous, celui-ci ou celui-là ?

■ **Formes**

Singulier			Pluriel	
Masculin	**Féminin**	**Neutre**	**Masculin**	**Féminin**
celui (-ci, -là)	celle (-ci, -là)	ce, c', ceci, cela, ça	ceux (-ci, -là)	celles (-ci, -là)

■ **Les emplois des pronoms démonstratifs**

▶ Dans leur **forme simple,** *celui, celle, ceux, celles* ne peuvent pas s'utiliser seuls. Ils peuvent être suivis de :

• *de* + nom

Ce n'est pas mon sac, c'est **celui** *de ma sœur.* (possession)

• un pronom relatif simple : *qui, que, dont, où*

Regarde cette bague. C'est **celle** *que je veux.*

• préposition + pronom relatif composé

Vous vous souvenez de cette fille ? – Bien sûr, c'est **celle** *à laquelle nous avons parlé hier.*

▶ Dans leur **forme composée,** *celui-ci, celui-là, celle-ci, celle-là, ceux-ci, celles-là* peuvent s'utiliser seuls.

Je voudrais **celui-ci.** */ Est-ce que je peux essayer* **celles-là** *?*

▶ Les **pronoms démonstratifs neutres** : *ce (c'), ceci, cela (ça)*

• **Ce (C')** est utilisé avec :

– le verbe *être* dans l'expression *C'est* (mais aussi *C'était, ce sera,* etc.) :

C'est *intéressant.* **C'est** *un film français.*

– quelques verbes dans un sens impersonnel comme *devoir* :

Ce *doit être un livre passionnant.*

– un pronom relatif :

Je ne comprends pas **ce** *que vous dites. Ce n'est pas* **ce** *à quoi je pense.* (Ce peut remplacer *une chose, des choses,* une information ou une phrase.)

• **Ceci, cela (ça)** sont utilisés :

– avec les autres verbes.

Cela (Ça) *s'est passé en juin 2008.* (ça est une contraction de *cela* en langage familier mais il est très fréquent.)

Ceci est plus rare et s'utilise surtout pour distinguer deux idées.

Ceci *m'appartient et* **cela** *appartient à Jasmine.*

– pour remplacer une chose ou une idée :

Je ne sais pas qui a dit **cela** *(ça).*

LES PRONOMS INDÉFINIS

Chacun *est arrivé avec un cadeau.* **Nul** *n'est censé ignoré la loi.*

Le pronom indéfini remplace généralement un **nom introduit par un adjectif indéfini.**

Certains *sont restés chez eux.* (Certains élèves, par exemple)

Il remplace des personnes ou des choses plus ou moins mentionnées et indique des quantités variables.

Personne *n'est venu.* (quantité nulle)

Quelqu'un *a parlé.* (singularité)

Plusieurs *sont partis.* (pluralité)

Tout *est prêt.* (totalité)

> **Pronoms indéfinis (et locutions) les plus fréquents** : *aucun(e), autre chose, autrui, certain(e)s, chacun(e), d'autres, l'autre, l'un(e), le même (la même,* etc.*), n'importe lequel (laquelle,* etc.*), n'importe qui, n'importe quoi, nul, on, pas un(e), personne, plus d'un(e), plusieurs, quelqu'un, quelque chose, quiconque, rien, tous, tout, toutes,* etc.

■ **Emploi de quelques pronoms indéfinis courants**

▶ *Aucun/aucune, nul*

Aucun(e) signifie une quantité nulle. Il est accompagné de *ne* (*n'*) et s'accorde au masculin ou au féminin.

*Les mères des élèves étaient présentes mais **aucune n'a voulu prendre la parole**.* (aucune mère)

Nul, synonyme de *personne*, est invariable en tant que pronom indéfini et assez rare (langue littéraire ou proverbe). Il est aussi accompagné de *ne* (*n'*).

*Nul ne vint la secourir. À l'impossible **nul n'est tenu**.*

▶ *Quelqu'un* (une seule personne indéterminée), *personne + ne, quelque chose* (une seule chose indéterminée), *rien + ne*

Quelqu'un a cassé ma boîte aux lettres.

• Ces pronoms s'accordent toujours au **masculin singulier**.

Personne n'a été gentil avec elle.

*Tu as **quelque chose** de prévu ce soir ?*

*Daniel n'a **rien** rapporté du Maroc.*

• Quand ces pronoms sont suivis d'un adjectif, de quelques adverbes ou du mot *autre*, ils sont suivis de *de*.

*Georges a dit **quelque chose d'**intéressant.*

*Je n'ai **rien** vu **de** bien au cinéma récemment.*

*Invite **quelqu'un d'**autre si Camille ne peut pas venir.*

▶ *Quelques-uns / quelques-unes, plusieurs*

Ces pronoms remplacent un nom pluriel mentionné avant.

*Martial a reçu ses photos. **Quelques-unes** sont floues.*

▶ **Les pronoms basés sur** *autre* : *un autre, une autre, d'autres, l'un(e), l'autre, l'un et l'autre, certains autres, plusieurs autres,* etc.

Ils sont toujours accompagnés d'un ou plusieurs mots (article, adjectif, pronom, etc.) et s'accordent avec le nom remplacé.

*J'ai une chaussette mais je ne trouve pas **l'autre**.*

*Des manifestants sont restés calmes. **D'autres** ont cassé des vitrines.*

*Tu veux encore des biscuits ? Il y en a **d'autres** dans le placard.*

*J'ai deux nièces. **L'une et l'autre** sont insupportables.*

*Quelques supporters ont été expulsés du stade. **Certains autres** ont été arrêtés par la police.*

• *L'un l'autre* ou *les uns les autres* indiquent une réciprocité.

*Les candidats se critiquent **l'un l'autre**. Aimez-vous **les uns les autres**.*

▶ *Tout, tous* et *toutes*

Le pronom *tout* employé au masculin singulier remplace un ensemble de choses considérées dans leur globalité. C'est un pronom neutre.

• *Tout* peut être sujet ou complément du verbe.

Nos ouvriers ont fait du mauvais travail. **Tout** *est à refaire.* (tous les travaux déjà faits ; sujet)

À la maison, c'est Martine qui fait **tout**. (toutes les tâches ménagères ; complément d'objet)

• Les pronoms *tous* (prononcer le *s*) et *toutes* remplacent des noms pluriels mentionnés avant. Ils peuvent être sujets ou compléments d'objet du verbe.

– *Tous* et *toutes* **compléments d'objet** sont obligatoirement accompagnés d'un pronom de reprise COD (*les*) ou COI (*leur*). (➡ Les pronoms personnels compléments d'objet, p. 50)

Où sont mes fraises ? – Excuse-moi, je **les** *ai* **toutes** *mangées.* (*toutes* les fraises ; *les* : pronom COD de reprise)

Tu as téléphoné à tous les participants ? – Oui, je **leur** *ai téléphoné à* **tous**. (*tous* : tous les participants ; *leur* : pronom COI de reprise)

– *Tous* et *toutes* **sujets** peuvent être employés seuls ou accompagnés d'un pronom sujet de reprise (*ils* ou *elles*).

Il y avait beaucoup de coureurs sur la ligne de départ mais **tous** *sont arrivés.* (ou : *Ils sont* **tous** *arrivés ; ils* : pronom sujet de reprise)

▶ *On*

On peut avoir le sens de : *les gens* ou *quelqu'un*. (➡ Le pronom *on*, p. 47)

Dans certaines régions, **on** *se fait quatre bises pour se dire bonjour.* (les gens)

On *a téléphoné pour toi.* (quelqu'un)

Dans ce cas, il n'y a pas d'accord avec le participe passé.

On *est vite arrivé à la fin de ce livre.* (*arrivé* est au masculin singulier)

▶ *N'importe qui, n'importe quoi, n'importe lequel* (*laquelle*, etc.)

• *N'importe qui* a le sens de : *une personne ou une autre, cela est égal*. Il peut parfois être ironique.

Ma machine à café est très simple. **N'importe qui** *peut la faire marcher.*

Elle sort vraiment avec **n'importe qui**. (ironique : *des gens bizarres, sans intérêt*)

• *N'importe quoi* a le même sens, mais avec une chose.

J'ai fini mes devoirs. Maintenant, je peux faire **n'importe quoi**.

Tais-toi, tu dis **n'importe quoi** *!* (ironique : *des absurdités*)

• *N'importe lequel, n'importe laquelle, n'importe lesquels, n'importe lesquelles*

Ils remplacent un nom indéfini masculin ou féminin, singulier ou pluriel. Ils indiquent que le choix est équivalent. Ils s'accordent en genre et en nombre avec le nom.

Chérie, je mets la cravate rouge ou la bleue, ce soir ? – **N'importe laquelle**. *Les deux vont bien avec ta chemise.* (N'importe quelle cravate est bien. Je n'ai pas de préférence, j'aime les deux. Le choix n'est pas important.)

Quels crayons de couleurs est-ce que je peux t'emprunter ? – Prends **n'importe lesquels**. (Je te permets de prendre les crayons que tu veux.)

II – Les parties du discours

LES PRONOMS POSSESSIFS

Le mien, la sienne, le nôtre, les leurs

Les pronoms possessifs remplacent un nom précédé d'un adjectif possessif. Le pronom est choisi en fonction de celui qui possède et s'accorde avec ce qui est possédé.

■ **Formes**

Singulier		Pluriel		Sens
Masculin	Féminin	Masculin	Féminin	
le mien	la mienne	les miens	les miennes	à moi
le tien	la tienne	les tiens	les tiennes	à toi
le sien	la sienne	les siens	les siennes	à lui, à elle
le nôtre	la nôtre	les nôtres		à nous
le vôtre	la vôtre	les vôtres		à vous
le leur	la leur	les leurs		à eux, à elles

⚠ Au pluriel, il y a une distinction masculin/féminin pour les trois premières personnes.
*Ce sont mes/tes/ses livres : ce sont **les miens/les tiens/les siens**. (masculin)*
*Ce sont mes/tes/ses affaires : ce sont **les miennes/les tiennes/les siennes**. (féminin)*

■ **L'emploi des pronoms possessifs**
Le pronom possessif remplace un nom précédé d'un adjectif possessif ou suivi d'un complément du nom.
*Julien, c'est ton sac qui traîne par terre ? – Non, ce n'est pas **le mien**. (mon sac)*
*C'est le sac de ta sœur, alors ? – Oui, c'est **le sien**. (le sac de ma sœur)*

LES PRONOMS RELATIFS

*Le temps **qui** passe. Le voyage pendant **lequel** il a rencontré Julia.*

Les pronoms relatifs servent à relier deux phrases ou deux éléments de phrase. La proposition relative reprend le nom, pour éviter les répétitions.
*J'ai un voisin, il / ce voisin est architecte. → J'ai un voisin **qui** est architecte.*
*Je n'ai pas trouvé le livre. Tu voulais ce livre. → Je n'ai pas trouvé le livre **que** tu voulais.*

On distingue les pronoms relatifs **simples** et les pronoms relatifs **composés**.

■ **Les pronoms relatifs simples : *qui, que, dont, où***
Le choix du pronom relatif dépend de la fonction grammaticale du nom (ou du pronom) dans la proposition relative qui suit.

Pronom relatif :	qui	que	dont	où
Fonction du nom :	sujet	complément d'objet direct	complément du nom, du verbe ou de l'adjectif	comlément circonstanciel de lieu (ou de temps)

▶ *Qui*

Qui remplace le nom ou le pronom sujet. Il peut être utilisé pour une chose ou une personne.
*Lucien a un fils **qui** habite à Marseille.* (*fils* est le sujet de *habite*)
*C'est la route **qui** mène au château.* (*route* est le sujet de *mène*)

▶ *Que (Qu')*

Que remplace le complément d'objet direct. Il peut être utilisé pour une chose ou une personne.
*Bernard a invité des gens **que** sa femme ne connaissait pas.*
*Je porte le collier **que** tu m'as donné.* (*le collier* est le complément d'objet direct de *tu m'as donné*)

▶ *Où*

Où remplace :
• le complément circonstanciel de **lieu**, c'est-à-dire un endroit.
*Pendant ses vacances au Maroc, Jacques est allé à Fès, la ville **où** il est né.* (*la ville* est le complément de lieu de *il est né*)
• le complément circonstanciel de **temps**.
*Cette photo a été prise le jour **où** John est arrivé en France.*

▶ *Dont*

Dont remplace le nom :
• complément du nom.
Je vous présente Maude. Le fils de Maude vit en Chine. → *Je vous présente Maude **dont** le fils vit en Chine.* (*le fils* est le complément du nom *Maude*)
• accompagné d'un possessif.
Voici Jean. Sa femme est chanteuse. → *Voici Jean **dont** la femme est chanteuse.*
• complément d'un verbe ou d'une locution verbale (*avoir besoin/peur de*, etc.) employé avec *de*.
*Tiens, regarde ! Voici le livre **dont** je t'ai parlé hier.* (Voici le livre ; je t'ai parlé de ce livre hier.)
Mon mari achète souvent des objets dont il n'a pas besoin. (Mon mari achète souvent des objets ; il n'a pas besoin de ces objets.)

Quelques exemples de **verbes (et locutions verbales) + *de* les plus fréquents** : *abuser de, s'apercevoir de, s'approcher de, avoir besoin de, avoir envie de, avoir peur de, dépendre de, jouer de, discuter de, disposer de, douter de, s'excuser de, manquer de, se moquer de, s'occuper de, parler de, se plaindre de, rêver de, rire de, se servir de, se souvenir de,* etc.

⚠ Les verbes de cette liste peuvent parfois aussi s'utiliser sans préposition (*manquer le train*) ou avec *à* (*jouer à la marelle*) mais c'est avec la construction *verbe + de* uniquement que l'on emploie *dont*.

• complément de l'adjectif (dans la construction *être* + adjectif + *de*).
*Bernard a reçu un cadeau **dont** il est très content.* (Bernard a reçu un cadeau ; il est très content de ce cadeau.)

⚠ On utilise aussi *dont* dans les constructions passives.
*Le suspect a avoué le crime **dont** il était accusé.* (Le suspect a avoué le crime ; il était accusé de ce crime.)

■ **Les pronoms relatifs composés *lequel, laquelle, lesquels, lesquelles***
• Ils remplacent un nom employé **avec une préposition** : *à, de, en, dans, par, pour, à côté de, sur, avec, chez...*
*L'autobus **dans lequel** je suis monté était vide.* (L'autobus était vide ; je suis monté dans cet autobus.)

• Quand le nom remplacé est une **personne**, il y a deux possibilités :
préposition + *qui* ou préposition + *lequel, laquelle, lesquels, lesquelles*.
*Le médecin **chez qui/chez lequel** je suis allé est très gentil.* (Le médecin est très gentil ; je suis allé ce médecin.)

⚠ Les prépositions *parmi* et *entre* ne s'utilisent pas avec *qui*.
*Valentin a de nouveaux amis **parmi lesquels** il se sent très à l'aise.*

• Quand le nom remplacé est une chose, il y a une seule possibilité :
Préposition + *lequel, laquelle, lesquels, lesquelles*.
*La chaise **sur laquelle** tu es assis est de style Louis XVI.*

⚠ Attention aux formes contractées avec *à* et *de* :

à		de	
auquel	à laquelle	duquel	de laquelle
auxquels	auxquelles	desquels	desquelles

*Ce n'est pas l'homme **auquel/à qui** je pense.* (Je pense à un homme ; ce n'est pas cet homme.)

⚠ ***Dont* et *duquel***
– *Duquel, de laquelle, desquels, desquelles*
Avec les locutions *à côté de, autour de,* etc., on emploie les pronoms relatifs composés *duquel, de laquelle, desquels, desquelles*.
*Nous avons trouvé un joli lac **à côté duquel** nous avons installé notre camp.* (Nous avons trouvé un joli lac ; nous avons installé notre camp à côté de ce lac.)
– *Dont*
Dont s'utilise lorsqu'il s'agit de la simple préposition *de* avec les verbes ou les locutions verbales avec *de* (*parler de, avoir besoin de,* etc.).
*La femme **dont** il nous a parlé est journaliste.* (Il nous a parlé de la femme ; la femme est journaliste.)

Les adverbes

*Tu as fait un **très** bon dîner. Elle est **souvent** absente. On a **bien** travaillé.*

Dans une phrase, un adverbe sert à préciser le temps, la quantité, le lieu ou la manière.
L'adverbe peut être un mot (*souvent*) ou plusieurs mots, c'est alors une locution adverbiale (*à ce moment-là*).
L'adverbe est toujours invariable (sauf *tout*).

1. Formation des adverbes

La plupart des adverbes se font :

▶ en ajoutant **-ment** à la voyelle finale de l'adjectif.

absolu → *absolu**ment***	*contraire* → *contraire**ment***	*joli* → *joli**ment***
aisé → *aisé**ment***	*efficace* → *efficace**ment***	*poli* → *poli**ment***
assidu → *assidû**ment***	*exagéré* → *exagéré**ment***	*résolu* → *résolu**ment***
calme → *calme**ment***	*facile* → *facile**ment***	*vrai* → *vrai**ment***

▶ en ajoutant **-ment** au féminin de l'adjectif.

amical → *amicale**ment***	*exclusif* → *exclusive**ment***	*long* → *longue**ment***
doux → *douce**ment***	*fou* → *folle**ment***	*pur* → *pure**ment***
franc → *franche**ment***	*formel* → *formelle**ment***	*sûr* → *sûre**ment***
complet → *complète**ment***	*jaloux* → *jalouse**ment***	*vif* → *vive**ment***

▶ en remplaçant les terminaisons des adjectifs en *-ant* et *-ent* par **-amment** et **-emment**. (*-amment* et *-emment* ont la même prononciation)

abondant → *abond**amment***	*différent* → *différ**emment***	*patient* → *pati**emment***
apparent → *appar**emment***	*courant* → *cour**amment***	*prudent* → *prud**emment***
bruyant → *bruy**amment***	*évident* → *évid**emment***	*récent* → *réc**emment***
constant → *const**amment***	*fréquent* → *fréqu**emment***	*suffisant* → *suffis**amment***

Exceptions :

aveugle → *aveuglément*	*confus* → *confusément*	*meilleur* → *mieux*
commode → *commodément*	*exprès* → *expressément*	*précis* → *précisément*
commun → *communément*	*gentil* → *gentiment*	*profond* → *profondément*
énorme → *énormément*	*lent* → *lentement*	
bref → *brièvement*	*mauvais* → *mal*	

De nombreux adverbes ne sont pas formés à partir d'adjectifs : *bien, vite, déjà, trop, sou-vent,* etc.
• À l'adjectif *bon* correspond généralement l'adverbe *bien.*
*C'est un bon étudiant. Il réussit **bien**.*
Mais l'adverbe *bonnement,* plus rare, existe dans l'expression *tout bonnement* (tout simple-ment, sans détour, franchement). *Ton idée est **tout bonnement** géniale.*
• À l'adjectif *rapide* correspondent les deux adverbes *rapidement* et *vite.*
*Ce régime est rapide. Vous maigrirez **vite/rapidement**.*

Certains adjectifs comme *intéressant* ne forment pas d'adverbe. On forme alors une locution : *d'une manière/d'une façon/d'un ton,* etc. + adjectif.
*Il a présenté le projet **d'une manière intéressante**.*

Quelques adjectifs peuvent être employés comme adverbes. Ils sont alors invariables.
*Anthony parle **fort**. Il devrait parler plus **bas**.*
*Ta robe est **fort** belle.* (très)
*Ces fleurs sentent **bon**.*
*L'hiver, je préfère manger **chaud**.*
*Les fruits coûtent **cher**.*
*Cet homme est ivre, il ne marche pas **droit**.*
*Pour réussir dans la vie, il faut travailler **dur**.*

2. Les emplois des adverbes :

LES ADVERBES DE QUANTITÉ ET D'INTENSITÉ

*Ils ont **beaucoup** d'amis. J'ai bu **peu** de vin. Il y a **trop** de monde.*

Les adverbes de quantité et d'intensité modifient un **verbe** (*Les Parisiens marchent **beaucoup**.*), un **nom** (*Nathalie a **peu** d'amis.*) ou un adjectif (*José est **assez** sympa-thique.*) et parfois un **autre adverbe** (ou locution adverbiale) (*Martine parle **très peu**.*).

Adverbes de quantité les plus fréquents : *assez, aussi, autant, beaucoup, combien, complète-ment, davantage, environ, guère, moins, peu, plus, presque, si, tant, tellement, tout, très, trop.*
Locution adverbiales de quantité : *à moitié, à peine, à peu près, petit à petit, tout à fait,* etc.

▶ **Certains adverbes modifient le verbe.**
Ils se placent après le verbe conjugué aux temps simples et généralement entre l'auxi-liaire et le participe passé aux temps composés.

Les plus fréquents : **beaucoup, assez, trop, peu, un peu, plus, moins, autant, tant, tellement, davantage (plus), presque.**
*Manon est bavarde. Elle parle **beaucoup**.*[*]
*Vincent ne veut pas de dessert. Il a **assez** mangé.*
*On a **trop** mangé pendant les fêtes. Il faut se mettre au régime.*
*Lise n'apprend pas ses leçons. Elle progresse **peu**.* (Lise progresse de façon insuffisante)
*Sofiane prend des cours particuliers de mathématiques. Il progresse **un peu**.* (Sofiane a un résultat, petit mais positif, à son travail)
[*] *Beaucoup peut aussi modifier l'adverbe trop.*
*Axel a pris le train. Conduire est **beaucoup trop** dangereux quand il neige.*

⚠ Dites : *beaucoup trop*. Ne dites pas : ~~trop beaucoup~~.

⚠ Ne pas confondre *peu* (point de vue souvent négatif) et *un peu* (point de vue positif).
*Ses progrès sont **peu** visibles. Ses progrès sont **un peu** visibles.*

▷ **Certains adverbes modifient l'adjectif (ou le participe) ou l'adverbe.**
Les plus fréquents : *si, très, tout.*
*Gatien est **très** grand. À quatorze ans, il mesure 1,90 m.*
*Jeanne-Marie est **très** en beauté ce soir.* (en beauté : locution adverbiale)
*Joël est **si** fatigué qu'il s'est endormi à table.*

• **Cas particulier :**

Tout
Tout utilisé comme adverbe signifie *vraiment très, complètement, totalement, tout à fait.*

▶ ***Tout* devant un adjectif**
*Vivien était **tout** étonné de me voir à la réunion.* (Il était vraiment très étonné)
*Les enfants étaient **tout** contents d'être en vacances.* (Ils sont vraiment très contents)

⚠ Ne pas confondre avec :
*Les enfants étaient **tous** contents d'être en vacances.* (*tous* est ici un pronom et remplace « tous les enfants sans exception »)

• *Tout* est invariable sauf devant un adjectif féminin commençant avec une consonne (***toute*** devant le féminin singulier et ***toutes*** devant le féminin pluriel).
*Ta fille est **tout** aimable avec nous depuis quelques jours.* (Elle est vraiment très aimable)
*Charlotte est **toute** belle avec sa nouvelle robe.* (Elle est vraiment très belle)
*Elles sont **tout** aimables et **toutes** polies.* (Elles sont vraiment très aimables et polies)

⚠ Il y a parfois ambiguïté :
*Les filles sont **toutes** tristes de se quitter à la fin de l'année scolaire.*
Dans cet exemple, *toutes* peut être compris comme adverbe (*Elles sont vraiment tristes.*) ou comme pronom (*Toutes les filles sans exception sont tristes.*). C'est le contexte qui donnera le sens.

➥

▶ *Tout* **devant quelques adverbes**
La vieille dame marchait **tout doucement** (*très lentement*. Attention : *tout lentement* n'est pas possible) *pour éviter de tomber.*
Pour démarrer l'ordinateur, appuyez **tout simplement** *sur ce bouton.*
On a dû parler **tout bas** *pour ne pas réveiller Renée qui faisait la sieste.*

▷ **Certains adverbes modifient l'adjectif (ou le participe), le verbe ou l'adverbe.**
Les plus fréquents : *assez, bien, fort, moins, plus, tellement, trop.*
Alain est **tellement** *beau !*
À cause des ordinateurs et des jeux vidéo, les enfants lisent **moins.**
Avec ce dictionnaire bilingue, tu traduiras **plus** *facilement ton texte.*
Ton café est **assez** *chaud ?* (suffisamment)
Tu devrais arrêter le vin. Tu as **assez** *bu* (suffisamment).
La ville est petite. On a trouvé **assez** *facilement la mairie.* (relativement)
J'ai **trop** *mangé.*

• **Cas particuliers :**

Bien
• *Bien* peut avoir de nombreux sens : *très* ou *trop* ou *beaucoup* et de façon satisfaisante, mais aussi *assez*. Il exprime souvent l'intensité avec une certaine insistance ou une ironie.
Exemples d'emplois les plus fréquents :
Je vous trouve **bien** *optimiste !* (très)
Charles roule **bien** *vite pour un jeune conducteur.* (trop)
Les ouvriers ont **bien** *travaillé aujourd'hui.* (beaucoup et de façon satisfaisante)
On est **bien** *jeudi, aujourd'hui ?* (bien = vraiment, réellement)
Gérard a **bien** *fait de réserver les places à l'avance.* (bien = la chose qu'il faut)
C'est **bien** *fait pour lui !* (il a mérité ce qui lui arrive)
J'aimerais **bien** *être milliardaire.* (souhait que l'on sait plutôt irréalisable)
Tu ferais **bien** *de nous dire la vérité.* (tu devrais).
Le professeur nous a **bien** *répété cette leçon vingt fois !* (au minimum)
J'ai **bien** *aimé le film* (assez)
• Comme l'adverbe *beaucoup*, *bien* peut modifier l'adverbe *trop*. (➡ Remarque sur *beauoup*, p. 67)
La route est **bien trop** *dangereuse quand il neige.* (beaucoup trop)

Fort
Fort peut avoir le sens de *très* devant un adjectif ou un adverbe et il intensifie le sens du verbe qu'il accompagne.
Exemples d'emplois fréquents :
Ces macarons sont **fort** *bons.* (très)

*Brigitte a **fort** bien réussi ses études.* (très)
*Pour ouvrir la porte, veuillez pousser **fort**.* (avec force)
*Mon grand-père parle **fort**.* (à voix très haute)
*Je t'embrasse **fort**.* (avec beaucoup d'amitié ou d'amour)

▶ **Certains adverbes peuvent être suivis de *de* (*d'*) + nom (sans article)**
Les plus fréquents : *assez, autant, beaucoup, combien, moins, peu, plus, tant, telle-ment, trop, un peu.*
• *De* (*d'*) + nom (sans article)
*Il y a **beaucoup d'**arbres dans ce parc.*
*Je n'ai jamais vu **autant de** monde dans ce bar.*
*Albert a eu **peu de** compliments sur son article.* (insuffisamment)
*J'ai mis **un peu de** moutarde dans ton sandwich.* (suffisamment)
• **Cas particulier :**

---

bien + du, de la, de l', des + nom
Bien de peut avoir le sens de *beaucoup de* ou de *trop de* avec une idée d'insistance ou d'ironie.
*Vous avez **bien de** la chance.* (beaucoup de chance)
*Je trouve que mon collègue m'a donné **bien des** excuses.* (trop d'excuses)

▶ Des adverbes de quantité entrent dans les constructions des comparatifs et des superlatifs.
(➥ Les comparatifs et les superlatifs, p. 76)
Plus, moins, aussi, autant, davantage, etc., peuvent s'associer à ***que*** (*qu'*) et entrer dans la construction des comparatifs. ***Plus*** et ***moins*** s'associent à ***de*** (*d'*) pour former le superlatif.
*Martin est **plus** bavard **que** Laurent.*
*Justine mérite **davantage** le premier prix **que** Ghislain.*
*Laurent est **moins** bavard **que** Martin.*
*Il a **moins de** chance **que** son frère.*
*Vanessa est **la plus** petite **de** la classe.*

LES ADVERBES DE TEMPS

*__Hier__, Kévin a téléphoné. Robert s'est levé **tôt**. On passera **tout à l'heure**.*

• Les adverbes de temps complètent un **verbe**. Ils peuvent être formés d'un mot (*bien-tôt, demain,* etc.) ou d'un groupe de mots, locutions adverbiales (*tout à l'heure, ce jour-là, plus tard,* etc.).
• Ils sont la réponse à la question « quand ?».
*On part **tout de suite**.* → *On part quand ? – **Tout de suite**.*

- Les adverbes de temps peuvent indiquer :
  – une date précise (*aujourd'hui, hier, demain, ce jour-là, le lendemain, la veille,* etc.) ;
  – une époque, un moment (*autrefois, aussitôt, tout de suite,* etc.) ;
  – une fréquence (*souvent, parfois, quotidiennement,* etc.).

■ **Les adverbes de temps qui se rapportent au moment du locuteur**
Ces adverbes (ou locutions) permettent de situer une action à un moment précis par rapport au moment où le locuteur parle. Ils sont généralement placés au début (suivis d'une virgule) ou à la fin de la phrase mais peuvent être aussi en milieu de phrase dans un style formel ou écrit.
aujourd'hui, hier, avant-hier, demain, après-demain, hier matin, demain après-midi, après-demain soir, etc.
Hier, le ministre de la Santé a démissionné.
Le ministre de la Santé a démissionné hier.
Après-demain, Arthur prend l'avion pour San Francisco.
Sébastien m'a téléphoné avant-hier.
Dominique partira, demain, pour un long voyage autour du monde.

■ **Les adverbes de temps qui se rapportent à un autre moment que celui du locuteur, dans le passé ou dans le futur**
ce jour-là, à ce moment-là, le jour même, l'avant-veille, la veille, le lendemain, le surlendemain, etc.
Ils se placent comme les adverbes de temps qui se rapportent au moment du locuteur.
Ils indiquent un moment passé ou futur.
*Joe est arrivé à Bordeaux le 10 mai. **Ce jour-là,** c'était la foire des vins dans la ville.*
*Nous prendrons l'avion le 1ᵉʳ août. **Ce jour-là,** il risque d'y avoir du monde à l'aéroport.*

⚠ L'addition de -*là* à un terme temporel indique un autre moment que le présent (*ce jour-là, cette semaine-là, ce mois-là ; cette année-là,* etc.).

⚠ *la veille* (variante : le jour d'avant)
→ *Le jour où je suis arrivé à Nice, j'étais malade. **La veille,** j'avais mangé des fruits de mer.*
l'avant-veille (variante : deux jours avant)
le lendemain (variante : le jour d'après)
le surlendemain (variante : deux jours plus tard)
*Les footballeurs français ont gagné contre la Corée et **le surlendemain,** ils ont gagné contre le Brésil.*

■ **Les adverbes de temps qui se rapportent au passé ou au futur**
actuellement, auparavant, aussitôt, autrefois, bientôt, désormais, dorénavant, en ce moment, ensuite, illico, immédiatement, jadis, maintenant, plus tard, pour l'instant, pour le moment, puis, sitôt, sur-le-champ, tard, tôt, tout à l'heure, tout de suite, etc.
- *Autrefois* indique une époque ancienne.
Autrefois, les moyens de communications étaient plus lents. (En langage littéraire, on peut remplacer *autrefois* par *jadis*.)

• **Dorénavant** (ou *désormais*) : à partir de maintenant
Dorénavant, *le parc fermera à dix-huit heures.*
• **Actuellement** (ou *en ce moment* ou *maintenant* ou *pour l'instant*)
*Le parc est **actuellement** fermé.*
• **Immédiatement**
*Venez **immédiatement** dans mon bureau !*
La locution *sur-le-champ* (ou *illico* en français familier) donne une idée d'instanta-
néité : *Quand j'ai vu mon ex à la fête, je suis parti **sur-le-champ** / **illico**.*

⚠ Ne pas confondre **tout de suite** (futur immédiat) et **tout à l'heure** (moment futur
non immédiat ou moment passé)
*Toby, rentre **tout de suite** à la maison !*
*Je ferai la vaisselle **tout à l'heure**, après le film.*
***Tout à l'heure**, le facteur a apporté un colis pour toi.*

⚠ Ne pas confondre :
– *aussitôt* (juste après) et *aussi tôt* (comparatif).
*Pierre est arrivé le premier. Fabrice est arrivé **aussitôt** après lui.*
*Le matin j'arrive au bureau à 7 h 30. Personne n'arrive **aussi tôt** que moi.*
– *sitôt* (dans l'expression : *ne pas faire quelque chose de sitôt* = pas avant longtemps)
et *si tôt* (contraire de *si tard*).
*Fabio est parti en Patagonie. On ne le reverra pas de **sitôt**. (on ne le reverra pas avant
longtemps)*
*Tu arrives **si tôt** le matin au bureau ! Et tu rentres si tard le soir ! Tu dois être crevé.*
– *bientôt* (dans peu de temps) et *bien tôt* (très tôt).
*Le printemps va **bientôt** arriver.*
*Les arbres sont fleuris en février ! Le printemps arrive **bien tôt** cette année.*

■ **Les adverbes de temps qui se rapportent à une fréquence ou à une durée**
***brièvement, déjà, de temps en temps, d'habitude, d'ores et déjà, encore, fréquem-
ment, jamais, longtemps, longuement, parfois, petit à petit, peu à peu, quelquefois,
quotidiennement, rarement, souvent, toujours,*** etc.
Ces adverbes peuvent indiquer :
• une répétition
*Mon voisin joue **quotidiennement** du violon. (chaque jour)*
• une continuité
***Petit à petit**, son travail avance.*
*Vos enfants habitent **encore** chez vous ? (ou toujours)*

⚠ Ne pas confondre :
Encore, toujours (continuité) et *encore* (répétition) et *toujours* (invariablement).
*Philippe est **encore** au travail à 21 heures. (continuité)*
*Philippe est **encore** malade ! (répétition) Cela fait la troisième fois en un mois !*
*Julien s'est couché tard hier soir. Il est midi et il est **toujours** au lit. (continuité)*
*Un carré a **toujours** quatre côtés. (invariablement)*

• une durée
*Valentin a vécu **longtemps** chez ses parents.*
• le début d'une durée
*Une heure avant le spectacle, Alice est **déjà** devant le théâtre.*
La locution *d'ores et déjà* renforce l'idée qu'une action est commencée et va se dérouler inévitablement.
*Je quitte la France dans un mois. J'ai **d'ores et déjà** vendu mes meubles.*

LES ADVERBES DE LIEU

*Mets ton sac **ici**. Paul n'est pas **là**. Il y a des fleurs **partout**.*

▶ Les adverbes de lieu servent à localiser un élément (*ici, là, ailleurs*, etc.).
*Tu peux mettre tes affaires **ici**.*
• La localisation peut aussi se faire par rapport à un repère (*devant, en face, dessus*, etc.).
*J'habite dans cet immeuble et mes parents habitent **en face**.*
• Les adverbes de lieu répondent à la question : « Où ? ».

▶ La place de l'adverbe de lieu est variable.
***Partout**, il y a des voitures.*
*Il y a des voitures **partout**.*
*Il y a **partout** des voitures.*

Les adverbes de lieu les plus fréquents
– **Localisation simple** : *ici, là, là-bas, quelque part, ailleurs, nulle part, près, loin, n'importe où, là-haut, là-bas, partout*, etc.
– **Localisation par rapport à un repère** : *autour, dedans, dehors, dessus, au-dessus, dessous, au-dessous, devant, derrière, en haut, en bas*, etc.

▶ **Cas particulier :** *ici* et *là*
– *ici* : l'endroit ou le locuteur se trouve.
*Mets ce vase **ici**.*
– *là* : un endroit éloigné, et *là-bas* : un endroit plus éloigné que *là*.
*On s'assoit **ici** ? – Non, je préfère **là**. – Et pourquoi pas **là-bas**, au fond du restaurant ?*
• La distinction entre *ici* et *là* n'est pas vraiment respectée dans l'usage.
– *Ici* et *là* sont interchangeables pour indiquer l'endroit où se trouve le locuteur.
*Où est-ce que je mets le vase ? – Mets-le **ici**. / Mets-le **là**.*
– *là* est plus fréquent à l'oral.
*Les invités sont **là**. Je suis content que tu sois **là**. Venez tous **là** !*
– Si l'on mentionne deux endroits proches, on emploie *ici* et *là*.
*Pour bien disposer les couverts, tu mets le couteau **ici** et la fourchette **là**.*

▶ Les adverbes qui servent à localiser par rapport à un repère correspondent souvent à une préposition.

J'accroche le tableau près du meuble ? – Non, accroche-le au-dessus. (au-dessus du meuble)

Pourquoi marchez-vous si lentement ? Allez, passez devant. (devant moi)

Beaucoup de gens se promènent au pied de la montagne. En haut, il n'y a personne. (en haut de la montagne)

Quand on skie, il faut regarder devant, pas derrière. (devant soi, derrière soi)

LES ADVERBES INTERROGATIFS

Où habitez-vous ? Quand le dîner sera-t-il prêt ? Comment va ton frère ?

Les adverbes interrogatifs (*où, quand, comment, combien* et *pourquoi*) et les locutions interrogatives (*pendant combien de temps, en combien de temps,* etc.) permettent de poser une question sur le lieu (*Où allons-nous ?*), le moment (*Quand est-ce que vous partez ?*), la durée (*Combien de temps resterez-vous en Grèce ?*), etc.

■ **L'ordre des mots dans la phrase interrogative avec un adverbe interrogatif**
La place des adverbes interrogatifs change en fonction du style de la question (➥ Les phrases interrogatives, p. 13) :
• Avec un pronom sujet.
Quand as-tu démissionné ? (formel)
Quand est-ce que tu as démissionné ? (courant)
Tu as démissionné quand ? (familier)
• Avec un nom sujet.
Combien ce manteau coûte-t-il ? (formel)
Combien coûte ce manteau ? (courant)
Combien est-ce que ce manteau coûte ? (courant)
Ce manteau coûte combien ? (familier)

⚠ Dans la langue courante, avec *où, quand, comment* et *combien,* on peut avoir l'inversion verbe-sujet nom (sans ajout d'un pronom) s'il n'y a pas de complément d'objet direct.
Quand arrive Paul ?
Mais : *Quand Paul arrive-t-il à Paris ?* (français formel) ou *Quand est-ce que Paul arrive à Paris ?* (français courant)
Cette inversion n'est pas possible avec *pourquoi.* On doit dire :
Pourquoi cet homme crie-t-il ? (formel) ou
Pourquoi est-ce que cet homme crie ? (courant) ou
Pourquoi cet homme crie ? (familier)
Pourquoi ne se trouve généralement pas à la fin de la phrase sauf dans quelques cas en français familier : *Tu sais pourquoi ? Tu ne sais pas pourquoi ? Tu comprends pourquoi ?* etc.

■ **Préposition et adverbe interrogatif**

Les adverbes interrogatifs *où, quand* et *combien* peuvent être précédés d'une préposition.

D'où venez-vous ?
***Par combien** doit-on multiplier 6 pour obtenir 48 ?*
***Depuis combien de temps** est-ce que tu m'attends ?*

LES ADVERBES DE MANIÈRE

*La nuit arrive **vite**. On a **bien** mangé. Jean a **totalement** changé.*

Les adverbes de manière décrivent généralement une situation (*La neige tombe **doucement**.*) ou une façon d'agir ou d'être (*Ce professeur parle **vite**.*). Ils répondent à la question « Comment ? ».

▶ Ces adverbes, très nombreux sont de **trois types** : les adverbes en *-ment* (*largement*), les adverbes courts (*bien, mal*, etc.) et les locutions adverbiales

▶ Ils accompagnent généralement un **verbe** (*On viendra **ensemble**.*) mais parfois un **adjectif** (*Corinne est **étrangement** gentille aujourd'hui.*) ou un **autre adverbe** (*Je vous aiderais **bien** volontiers mais je n'ai pas le temps.*).

▶ Ils se placent généralement après le verbe conjugué ou entre l'auxiliaire et le participe passé.
*On dort **bien**. On a **bien** dormi.*

⚠ Exceptions : *debout, ensemble, exprès* se placent après le participe passé.
*Ils sont restés **debout**. Ils ont travaillé **ensemble**. Il l'a fait **exprès**.*

▶ Les adverbes longs (en *-ment*) peuvent être placés après le participe passé et parfois même après le complément.
*L'étudiant résout **facilement** l'équation.*
*L'étudiant a **facilement** résolu l'équation.*
*L'étudiant a résolu **facilement** l'équation.*
*L'étudiant a résolu l'équation **facilement**.*

Les adverbes de manière
– **Les adverbes en *-ment*** et sont construits à partir d'un adjectif : *calme* → *calmement* ; *doux* → *doucement, gentil* → *gentiment*, etc. (➥ La formation des adverbes, p. 65)
– **Les adverbes courts** : *ainsi, bien, comme, comment, debout, ensemble, exprès, mal, mieux, plutôt, vite, volontiers*, etc.
– **Les locutions adverbiales** : *à propos, à tort, au fur et à mesure, au hasard, en vain, n'importe comment, mine de rien*, etc.

▶ **Cas particuliers**
• *Bien*
– *Bien* est un adverbe de manière qui a pour contraire *mal*.

*Matthias chante **bien** mais moi, je chante mal.* (manière de chanter)
*Les acteurs ont **bien** joué.* (manière de jouer)
*Ils étaient **bien** habillés.* (manière d'être habillé)
– Le comparatif de *bien* est *mieux.*
*Matthias chante **mieux** que moi.* (comparatif).
*De toute la famille, c'est lui qui chante le **mieux.*** (superlatif)
– Mais *bien* est aussi un verbe de quantité et d'intensité et peut prendre le sens de *très*
ou *beaucoup.* (➥ Remarque sur *bien*, p. 68)
*Les spectateurs ont **bien** ri pendant le spectacle.* (beaucoup)
*Vous serez **bien** mieux assise avec ce coussin.* (beaucoup)
*La pièce de théâtre a fini **bien** tard.* (très)

• **Comme**
Comme est adverbe quand il prend le sens de *comment* ou de *combien/que.*
*Tu as vu **comme** il marche ?* (comment)
***Comme** c'est compliqué !* (combien)
*Oh ! **Comme** il est beau !* (Qu'il est beau !)

3. La place des adverbes

▶ **Avec un verbe**
• Aux temps simples
L'adverbe est généralement placé après le verbe auquel il se rapporte.
*Lionel fait **souvent** des voyages.*
*Nous attendons **patiemment.***
*Je vous raconterai **brièvement** mon histoire.*
*On mange **bien** dans ce restaurant.*

⚠ Ne dites pas : ~~Je souvent parle anglais.~~ Dites *Je parle **souvent** anglais.*
• Aux temps composés
L'adverbe est généralement entre l'auxiliaire et le participe passé surtout pour les
adverbes de quantité (*beaucoup, assez,* etc.) et les adverbes : *déjà, bien, mal, souvent,
toujours.*
*Victor a **complètement** changé depuis qu'il a divorcé.*
*Nous avons **beaucoup** voyagé dans notre jeunesse.*
*Raphaël était **souvent** venu chez nous.*
• Les adverbes de temps (*aujourd'hui, demain, hier, tard,* etc.), de lieu (*ailleurs ici, là, là-
bas,* etc.) et les adverbes longs en *-ment* sont surtout après le participe passé.
*Mes amis américains sont arrivés **hier.***
*Je n'ai pas vu Roland à la cantine. Je crois qu'il a déjeuné **ailleurs.***
*Mes frères ont participé **activement** à l'organisation de mon anniversaire.*
Mais pour donner plus d'insistance, on peut le mettre devant.
*Mes frères ont **activement** participé à l'organisation de mon anniversaire.*

⚠ Exceptions : les adverbes de temps *déjà, toujours, souvent, jamais* sont devant le
participe passé.
*On a **déjà** vu ce film.*

▶ **Avec un adjectif ou un adverbe**
L'adverbe qui modifie un adjectif ou un autre adverbe se place devant.
*N'ajoute pas de sel, ta soupe est **assez** salée.*
*Sur l'autoroute, il ne faut pas rouler **trop** vite, ni **trop** lentement.*

▶ **Avec une phrase**
L'adverbe est en début, en milieu ou en fin de phrase.
***Hier**, j'ai vu mes cousins. / J'ai vu **hier** mes cousins. / J'ai vu mes cousins, **hier**.*

Les comparatifs et les superlatifs

*Paris est **plus** grand **que** Lyon. Mon nouvel ordinateur marche **mieux que** l'ancien.
Luc travaille **moins qu'**avant. C'est **la plus** haute tour **de** la ville.*

■ Les comparatifs
Les adverbes *plus, moins, autant* et *aussi* permettent d'établir une comparaison entre deux éléments. La comparaison peut se faire avec un verbe, un nom, un adjectif ou un adverbe.
Les degrés de comparaison sont l'**égalité**, la **supériorité** et l'**infériorité**.

	plus (supériorité)	aussi/autant (égalité)	moins (infériorité)
adjectif	*Alain est **plus** <u>patient</u> que Bernard.*	*Alain est **aussi** <u>patient</u> que Bernard.*	*Alain est **moins** <u>patient</u> que Bernard.*
adverbe	*Alexandra comprend **plus** <u>vite</u> que Julie.*	*Alexandra comprend **aussi** <u>vite</u> que Julie.*	*Alexandra comprend **moins** <u>vite</u> que Julie.*
verbe	*Fabien <u>travaille</u> **plus** que Léo.*	*Fabien <u>travaille</u> **autant** que Léo.*	*Fabien <u>travaille</u> **moins** que Léo.*
nom	*Bérénice fait **plus de** <u>progrès</u> que Marc.*	*Bérénice fait **autant de** <u>progrès</u> que Marc.*	*Bérénice fait **moins de** <u>progrès</u> que Marc.*

✔ Dans la comparaison avec un pronom, on emploie les pronoms toniques derrière *que*. (➥ Les pronoms toniques, p. 48)
*François est plus rapide que **moi** (que **toi**, que **lui**, qu'**elle**, que **nous**, que **vous**, qu'**eux**, qu'**elles**).*

✔ Quand la comparaison porte sur **un nombre**, on utilise la construction : ... nombre + *de plus / de moins que*...
*Antoine a **trois ans de plus que** sa sœur.*

■ **Les superlatifs**

	le plus (supériorité)	le moins (infériorité)
adjectif	*Julien est **le plus** <u>grand</u> de la classe.*	*Marc est **le moins** <u>grand</u> de sa classe.*
adverbe	*David nage **le plus** <u>vite</u> de l'équipe.*	*Paul nage **le moins** <u>vite</u> de l'équipe.*
verbe	*Alice <u>voyage</u> **le plus** de tous les employés.*	*Marion <u>voyage</u> **le moins** de tous les employés.*
nom	*C'est Aurore qui fait **le plus de** <u>fautes</u>.*	*C'est Justine qui fait **le moins de** <u>fautes</u>.*

⚠ Avec l'adjectif, il faut accorder l'article (*le, la, les*) avec le nom.
*Laura est **la plus** petite de la classe.* (*la* s'accorde avec *Laura*)
Mais avec l'adverbe et le verbe, on met l'article masculin singulier *le*.
*Claire a répondu **le plus** correctement.*

■ **Les comparatifs et les superlatifs irréguliers**
• **Meilleur(e)(s)**
Meilleur est le comparatif et le superlatif de supériorité de l'adjectif *bon(ne)(s)*.
*Le café brésilien est **meilleur que** le café colombien. C'est **le meilleur** café du monde.*
• **Mieux**
Mieux est le comparatif et le superlatif de supériorité de l'adverbe *bien*.
*Avec mes nouvelles lunettes, je vois **mieux qu**'avant.*
*C'est Yann qui a **le mieux** réussi l'examen*
• **Pire**
L'adjectif *mauvais* a deux comparatifs et superlatifs de supériorité : *plus mauvais* et *pire* (plus insistant).
*Ce film est **pire** (ou plus mauvais) **que** celui qu'on a vu hier.*
*C'est le film **le pire** (ou le plus mauvais) de l'année.*

⚠ Une autre forme de *pire*, **pis**, est archaïque mais reste utilisée dans l'expression :
*Tant **pis** ! (= Dommage !)*
• **Petit** : *plus petit* ou *moindre / moins petit / aussi petit que*
– *Plus petit* indique la taille.
*Jamie est **plus petit** que Théo.*
– *Moindre* a un sens plus abstrait et indique l'importance.
*Son problème d'argent est **moindre que** ce qu'il pensait.*
*Je n'ai pas **la moindre** envie d'aller à ce dîner de famille.*

La négation

Les phrases négatives peuvent exprimer une information, une question, etc. La négation peut être simple ou complexe.

> *François **n'a pas** d'amis. Il **ne** sort **jamais**. **Rien ne** l'intéresse.*

LA NÉGATION (*NON, NE ... PAS*)

■ *Non*

▶ La négation la plus simple, *non*, peut être utilisé seule.
*Est-ce que tu as 18 ans ? – **Non**.*
Non peut être suivi d'une phrase affirmative.
*– **Non**, j'ai 17 ans.*
Non peut être suivi d'une phrase négative.
*– **Non**, je n'ai pas 18 ans.*

▶ *Non* peut indiquer le contraire d'un adjectif, d'un autre adverbe ou d'un nom.
*C'est une réunion **non officielle**.*
*Mathilde habite **non loin** de la tour Eiffel.*
*Les **non-fumeurs** sont contents de l'interdiction de fumer dans les bars.* (On met un trait d'union (-) entre *non* et le nom qui suit.)

■ *Ne ... pas*
La négation complexe se fait généralement en ajoutant *ne ... pas* au verbe.
ne + verbe + *pas*
*Je **ne** comprends **pas**.*

⚠ *Non* et *ne ... pas* peuvent s'ajouter dans une réponse.
*Vous comprenez ? – **Non**, je **ne** comprends **pas**.*

⚠ *ne* devient *n'* devant une voyelle ou *h* muet : *Monsieur Pion **n'**habite pas ici.*

▶ À l'oral, *pas* est souvent utilisé seul, sans *ne* : *Je veux **pas** partir.*
Inversement, dans un style recherché et élégant, *ne* peut être utilisé seul, sans *pas*.
*Je **ne** sais combien de fois je lui ai répété cela.*

⚠ *ne ... que* n'est pas une négation mais il donne à la phrase le sens restrictif de *seulement*. (➡ La restriction, p. 79)
*Mon fils **ne** mange **que** des pâtes.*

LA NÉGATION (*NE JAMAIS, NE RIEN, NE PERSONNE, NE PLUS*)

D'autres termes de négation permettent de nuancer la phrase.
*– **ne ... plus** (négation de encore et toujours)*
*Ton père travaille encore ? – Non, il **ne** travaille **plus**.*

– *ne ... jamais* (négation de *souvent* et *toujours*)
Philippe va souvent au théâtre ? – Non, il ne va jamais au théâtre.
– *ne ... pas encore* (négation de *déjà*)
Le bus est déjà là ? – Non, il n'est pas encore là.
– *ne ... rien* (négation de *tout* et *quelque chose*)
Tu comprends quelque chose ? – Non, je ne comprends rien.
– *ne ... personne* (négation de *quelqu'un*)
Il y a quelqu'un au bureau ?– Non, il n'y a personne.
– *ne ... nulle part* (négation de *quelque part, partout*)
J'ai cherché mon portable partout. Je ne comprends pas, il n'est nulle part.
– *ne ... guère* (pas beaucoup, pas souvent)
Léonard n'est guère sympathique.
– Etc.

⚠ *Plus, jamais, rien, personne* ne s'ajoutent pas à *pas* qui disparaît.
Je ne vois personne. / Amélie n'a rien fait.

LA RESTRICTION : *NE ... QUE (QU')...*

• *Ne ... que* indique la restriction et a le sens de *seulement*. *Ne* est placé avant le verbe et *que* devant l'élément concerné par la restriction.
Franck veut aller au cinéma mais il n'a que deux euros.
• L'expression restrictive *n'avoir qu'à* + infinitif exprime un conseil.
Tu veux maigrir ? Tu n'as qu'à arrêter de manger tes trois croissants quotidiens. (C'est la seule chose/la chose la plus simple à faire.)
Cette expression peut être utilisée avec *il y a* : *Il n'y a qu'à* + infinitif
Pour éviter d'avoir une amende, il n'y a qu'à respecter les limitations de vitesse. (conseil adressé à tout le monde en général ou à quelqu'un de façon sous-entendue)
• En français familier, *que* est souvent employé seul.
Il y a qu'une lettre au courrier ce matin. (Il y a seulement une lettre.)
Toujours en français familier, la tournure *rien que* (sans *ne*) indique aussi une restriction.
On sera tranquilles ce soir, rien que toi et moi.

LA DOUBLE NÉGATION : *NE ... PAS ... NI, NE ... NI ...NI*

• *Ni* est la forme négative de *et*.
Michel parle espagnol et italien. → *Michel ne parle pas espagnol ni italien.*
Il a un frère et une sœur. → *Il n'a pas de frère ni de sœur.*
• Pour renforcer la négation, *pas* est omis et *ni* est répété.
Michel ne parle ni espagnol ni italien.

Cette répétition est très fréquente avec les adjectifs et les adverbes.
*Léo n'est **ni** vieux **ni** jeune.*
• *De* peut être omis pour renforcer encore plus la négation.
*Il **n'a ni de** frère **ni de** sœur.* Ou : *Il **n'a ni** frère **ni** sœur.*

L'ORDRE DES MOTS DANS LA PHRASE NÉGATIVE

▶ Aux temps simples
ne + verbe + ***pas***
*Alex **ne** prend **pas** le train.*
ne + pronom + verbe + ***pas***
*Alex **ne le** prend **pas**.*

▶ Aux temps composés
ne + auxiliaire + ***pas*** + participe passé
*Alex **n'a pas** pris le train.*
ne + pronom + auxiliaire + ***pas*** + participe passé
*Alex **ne l'a pas** pris.*

▶ Avec certaines négations, la place des mots (*rien, personne, jamais,* etc.) peut changer selon sa fonction dans la phrase.

*Je **ne** veux **rien**.* (COD)	*Je **ne** connais **personne**.* (COD)
***Rien ne** change.* (sujet)	***Personne ne** parle.* (sujet)
*Il **ne** s'intéresse à **rien**.* (COI)	*Je **ne** parle à **personne**.* (COI)

⚠ La place de *personne* est irrégulière aux temps composés. *Personne* se place après le participe passé.
*Matthias est allé au bureau mais il **n'a** vu **personne**.*

▶ À l'infinitif
Ne pas + (pronom) + infinitif
***Ne pas** marcher sur les pelouses. **Ne pas** les envoyer.*

LA NÉGATION ET L'ARTICLE

Après un verbe à la forme négative, les articles définis (*le, la, les*) sont maintenus mais les articles indéfinis (*un, une, des*) et les articles partitifs (*du, de la, de l', des*) deviennent *de*, sauf avec le verbe *être*.
Valentin regarde la télévision.
→ *Valentin ne regarde pas la télévision.* (Pas de changement avec l'article défini *la*)
Grégoire a une voiture. → *Grégoire n'a pas **de** voiture.*
Charline boit du vin. → *Charline ne boit pas **de** vin.*
Nous avons des amis suisses. → *Nous n'avons pas **d'**amis suisses.*

C'est le père de Morgane. → *Ce n'est pas le père de Morgane.* (Pas de changement avec le verbe *être*)
Benjamin est un bon élève. → *Benjamin n'est pas un bon élève.*

⚠ Pour nier une affirmation, on peut garder l'article indéfini ou partitif, à condition d'ajouter une autre affirmation. Cette tournure est emphatique.
*Grégoire n'a **pas une** voiture, **il en a deux** !*
*Je ne bois **pas du** whisky, **je bois du jus de pomme** !*

LA NÉGATION (*SANS* + INFINITIF)

▷ **Sans + infinitif**
• La construction avec la préposition *sans* + infinitif présent ou passé est aussi une marque de la négation. Le sujet du verbe conjugué et de l'infinitif sont les mêmes.
*Peux-tu parler **sans crier**, s'il te plaît ?* (infinitif présent car simultanéité entre *parler* et *crier*)
*Il a réussi son examen sans **avoir étudié**.* (infinitif passé car antériorité de *avoir étudié* par rapport à *a réussi*)
• *Sans* peut s'associer à un autre terme de la négation (*rien, jamais, personne,* etc.) sans *ne.*
*Jean-Paul a quitté la réunion **sans rien dire**.*
*Nous avons vendu notre maison **sans** en **parler à personne**.*
• L'article qui vient après l'infinitif suit la règle générale de la négation de l'article.
(➥ La négation et l'article, p. 80)
*Je suis en pleine forme sans prendre **de** vitamines.*

✔ *Un* et *une* peuvent être conservés pour marquer une insistance.
*Stella peut manger sans prendre **un** gramme.* (pas un seul gramme)

▷ **Sans ... ni ...**
Sans peut aussi se construire avec *ni* si la négation porte sur deux éléments.
*Combien de temps peut-on vivre **sans boire ni manger** ?*

⚠ *Sans* peut aussi être suivi de *que* + subjonctif si l'on a des sujets différents. (➥ Le mode subjonctif, p. 142)
*Alexis est sorti **sans que** ses parents le sachent.*

⚠ *Sans* peut aussi être suivi d'un nom (avec ou sans article) ou d'un pronom. (➥ Les prépositions, p. 83)
*Certains se marient **sans amour**.*
*Je ne suis pas prêt. Partez **sans moi**.*
***Sans l'amour** de ses enfants, elle n'aurait pas surmonté sa dépression.*

LE *NE* EXPLÉTIF

▸ Le *ne explétif* peut être employé seul dans une phrase sans être une négation. Il s'emploie surtout à l'écrit. On peut l'entendre à l'oral, dans la langue soutenue. *J'ai peur qu'elle ne fasse une bêtise. Allez-y avant qu'il ne soit trop tard.*

▸ Il s'utilise après des verbes, des locutions ou des conjonctions suivis de *que* et exprimant une certaine idée comme la peur, l'empêchement, etc., et lorsque le sujet de la phrase principale est différent de celui de la subordonnée.

⚠ Ne pas confondre avec la forme littéraire de la négation dans laquelle *pas* disparaît et qui reste une négation.
Ils ne purent retrouver leur chemin. (= Ils ne purent pas retrouver leur chemin)
• **Après l'expression de la peur** : *avoir peur que, craindre que, de peur que, de crainte que,* etc. (+ subjonctif) (➥ Le mode subjonctif, p. 142)
Lionel a peur que son avion n'ait du retard. (en langage courant : *Lionel a peur que son avion ait du retard*)

⚠ Si le sujet de la principal est le même le sujet de la subordonnée, on utilise *de +* infinitif.
Lionel a peur de rater son avion. (Ne dites pas : ~~Lionel a peur qu'il rate son avion.~~)
Il est parti trois heures à l'avance de peur qu'il n'y ait des embouteillages. (en langage courant : *... de peur qu'il y ait des embouteillages*)
• **Après l'expression de l'empêchement** : *empêcher que, éviter que,* (+ subjonctif)
Le garde du corps doit empêcher que la chanteuse ne soit bousculée par ses fans.
Le pilote a évité que l'avion ne soit pris dans l'orage.
• **Dans les comparaisons de supériorité et d'infériorité** : *plus que, moins que, mieux que,* etc.
Lorsque que le deuxième élément de comparaison est une phrase, le *ne* explétif se place devant le verbe de cette phrase.
Cet acteur est plus petit que je ne le pensais.
L'exercice est moins difficile que le professeur ne l'avait prétendu.
Le malade se porte mieux que le docteur ne l'espérait.
• **Après les conjonctions** : *avant que, à moins que, sans que* (+ subjonctif)
Laura allume quelques bougies avant que les invités n'arrivent.
Je prends ton parapluie, à moins que tu n'en aies besoin.
Hervé a réussi a quitté la classe sans que le professeur ne s'en aperçoive.

Les prépositions

*Raoul est **à** la plage. Vous voulez une tasse **de** thé ? **Selon** moi, c'est faux.*

▷ Les prépositions sont des **mots invariables** qui peuvent introduire le complément :
– d'un nom → *Une **coupe de** champagne*
– d'un verbe → *Elsa **voyage en** train.*
– d'un adjectif → *Ce film est **triste à** mourir.*
– ou d'un adverbe → *J'ai **trop à** faire.*

▷ Le complément qui suit la préposition peut être :
– un nom (ou un pronom) → *C'est **pour mon frère**. C'est **pour lui**.*
– un verbe (à l'infinitif) → *Essayez **de dormir**. Il est parti **sans manger**.*
– un adverbe → *Les invités sont partis **depuis longtemps**.*
– un groupe de mots → ***Selon le directeur de l'école**, tous les élèves auront le bac.*

Exemples de prépositions les plus fréquentes : *à, après, avant, avec, chez, contre, dans, de, depuis, derrière, dès, devant, en, entre, envers, excepté, hors, jusque, malgré, outre, par, parmi, pendant, pour, sans, sauf, selon, sous, suivant, sur, vers, via,* etc.

⚠ Des participes sont parfois utilisés comme prépositions : *attendu, durant, excepté, moyennant, passé, suivant, touchant, vu,* etc.

▷ Les **locutions prépositionnelles** sont constituées de plusieurs mots et fonctionnent comme les prépositions.
*Antoine fait du sport **afin de** maigrir.*
*Je préfère rester **en dehors de** vos disputes.*
*Pour arriver plus vite au gymnase, passe **par-derrière** ce bâtiment.*

Exemples de locutions prépositionnelles les plus fréquentes : *afin de, au-delà de, au-devant de, à l'instar de, à l'insu de, en dehors de, hors de, loin de, par-derrière, par-dessous, par-dessus, par-devant, proche de,* etc.

⚠ Certaines prépositions, ou locutions prépositionnelles, peuvent avoir d'autres fonctions (adverbe, nom, adjectif, conjonction).
*Rentrons **avant** la nuit.* (préposition)
*Tu peux passer chez moi mais téléphone-moi **avant**.* (adverbe)
*Je préfère m'asseoir à l'**avant** de l'autobus.* (nom)
*Le cheval a sauté **par-dessus** la rivière.* (locution prépositionnelle)
*Le cheval a sauté **par-dessus**.* (adverbe)

LES PRÉPOSITIONS *À* ET *DE* + ARTICLE

Les prépositions *à* et *de* sont très fréquentes. Lorsqu'elles sont devant les articles défini *le* et *les*, attention aux contractions (*au, aux, du, des*).
Mathieu, tu veux une glace à la vanille ou au chocolat ?
Je m'occupe de la réservation de l'hôtel et toi, tu t'occupes des billets d'avion.

⚠ La contraction se fait aussi si l'article appartient à un nom propre (lieu, nom de famille, etc.).
Nous avons passé une semaine aux Seychelles. (à + les Seychelles)
La course est partie du Havre. (de + Le Havre)
J'ai parlé aux Martin, ils sont d'accord pour signer la pétition. (à + les Martin)

LES PRÉPOSITIONS DE LIEU

▶ **La localisation et la destination : *à***
Pour indiquer la localisation d'un lieu (avec les verbes *être, rester, se trouver*, etc.) ou la destination vers un lieu (*aller, passer, retourner*, etc.), on emploie généralement *à* (*au, à l', à la, aux*).
Il a un compte bancaire à la poste.
Je passerai te chercher au bureau à 18 heures.
Les filles iront aux Halles pour faire du shopping.

▶ **La provenance, l'origine : *de***
Pour indiquer la provenance, l'origine, on utilise *de* (*d', du, de l', des*).
Henry rentre du bureau.
Je viens de la banque.
Les enfants reviennent de l'école à 16 heures.

▶ **Les noms géographiques**

	Localisation et destination	Provenance, origine
Les pays	*en, au* ou *aux*	*de, du, d'*, ou *des*
	• *en* + pays féminins (la plupart des pays sont féminins et se reconnaissent par le *-e* final) *Diane a vécu en Belgique et en Espagne.* • *en* + pays masculins commençant par une voyelle. *Charlie travaille en Irak.*	• *de* + pays féminins *Julie vient de Suisse.* • *du* + pays masculins *Simon est rentré du Danemark.* • *d'* + pays commençant par une voyelle *Nezy vient d'Iran et Paula vient d'Italie.* ➡

	• *au* + pays masculins (ne commençant pas par une voyelle et sans -*e* final sauf quelques exceptions comme *le Mexique*) *Sylvie rêve d'aller **au** Canada.* • Les noms de pays pluriels prennent *aux*. *Linda habite **aux** Pays-Bas mais elle a envie de retourner **aux** États-Unis.* ⚠ Certains pays (îles ou villes) n'ont pas d'article et prennent seulement *à*. *à Cuba, à Chypre, à Madagascar, à Singapour*, etc.	• *des* + pays pluriels *Jeremy vient **des** États-Unis.*
Les îles	***en*** ou ***à la***	***de, de la*** ou ***des***
	*Je voudrais aller **en** Corse, **en** Sicile, **en** Crète*, etc. *Ils passent leurs vacances **à la** Martinique, **à la** Guadeloupe, **à la** Réunion*, etc. ⚠ Îles sans article : *Jean va **à** Chypre, **à** Cuba, **à** Tahiti*, etc.	*Que vous veniez **de** Corse, **de la** Martinique ou **de** Tahiti, vous êtes citoyen français.* *Le bateau est parti **des** Seychelles.*
Les continents (tous féminins)	***en***	***d'***
	*Laurent habite **en** Europe.* *Il est allé **en** Asie, **en** Afrique, **en** Amérique mais jamais **en** Océanie.*	*Les éléphants viennent **d'**Afrique ou **d'**Asie.* *Ces fleurs proviennent **d'**Amérique.*
Les villes	***à***	***de, d', de La*** ou ***du***
	*Il y a beaucoup de touristes **à** Paris.* *Isabelle a vécu **à** La Rochelle.* ⚠ Quelques villes ont l'article défini masculin *Le* (*Le Havre, Le Mans, Le Caire, Le Cap*, etc.), il faut donc faire la contraction *à* + *Le* = *au* : *Le bateau est arrivé **au** Havre.* Et aussi féminin : *La Nouvelle-Orléans* Ou pluriel : *Les Sables-d'Olonne* ⚠ Arles et Avignon peuvent prendre *en*. *Nous sommes allés **en** (ou **à**) Arles et **en** (ou **à**) Avignon.*	*Nous venons **de** Londres.* *Je suis parti **d'**Aix-en-Provence à 8 heures.* ⚠ Les villes avec un article gardent cet article. *Bruno est **de La** Rochelle, Catherine est **du** Mans.*

➡

Les régions et départements	dans le, dans la, dans l', dans les, ou en	de, du, de, de l', de la, ou des
	Les prépositions sont très variables : • Régions : *Beaucoup de touristes vont **dans le** Périgord / **dans les** Alpes / **en** Alsace / **en** Bourgogne*, etc. • Départements : *Ils vont aussi **dans la** Drôme / **dans le** Lot / **dans l'**Allier / **dans les** Hautes-Pyrénées / **en** Charente-Maritime*, etc.	• Régions : *Je suis originaire **du** Périgord / **des** Alpes / **d'**Alsace / **de** Bourgogne*, etc. • Départements : *Je viens **de la** Drôme / **du** Lot / **de l'**Allier / **des** Hautes-Pyrénées / **de** Charente-Maritime*, etc.
Les points cardinaux	au, ou à l'	du, ou de l'
	*La mairie est située **au** nord / **au** sud / **à l'**est / **à l'**ouest de la ville.* ⚠ S'il s'agit d'une région, d'un département, il faut une majuscule : *Il habite dans le **Nord**, dans l'**Est***, etc.	*Ce vent vient **du** nord / **du** sud / **de** l'est / **de** l'ouest.*

▶ **Les autres prépositions de lieu**

• Les autres prépositions de lieu les plus fréquentes : *chez, contre, dans, derrière, devant, en, entre, hors, jusque, par, parmi, pour, proche, sous, sur, vers*, etc.

• Les locutions prépositionnelles de lieu les plus fréquentes :
à côté de, à droite de, à gauche de, à l'extérieur de, à l'intérieur de, au bord de, au centre de, au coin de, au-dessous de, au-dessus de, au fond de, autour de, en bas de, en dehors de, en face de, en haut de, le long de, loin de, près de, proche de, etc.

▶ **Exemples d'emploi de certaines prépositions (et locutions) de lieu :**

• *en* (généralement sans article)
*L'escroc est **en** prison.*
*Ils habitent **en** banlieue.*
*Les élèves sont **en** classe de 9 h à midi.*
*Monsieur Trichet est **en** réunion.*

• *dans* : à l'intérieur d'un lieu ou de quelque chose.
*S'il pleut, je t'attendrai **dans** la station de métro.*
*J'ai vu ta photo **dans** le journal.*
*Le soir, il n'y a personne **dans** ma rue.*

⚠ Attention aux nuances :
– *dans* et *en* : *J'ai rencontré Jean-Paul **dans** le train.* (localisation) Mais : *Je voyage **en** train.* (moyen de transport)
– *dans*, *en* et *à* : *Il est interdit d'utiliser son téléphone portable **dans** la banque.* (concret : à l'intérieur de la banque) *Pierre a un compte **en** banque.* (abstrait : c'est sa banque) *Hélène va **à la** banque.* (destination)

• **sur**
*Pose le livre **sur** la table.*
*Il y a trop de monde en août **sur** la Côte-d'Azur.*
*Il y a beaucoup de circulation **sur** la route.*
*Arnaud a fait des recherches **sur** Internet pour son exposé.*

⚠ Attention aux nuances :
– *sur* et *dans* : ***dans** la rue* (espace fermé, à l'intérieur de la ville) et ***sur** la route* (espace ouvert).
– *à* et *sur* : ***à** la radio, **à** la télévision, **au** téléphone,* etc. mais ***sur** Internet.*
– *sur* et *au-dessus de* : *Elle a un drôle de chapeau **sur** la tête.* (le chapeau est posé sur sa tête) *Elle a un piercing **au-dessus de** la lèvre.* (le piercing n'est pas sur la lèvre mais un peu plus haut)
– *sous* et *au-dessous de* : *La poubelle est **sous** le bureau.* (le complément le bureau « domine » la poubelle. Il n'y a pas de contact) *J'ai caché la clé **sous** le pot de fleurs.* (il y a contact) *Les gens qui habitent **au-dessous de** notre appartement font beaucoup de bruit.* (à un niveau inférieur. Il n'y a pas de contact). *Il fait froid, la température est tombée **au-dessous de** zéro.* (abstrait : inférieur à zéro)
Sous est employé pour *au-dessous de* s'il n'y a pas de confusion possible. → *Va mettre la table **sous**/**au-dessous de** l'arbre.* (pas de contact)
• **chez** : à la maison de quelqu'un ou à la boutique, au cabinet, etc., de quelqu'un.
*Ma fille passe l'après-midi **chez** sa copine.*
*Louis n'est pas ravi à l'idée d'aller **chez** le dentiste.*

⚠ *chez* peut s'associer à une autre préposition (ou locution).
*Il y a un cinéma **devant chez** moi. Les gens qui habitent **au-dessus de chez** lui font du bruit.*
• **pour** : indique la destination.
*Nous partons **pour** (ou à) Paris.*
*À la gare d'Avignon, j'ai pris un taxi **pour** le centre-ville.* (à n'est pas possible pour éviter la confusion)
• **par** : à travers.
*Les pompiers sont passés **par** la fenêtre.*
*Le TGV Paris-Marseille passe **par** Avignon.*

⚠ Mais aussi : *Les petits sont assis **par** terre.* (sur le sol)

LES PRÉPOSITIONS DE TEMPS

Les prépositions de temps peuvent indiquer un moment, une durée ou une fréquence.
• Les prépositions de temps les plus fréquentes : *à, après, avant, dans, de, depuis, dès, durant, en, entre, jusque, par, pendant, pour, sous, vers, voilà,* etc.
• Les locutions prépositionnelles de temps les plus fréquentes : *à partir de, avant de, en attendant, jusqu'à,* etc.

■ **Le moment d'une action**

▶ Un moment précis dans le temps : *à, en, au*
• L'heure : *à* → *La banque ferme à 17 heures.*
• Le mois et l'année: *en* → *Mon anniversaire est en décembre* (ou *au mois de décembre*).
Kévin est né en 1992.
• Le siècle : *au* → *Le téléphone a été inventé au dix-neuvième siècle.*
• La saison : *en* ou *au* → *au printemps, en été, en* (ou *à l'*) *automne, en hiver.*

▶ Le début d'une action : *après, à partir de, dès,* etc.
À partir du 15 mars, votre magasin ouvrira à 8 h.
Dès le début du cours, l'élève s'est endormi. (*dès* a un sens de rapidité)
Après 19 h, il n'y a plus personne dans le bureau.

▶ La fin d'une action : *avant, jusqu'à, sous,* etc.
Dans ce restaurant, il faut arriver avant midi sinon il n'y plus de places.
L'artiste a vécu dans ce misérable atelier jusqu'à sa mort.
Veuillez nous renvoyer le formulaire signé sous huit jours. (administratif : avant une semaine)

▶ Les deux limites d'une action : *de ... à, entre,* etc.
Nos voisins partent en Espagne tous les ans de décembre à mars.
Peu de gens travaillent entre les fêtes de fin d'année.

▶ Le temps entre une action passée ou future et le moment où locuteur parle : *dans, depuis, voilà,* et l'expression *il y a,* etc.
• *Dans* indique le temps qui doit s'écouler entre le moment où le locuteur parle et une action future. (➥ Le futur simple, p. 125)
Dans trois jours, nous serons sur la plage sous les cocotiers.
Dans peut aussi indiquer une période pendant laquelle une action a eu lieu.
Dans sa vie, il n'a eu que des malheurs. (ici *dans* = pendant)
• *Depuis* indique le début d'une action qui continue toujours si le verbe est au présent ou au passé composé négatif. C'est donc aussi une durée. (➥ Le passé composé, p. 111)
Sylvain attend Aline sous la pluie depuis deux heures.
Je n'ai pas vu René depuis dix ans.

✔ *Depuis* peut être remplacé par les expressions *il y a ... que, voilà ... que* et *ça fait ... que.*
Il y a / Voilà / Ça fait dix ans que je n'ai pas vu René.

⚠ Avec l'imparfait, l'action continue jusqu'au moment indiqué par l'autre verbe.
Il dormait depuis une heure quand son téléphone a sonné. (➥ L'imparfait, p. 117)
• *Voilà* et l'expression *il y a* indiquent le temps qui s'est écoulé entre un moment dans le passé et le moment où le locuteur parle.
Ils se sont rencontrés voilà un an. / Ils se sont rencontrés il y a un an.

⚠ Ne pas confondre les expressions *voilà* et *il y a* avec *il y a / voilà ... que.*

■ **La durée d'une action** : *pendant, durant, depuis, en, pour*

▶ ***Pendant*** et ***durant*** ont le même sens et indiquent la durée complète d'une action.
*Les jeunes ont fait la fête **pendant** toute la nuit.*

⚠ *Pendant* peut-être omis (sauf en début de phrase) : *Les jeunes ont fait la fête toute la nuit.* Mais : ***Pendant** sa jeunesse, il vivait en Bourgogne.* (*Pendant* est obligatoire) Et *durant* peut être après le nom : *Ils ont fait la fête la nuit **durant**.*

▶ ***En*** indique le temps qui a été utilisé pour accomplir une action précise.
*Liliane a fait son exercice **en** cinq minutes.*

▶ ***Pour*** indique la durée d'une action qui n'est pas encore écoulée, c'est l'estimation de la durée de l'action. Cette action est généralement future.
*Le navigateur est parti **pour** six mois en mer.* (son projet, ou son estimation, est de partir 6 mois mais ce sera peut-être plus ou moins)
*Ma cousine est à Paris **pour** deux semaines.* (elle est à Paris et elle a l'intention d'y rester deux semaines)

■ **La fréquence d'une action** : *par, sur,* etc.
*Mélanie va à la piscine trois fois **par** semaine.*
*Fabienne se lave les cheveux un jour **sur** deux.* (un jour, elle se les lave et le jour suivant, non)

Beaucoup d'autres prépositions (ou locutions) indiquent la manière (*avec*), la classification (*excepté, parmi, outre, sauf*), la concession (*malgré*), la cause (*à cause de, en raison de, grâce à*), etc. (➥ Les relations logiques, p. 189)

LES PRÉPOSITIONS APRÈS UN VERBE, UN ADJECTIF, UN NOM

■ **Verbe + préposition**
Beaucoup de verbes se construisent avec une préposition. Il n'y a pas de règle spécifique, il faut mémoriser les constructions des verbes. (*Cf.* dans la même collection : *Précis : les verbes et leurs prépositions*)
Les prépositions *à* et *de* sont les plus fréquentes.

▶ **Verbe + préposition + infinitif**   → *Hubert hésite **à** partir.*
                                      → *On a fini **de** travailler.*
                                      → *Elle est venue **pour** s'excuser.*

Verbes + à + infinitif. Exemples : *aider, s'amuser, apprendre, s'apprêter, arriver, s'attendre, autoriser, avoir, chercher, commencer (à ou de), continuer (à ou de), contribuer, convier, encourager, s'entraîner, s'habituer, hésiter, inviter, se mettre, se préparer, réussir, servir, tendre, tenir,* etc.
Verbes + de + infinitif. Exemples : *accepter, attendre, avoir besoin, choisir, cesser, se charger, conseiller, craindre, décider, se dépêcher, douter, s'efforcer, envisager, essayer, s'étonner, éviter, s'excuser, finir, jurer, manquer, offrir, omettre, ordonner, oublier, parler, promettre, proposer, refuser, regretter, rêver, se souvenir, suggérer,* etc.

Dans la construction verbe + *pour* + infinitif, l'infinitif est l'objectif de l'action exprimée par le premier verbe. Si le premier verbe est un mouvement (*aller, courir, descendre, monter*, etc.), *pour* peut être omis → *Elle est venue s'excuser.* Mais : *Elle travaille **pour** gagner sa vie.* (*pour* est obligatoire)

⚠ L'infinitif peut être au présent ou au passé.
*Laura accepte **de** revenir. Elle s'excuse **d'**avoir oublié le rendez-vous.*

▶ **Verbe + préposition + nom**
(ou pronom)
→ *Yves écrit **à** sa copine.*
→ *Il lui téléphone.* (*lui* = à sa copine)
→ *Lionel s'occupe **de** la vaisselle.*
→ *J'ai confiance **en** toi.*
→ *Lionel compte **sur** sa collègue.*
→ *Les syndicats se battent **contre** le patronat.*

Un même verbe peut avoir plusieurs constructions et changer de sens.
*Janine pense **à** son rendez-vous avec son banquier.* (Elle réfléchit)
*Jacques pense **à** ses dernières vacances.* (Il se souvient)
*Pense **à** fermer les fenêtres si tu sors.* (N'oublie pas)
*Que pensez-vous **de** ma nouvelle voiture ?* (Quelle est votre opinion ?)
*Que penses-tu **d'**offrir des fleurs à Janine ?*
Je pense prendre mes vacances en juillet. (J'ai l'intention)

▶ **Verbe + nom + préposition + infinitif**
– Si le nom est accompagné d'un article défini ou sans article, on emploie **de**.
→ *On a le temps **de** boire un café.*
→ *On a besoin **de** boire un café.*
– Si le nom est accompagné d'un article indéfini ou partitif, on emploie **à** ou **de**.
→ *Denise a eu du mal **à** trouver le restaurant.*
→ *Jonathan a un examen **à** passer. Il a une chance **de** réussir.*

■ **Adjectif + préposition** (➡ Le complément de l'adjectif qualificatif, p. 38)

▶ **Adjectif + préposition + nom**
(ou pronom)
→ *Olivia est amoureuse **de** Marc.*
→ *Je suis contente **pour** toi.*
→ *Charles est bon **en** mathématiques.*
→ *Ludivine est très gentille **envers** son petit frère.*

⚠ Avec *par* et *pour*, l'article est parfois omis.
*Il est méchant **par** jalousie. Fermé **pour** travaux.*

▶ **Adjectif + préposition + infinitif** : on emploie *à* ou *de* selon la construction de la phrase. → *Ce film est difficile **à** comprendre.*
→ *Il est / Je trouve difficile **de** comprendre ce film.*

■ **Nom + préposition** (➡ Le complément du nom p. 26)
▶ **Nom + préposition + nom**
→ *Un plat **de** poisson* (contenant du poisson)
→ *Un plat **à** poisson* (destiné pour le poisson)
→ *Une bague **en** or* (matière)

▶ **Nom + préposition + infinitif**
→ *Une salle **à** manger*
→ *Un médicament **pour** calmer la douleur*

▶ **Nom + préposition + adverbe**
→ *Une personne **de** trop*

Les articulateurs

*Du pain **et** du vin. Tu es triste **ou** content ? **Soit** tu m'aides, **soit** tu t'en vas.*

■ **Les conjonctions de coordination *et, ou, ni, mais, or, car, donc***
Les conjonctions de coordination servent à associer plusieurs éléments (mots ou groupes de mots) pour constituer une unité (*car* et *or* ne peuvent coordonner que des groupes de mots).

- **Et**

Et marque généralement l'addition. → *Un café **et** un verre d'eau, s'il vous plaît.*
Il peut parfois marquer l'opposition → *Tu as gagné **et** tu pleures ?*
ou renchérir sur un élément. → *Mon mari m'a offert une voiture, **et** une belle !*

- **Ou**

Ou marque en général le choix. → *Vous voulez un thé **ou** un café ?*
Il peut parfois avoir une valeur explicative → *Je t'attendrai à la gare, **ou** plus précisé-*
ou corrective. *ment à l'entrée de la gare.*

⚠ Lorsque *et* et *ou* coordonnent plusieurs éléments, ils se mettent devant le dernier élément.
*Les Français, les Italiens **et** les Espagnols sont des Latins.*
*Vous préférez l'avion, le train **ou** la voiture ?*
Mais à l'oral, on peut répéter la conjonction pour insister : *Aujourd'hui, **et** les bus, **et** les voitures **et** les motos sont interdits en ville. On peut mettre **ou** du beurre **ou** de l'huile dans cette recette.*

- **Ni** (➥ La double négation, p. 79)

Ni s'emploie pour ajouter une négation. → *On ne doit pas manger **ni** boire en classe.*
 → *Je n'ai **ni** faim **ni** soif.*

- **Mais**

Mais marque l'opposition ou la concession. → *Odile est triste **mais** elle sourit.*

- **Or** (➥ La concession, p. 200)

Or indique une coïncidence avec une idée → *Franck veut aller au concert, **or** il n'a*
de concession ou de précision. *pas d'argent.*
 → *J'ai besoin de piments pour ma recette,*
 ***or** j'en ai acheté ce matin au marché.*

- **Car**

Car indique une relation de cause. → *Claire ne vient pas avec nous **car** elle a déjà vu l'exposition.*

- **Donc**

Donc indique une relation de conséquence. → *Philippe est libre ce soir, **donc** on sera cinq / on sera **donc** cinq pour le dîner ce soir.*

■ **Les autres articulateurs simples :** *alors, ensuite, et puis,* **etc.**

Les conjonctions de coordination peuvent être précisées par un autre mot, un adverbe par exemple (*et puis, et aussi, ou bien, ou alors, ou encore, ou même, mais encore, mais aussi,* etc.).
On peut faire une promenade **ou bien** *aller voir un film.*

▷ D'autres mots simples sont utilisés comme éléments de liaison.
Exemples :
– **Alors, en effet, c'est pourquoi** (conséquence) → *Béatrice fume,* **alors** *elle tousse.*
– **Pourtant, cependant** (opposition) → *Michel ne fume pas,* **pourtant** *il tousse tout le temps.*
– **D'ailleurs** (argumentation) → *Ce film est affreux.* **D'ailleurs,** *il y avait une mauvaise critique dans le journal.*
– **Comme** (catégorisation) → *Qu'est-ce que vous voulez* **comme** *boisson ?* (Quel type)
– **Sinon** (hypothèse si le premier élément ne se réalise pas) → *Viens à table tout de suite* **sinon** *ta soupe va être froide.*
– **Soit ... soit ...** (le choix) → *On achète* **soit** *du bœuf* **soit** *du veau pour ce soir.*
– **Puis, ensuite, d'abord, ensuite ... enfin ...** (organisation des éléments)
Ben a traversé l'Espagne, **puis** *le Portugal.* **Ensuite,** *il a pris un bateau pour le Maroc.*
Prenez **d'abord** *une feuille et un crayon.* **Ensuite,** *observez bien la statue.* **Enfin,** *dessinez les contours de la statue.*
– Etc.

Les verbes

Georges **habite** *ici. Nous* **devons** *déménager. Ils* **partent** *bientôt.*

LES TYPES DE VERBES

À l'infinitif, les verbes sont constitués d'une **base** (ou radical) et d'une **désinence** (*-er, -ir* ou *-re*). Les verbes sont classés en trois groupes. (*Cf.* dans la même collection : *Précis de conjugaison*)

1er groupe	verbes en -er → (sauf *aller* : 3e gr.)	*danser, étudier, former, habiter, passer, se promener,* etc.
2e groupe	verbes en -ir →	*choisir, finir, garantir, grandir, nourrir, obéir, réussir,* etc.
3e groupe	certains verbes en -ir →	*dormir, offrir, ouvrir, tenir, venir,* etc.
	verbes en -re →	*attendre, faire, mettre, peindre,* etc.
	et tous les verbes en -oir et -oire →	*devoir, pouvoir, savoir, voir, boire, croire,* etc.

▶ Les verbes en -er du 1er groupe ont une ou deux bases et se conjuguent au présent de l'indicatif avec e, es, e, ons, ez, ent.

▶ Les verbes en -ir du 2e groupe comme *finir* se conjuguent au présent de l'indicatif à partir de la base *fin-* et des terminaisons *is, is, it, issons, issez, issent* → *je finis, nous finissons.*

▶ Les verbes en -ir, en -re, en -oir et en -oire du 3e groupe ont une ou plusieurs bases et plusieurs types des terminaisons (➡ Les verbes, p. 95)

▶ Les verbes peuvent avoir plusieurs constructions.
• Les verbes **intransitifs** s'emploient sans complément d'objet direct.
Antoine **voyage**. *Il* **voyage** *dans toute l'Europe.* (dans toute l'Europe : complément de lieu mais ni COD ni COI)
• Les verbes **transitifs** acceptent un COD ou un COI.
Arthur **aime** *le sport.* (le sport : COD)
• Les verbes suivis d'un **attribut** (adjectif, participe passé ou nom)
Sophie **est** *belle.* (Exemples : être, paraître, sembler, avoir l'air, devenir, rester, mourir, tomber, naître, vivre, etc.)
• Les verbes suivis d'une **proposition subordonnée complétive.** (➡ La proposition complétive, p. 171) *Philippe* **pense** *que tu as raison.*

■ **Les verbes usuels** (*être, avoir, faire, venir, aller, comprendre*)

▶ *Être* et *avoir*
Au présent de l'indicatif, *être* et *avoir* ont des conjugaisons irrégulières.
Je **suis** *en vacances. Nous* **sommes** *suisses. Paul* **a** *un chien. Ses enfants* **ont** *des bonnes notes.*
Ils servent aussi à former les temps composés des autres verbes, ce sont des **auxiliaires** (*Ils* **ont** *déménagé. / Ils* **sont** *partis. / Tu* **seras** *arrivé. / Nous* **avions** *déjeuné*). Il est donc important de bien connaître ces deux verbes.

Être			
Indicatif présent	**Indicatif imparfait**	**Indicatif passé simple**	**Indicatif futur simple**
je suis	j'étais	je fus	je serai
tu es	tu étais	tu fus	tu seras
il/elle est	il/elle était	il/elle fut	il/elle sera
nous sommes	nous étions	nous fûmes	nous serons
vous êtes	vous étiez	vous fûtes	vous serez
ils/elles sont	ils/elles étaient	ils/elles furent	ils/elles seront
Indicatif passé composé	**Indicatif plus-que-parfait**	**Indicatif passé antérieur**	**Indicatif futur antérieur**
j'ai été	j'avais été	j'eus été	j'aurai été
tu as été	tu avais été	tu eus été	tu auras été
il/elle a été	il/elle avait été	il/elle eut été	il/elle aura été
nous avons été	nous avions été	nous eûmes été	nous aurons été
vous avez été	vous aviez été	vous eûtes été	vous aurez été
ils/elles ont été	ils/elles avaient été	ils/elles eurent été	ils/elles auront été ➡

Subjonctif présent	Subjonctif imparfait	Subjonctif passé	Subjonctif plus-que-parfait
que je sois	que je fusse	que j'aie été	que j'eusse été
que tu sois	que tu fusses	que tu aies été	que tu eusses été
qu'il/elle soit	qu'il/elle fût	qu'il/elle ait été	qu'il/elle eût été
que nous soyons	que nous fussions	que nous ayons été	que nous eussions été
que vous soyez	que vous fussiez	que vous ayez été	que vous eussiez été
qu'ils/elles soient	qu'ils/elles fussent	qu'ils/elles aient été	qu'ils/elles eussent été
Conditionnel présent	**Conditionnel passé**	**Impératif présent**	**Impératif passé**
je serais	j'aurais été	sois	aie été
tu serais	tu aurais été	soyons	ayons été
il/elle serait	il/elle aurait été	soyez	ayez été
nous serions	nous aurions été		
vous seriez	vous auriez été		
ils/elles seraient	ils/elles auraient été		
Participe présent	**Participe passé**		
étant	été, ayant été		

Avoir			
Indicatif présent	**Indicatif imparfait**	**Indicatif passé simple**	**Indicatif futur simple**
j'ai	j'avais	j'eus	j'aurai
tu as	tu avais	tu eus	tu auras
il/elle a	il/elle avait	il/elle eut	il/elle aura
nous avons	nous avions	nous eûmes	nous aurons
vous avez	vous aviez	vous eûtes	vous aurez
ils/elles ont	ils/elles avaient	ils/elles eurent	ils/elles auront
Indicatif passé composé	**Indicatif plus-que-parfait**	**Indicatif passé antérieur**	**Indicatif futur antérieur**
j'ai eu	j'avais eu	j'eus eu	j'aurai eu
tu as eu	tu avais eu	tu eus eu	tu auras eu
il/elle a eu	il/elle avait eu	il/elle eut eu	il/elle aura eu
nous avons eu	nous avions eu	nous eûmes eu	nous aurons eu
vous avez eu	vous aviez eu	vous eûtes eu	vous aurez eu
ils/elles ont eu	ils/elles avaient eu	ils/elles eurent eu	ils/elles auront eu
Subjonctif présent	**Subjonctif imparfait**	**Subjonctif passé**	**Subjonctif plus-que-parfait**
que j'aie	que j'eusse	que j'aie eu	que j'eusse eu
que tu aies	que tu eusses	que tu aies eu	que tu eusses eu
qu'il/elle ait	qu'il/elle eût	qu'il/elle ait eu	qu'il/elle eût eu
que nous ayons	que nous eussions	que nous ayons eu	que nous eussions eu
que vous ayez	que vous eussiez	que vous ayez eu	que vous eussiez eu
qu'ils/elles aient	qu'ils/elles eussent	qu'ils/elles aient eu	qu'ils/elles eussent eu
Conditionnel présent	**Conditionnel passé**	**Impératif présent**	**Impératif passé**
j'aurais	j'aurais eu	aie	aie eu
tu aurais	tu aurais eu	ayons	ayons eu
il/elle aurait	il/elle aurait eu	ayez	ayez eu
nous aurions	nous aurions eu		
vous auriez	vous auriez eu		
ils/elles auraient	ils/elles auraient eu		
Participe présent	**Participe passé**		
ayant	eu, ayant eu		

▸ Quelques verbes courants présentant des particularités :
• *Faire*
– Au présent de l'indicatif : *je fais, tu fais, il fait, nous **faisons**, vous **faites**, ils font.*
– À la 1re personne du pluriel du présent, à toutes les personnes de l'imparfait et au participe présent, la base *fai-* se prononce [fə] : *nous **faisons** [fəzɔ̃].* Attention à la forme irrégulière de la deuxième personne du pluriel *vous **faites**.*
– Au futur simple et au conditionnel présent, le radical est *fer-* + les terminaisons usuelles du futur : *ai, as, a, ons, ez, ont* → *je **ferai**,* et du conditionnel : *ais, ais, ait, ions, iez, aient* → *je **ferais**.*
– Au subjonctif présent, le radical est *fass-* + les terminaisons usuelles : *e, es, e, ions, iez, ent* → *Il faut que vous **fassiez** attention aux verbes irréguliers.*
– *Faire* peut être suivi d'un infinitif (➥ Le mode infinitif, p. 151) → *Nous **ferons** changer la décoration.*
• *Venir*
– Au présent de l'indicatif : *Je viens, tu viens, il vient, nous venons, vous venez, ils viennent.*
– Au futur simple et au conditionnel présent, la base est *viendr-* + les terminaisons usuelles *ai, as, a, ons, ez, ont* → *il **viendra**.*
– Aux temps composés, il faut utiliser l'auxiliaire *être.* → *Martin **est venu** seul.*
– *Venir de* + infinitif indique le passé proche. (➥ Le passé récent, p. 110) → *Il **vient de** partir.*
• *Aller*
– Au présent de l'indicatif : *Je vais, tu vas, il va, nous allons, vous allez, ils vont.*
– Au futur simple et au conditionnel présent, la base est *ir-* + les terminaisons usuelles *ai, as, a, ons, ez, ont.* → *On **ira** où tu voudras quand tu voudras.*
– Aux temps composés, il faut utiliser l'auxiliaire *être.* → *Elles **sont allées** en ville.*
– *Aller* + infinitif indique le futur proche. (➥ Le futur proche, p. 124) → *Tu **vas** chanter ?*
– Au subjonctif présent, deux radicaux *aill-* et *all-* + les terminaisons normales : *e, es, e, ions, iez, ent.* → *... que j'**aille**, que tu **ailles**, qu'il **aille**, que nous **allions**, que vous **alliez**, qu'ils **aillent**.*
• *Comprendre*
– Se conjugue comme *prendre* et les autres dérivés (*surprendre, reprendre,* etc.).
– Au présent de l'indicatif, trois bases : ***comprend-, compren-*** et ***comprenn-*** : *je comprends, tu comprends, il comprend, nous comprenons, vous comprenez, ils comprennent.*
– Participe passé : *compris.* → *Vous avez **compris** l'exercice ?*

⚠ Les autres verbes en *-endre* ont une seule base. *Attendre* → *j'attends, tu attends, il attend, nous attendons, vous attendez, ils attendent.*

■ **Les verbes à une base**

▸ **La plupart des verbes en *-er***
Danser → *dans-* (base) + *er* (désinence)
Au présent de l'indicatif :

je danse	*nous dansons*
tu danses	*vous dansez*
il danse	*ils dansent*

Les formes en gras se prononcent comme la base [dɑ̃s].

▷ **Verbes en -cer et -ger** : pour des raisons de prononciation, ces verbes subissent une modification : devant *o* et *a*, *c* devient *ç* (pour garder la prononciation [s] : *nous commençons, je commençais*, etc.) et *g* devient *ge* (pour garder la prononciation [ʒ] : *nous mangeons, elle mangeait*, etc.).

Verbes les plus fréquents en -cer : *avancer, balancer, bercer, commencer, déplacer, divorcer, glacer, percer, placer, recommencer, remplacer, renforcer, renoncer, replacer, rincer*, etc.
Verbes les plus fréquents en -ger : *allonger, aménager, arranger, bouger, changer, charger, corriger, déménager, déranger, diriger, encourager, engager, exiger, manger, mélanger, partager, ranger, voyager*, etc.

⚠ Les verbes en **-ayer** comme *payer, essayer*, etc., acceptent deux formes : une forme avec une base : *payer* → *pay-* (*je paye, tu payes, il paye, nous payons, vous payez, ils payent*) et une forme avec deux bases → *pai-* et *pay-* (*je paie, tu paies, il paie, nous payons, vous payez, ils paient*).

▷ **Les verbes du 3ᵉ groupe en -ir et en -re à une base :**
Ouvrir (**ouvr-**) + *e, es, e, ons, ez, ent* → *j'ouvre, tu ouvres, il ouvre, nous ouvrons, vous ouvrez, ils ouvrent*. Autres verbes : *offrir, cueillir, découvrir, recouvrir*, etc.
Courir (**cour-**) + *s, s, t, ons, ez, ent* → *je cours, tu cours, il court, nous courons, vous courez, ils courent*. Autres verbes : *parcourir, secourir*, etc.
Rire (**ri-**) + *s, s, t, ons, ez, ent* → *je ris, tu ris, il rit, nous rions, vous riez, ils rient*. Autre verbe : *sourire*.
Attendre (**attend-**) + *s, s, -, ons, ez, ent* → *J'attends, tu attends, il attend, nous attendons, ils attendent*. Autres verbes : *répondre, perdre*, etc.
Inclure (**inclu-**) et **interrompre** (**interromp-**) + *s, s, t, ons, ez, ent* → *j'interromps, tu interromps, il interrompt, nous interrompons, vous interrompez, ils interrompent* (aux trois personnes du singulier, *p* ne se prononce pas). Autres verbes : *conclure, exclure, corrompre, rompre*, etc.

■ **Les verbes à deux bases**
▷ Les verbes du 1ᵉʳ groupe en **-oyer** et **-uyer** comme *envoyer* (**envoi-** et **envoy-**) et *essuyer* (**essui-** et **essuy-**) + *e, es, e, ons, ez, ent* → *j'envoie, tu envoies, il envoie, nous envoyons, vous envoyez, ils envoient*. Autres verbes : *aboyer, côtoyer, employer, nettoyer, appuyer, (s') ennuyer*, etc.

⚠ Au futur simple et au conditionnel présent, *envoyer* est irrégulier :
enverr- + terminaisons du futur ou du conditionnel → *j'enverrai*, etc.

▷ Les verbes du 1ᵉʳ groupe en **-eler** n'ont pas tous les mêmes conjugaisons :
1ᵉʳ type : *appeler* (**appell-** et **appel-**) + *e, es, e, ons, ez, ent* → *j'appelle, tu appelles, il appelle, nous appelons, vous appelez, ils appellent*. Autres verbes : *rappeler, épeler*, etc.
2ᵉ type : *congeler* (**congèl-** et **congel-**) → *je congèle, tu congèles, il congèle, nous congelons, vous congelez, ils congèlent*. Autres verbes : *geler, harceler, modeler, peler*, etc.

▶ Les verbes du 1er groupe en **-eter** n'ont pas tous les mêmes conjugaisons :
1er type : **jeter** (**jett-** et **jet-**) → *je jette, tu jettes, il jette, nous jetons, vous jetez, ils jettent.*
Autres verbes : *feuilleter, projeter, rejeter, etc.*
2e type : **acheter** (**achèt-** et **achet-**) → *j'achète, tu achètes, il achète, nous achetons, vous achetez, ils achètent.* Autres verbes : *racheter, crocheter, etc.*

▶ Les verbes du 1er groupe en **-e/é + consonne + er**
Verbes du type **emmener** (**emmèn-** et **emmen-**) + *e, es, e, ons, ez, ent* → *j'emmène, tu emmènes, il emmène, nous emmenons, vous emmenez, ils emmènent.* Autres verbes : *enlever, se promener, etc.*
Verbes du type **préférer** (**préfèr-** et **préfér-**) → *Je préfère, tu préfères, il préfère, nous préférons, vous préférez, ils préfèrent.* Autres verbes : *considérer, espérer, inquiéter, répéter, etc.*

▶ Les verbes du 2e groupe en **-ir** du type **finir** (**fini-** et **finiss-**) + *s, s, t, ons, ez, ent* → *je finis, tu finis, il finit, nous finissons, vous finissez, ils finissent.* Autres verbes : *applaudir, choisir, grandir, grossir, maigrir, rougir, etc.*

▶ Les verbes du 3e groupe en **-ir** du type **partir** (**par-** et **part-**) + *s, s, t, ons, ez, ent* → *je pars, tu pars, il part, nous partons, vous partez, ils partent.* Autres verbes : *dormir, mentir, sentir, se servir, sortir, etc.*
Mourir (**meur-** et **mour-**) + *s, s, t, ons, ez, ent* → *je meurs, tu meurs, il meurt, nous mourons, vous mourez, ils meurent.*
Fuir (**fui-** et **fuy-**) + *s, s, t, ons, ez, ent* → *je fuis, tu fuis, il fuit, nous fuyons, vous fuyez, ils fuient.* Autre verbe : *s'enfuir.*

▶ Le verbe **savoir** (**sai-**, **sav-**) + *s, s, t, ons, ez, ent* → *je sais, tu sais, il sait, nous savons, vous savez, ils savent.*

⚠ Au futur simple et au conditionnel présent, *savoir* est irrégulier : **saur-** + terminaisons du futur ou du conditionnel → *je saurai, etc.*

▶ Les verbes suivants du 3e groupe en **-re**
Dire (**di-** et **dis-**) → *je dis, tu dis, il dit, nous disons, vous **dites*** (forme irrégulière), *ils disent.* Autres verbes : *interdire, médire, prédire, redire, etc.* (*Vous interdisez, etc.*)
Lire (**li-** et **lis-**) + *s, s, t, ons, ez, ent* → *je lis, tu lis, il lit, nous lisons, vous lisez, ils lisent.* Autres verbes : *élire, relire* et *conduire, cuire, traduire, produire, etc.*
Écrire (**écri-** et **écriv-**) + *s, s, t, ons, ez, ent* → *j'écris, tu écris, il écrit, nous écrivons, vous écrivez, ils écrivent.* Autres verbes : *décrire, récrire, (s')inscrire, prescrire, etc.*
Peindre (**pein-** et **peign-**) + *s, s, t, ons, ez, ent* → *je peins, tu peins, il peint, nous peignons, vous peignez, ils peignent.* Autres verbes en -eindre, -aindre et -oindre : *atteindre, éteindre, craindre, (se) plaindre, rejoindre, (se) joindre, etc.*
Coudre (**coud-** et **cous-**) + *s, s,-, ons, ez, ent* → *je couds, tu couds, il coud, nous cousons, vous cousez, ils cousent.* Autres verbes : *découdre, recoudre.*
Résoudre (**résou-** et **résolv-**) + *s, s,-, ons, ez, ent* → *je résous, tu résous, il résout, nous résolvons, vous résolvez, ils résolvent.* Autres verbes : *absoudre, dissoudre.*

■ **Les verbes à 3 bases**
La 1re base est la base des trois personnes du singulier (*je, tu, il/elle/on*), la 2e base

est celle des deux premières personnes du pluriel (*nous* et *vous*) et la 3e base est celle de la 3e personne du pluriel (*ils/elles*).

Les **verbes du 3e groupe** suivants se construisent avec trois bases au présent de l'indicatif :

▶ Les verbes en **-cevoir** :
Recevoir (*reçoi-*, *recev-* et *reçoiv-*) + *s, s, t, ons, ez, ent* → *je reçois, tu reçois, il reçoit, nous recevons, vous recevez, ils reçoivent*. Autres verbes : *(s') apercevoir, concevoir, décevoir, percevoir*, etc.

⚠ Même conjugaison pour *devoir* → *je dois, tu dois, il doit, nous devons, vous devez, ils doivent*.

▶ Certains verbes en **-oir** :
Pouvoir (*peu-*, *pouv-* et *peuv-*) + *x, x, t, ons, ez, ent* → *je peux, tu peux, il peut, nous pouvons, vous pouvez, ils peuvent*.
Vouloir (*veu-*, *voul-* et *veul-*) + *x, x, t, ons, ez, ent* → *je veux, tu veux, il veut, nous voulons, vous voulez, ils veulent*.
S'émouvoir (*émeu-*, *émouv-* et *émeuv-*) + *s, s, t, ons, ez, ent* → *je m'émeus, tu t'émeus, il s'émeut, nous nous émouvons, vous vous émouvez, ils s'émeuvent*. Autres verbes : *mouvoir* et *promouvoir*.

⚠ Au futur simple et au conditionnel présent, ces verbes ont un radical irrégulier : *recevoir* (**recevr-**), *pouvoir* (**pourr-**), *vouloir* (**voudr-**) et *s'émouvoir* (**s'émouvr-**) + terminaisons du futur (ou du conditionnel) → *je **pourrai**, je **voudrai**, je **recevrai**, je **m'émouvrai**,* etc.

▶ Certains verbes en **-re** :
Prendre (*prend-*, *pren-* et *prenn-*) + *s, s, -, ons, ez, ent* → *je prends, tu prends, il prend, nous prenons, vous prenez, ils prennent*. Autres verbes : *apprendre, comprendre, entreprendre, surprendre*, etc.
Boire (*boi-*, *bu-* et *boiv-*) + *s, s, t, ons, ez, ent* → *je bois, tu bois, il boit, nous buvons, vous buvez, il boivent*.

▶ Certains verbes en **-ir** :
Venir (*vien-*, *ven-* et *vienn-*) + *s, s, t, ons, ez, ent* → *je viens, tu viens, il vient, nous venons, vous venez, ils viennent*. Autres verbes : *convenir, devenir, intervenir, parvenir, prévenir, provenir, se souvenir*, etc.
Tenir (*tien-*, *ten-* et *tienn-*) + *s, s, t, ons, ez, ent* → *je tiens, tu tiens, il tient, nous tenons, tous tenez, ils tiennent*. Autres verbes : *appartenir, contenir, détenir, entretenir, maintenir, obtenir, retenir, soutenir*, etc.
Acquérir (*acquier-*, *acquér-* et *acquièr-*) + *s, s, t, ons, ez, ent* → *j'acquiers, tu acquiers, il acquiert, nous acquérons, vous acquérez, ils acquièrent*. Autres verbes : *conquérir, requérir*, etc.

⚠ Au futur simple et au conditionnel présent, *venir* et *tenir* on un radical irrégulier : **viendr-** et **tiendr-** + terminaisons du futur (ou du conditionnel) → *je **viendrai**, je **tiendrai**,* etc.
Acquérir a aussi un radical irrégulier : **acquerr-** → *j'**acquerrai**,* etc.

■ Les verbes + infinitif

▶ Les verbes **devoir, pouvoir, savoir, vouloir** sont fréquemment suivis d'un infinitif (leur sujet est aussi le sujet de l'infinitif). Ils sont appelés semi-auxiliaires. (➡ Le mode infinitif, p. 151)

Devoir indique généralement la nécessité. → *Il est 16 h, je **dois** aller chercher mes enfants à l'école.*

Il indique parfois aussi la probabilité. → *Sharon n'est pas là ce matin. Elle **doit** être malade.* (elle est probablement malade)

Pouvoir (*peux, peux, peut, pouvons, pouvez, peuvent*) marque la possibilité, la capacité. → *Avec cette carte, tu **peux** prendre le métro pendant un mois. / Lise ne **peut** pas ouvrir la porte.*

Savoir (*sais, sais, sait, savons, savez, savent*) indique la compétence. → *À cinq ans, le petit Matéo **sait** lire.*

Vouloir (*veux, veux, veut, voulons, voulez, veulent*) marque la volonté. → *Qui **veut** danser avec moi ?*

▶ Les verbes **aller et venir** se trouvent aussi fréquemment devant infinitif.

Aller sert à former le futur proche (➡ Le futur proche, p. 124) pour indiquer un événement qui doit se réaliser dans un futur immédiat → *La police **va** arriver d'un instant à l'autre* ; un événement futur certain → *On **va** se marier ;* une mise en garde d'un danger → *Attention, tu **vas** tomber ;* une consigne → *Vous **allez** prendre la première rue à gauche.*

Venir + de sert à former le passé proche (➡ Le passé récent, p. 110) pour indiquer un événement qui s'est déroulé il y a peu de temps. → *Le téléphone **vient** de sonner.*

▶ Les verbes **laisser** et **faire** peuvent également être suivis d'un infinitif.

Laisser (le sujet de l'infinitif est l'objet de *laisser*) indique l'autorisation → *Corinne laisse sa fille sortir le soir sa fille* est objet de *laisse* et sujet de *sortir*) ; le fait de ne pas intervenir, de ne pas empêcher. → *Laissez-moi parler.*

Faire peut indiquer la cause → *Le chat a **fait** tomber mon vase* (mon vase est tombé à cause du chat) ; l'action de charger quelqu'un de faire quelque chose. → *Nous avons **fait** réparer la voiture (par le garagiste).*

⚠ **Se faire** + infinitif (*se faire* peut être placé devant un infinitif et indique qu'une action est faite sur soi ou une partie de son corps par une autre personne) → *Je me **fais** couper chez les cheveux dans ce salon. **Se laisser** + infinitif* (indique que le sujet subit une action sans intervenir, sans l'empêcher) → *La petite fille **se laisse** porter (par sa mère). / Le malade **se laisse** mourir.*

▶ Les verbes de perception **écouter, entendre, voir, regarder, sentir** peuvent aussi s'employer avec l'infinitif (l'objet du verbe de perception est le sujet de l'infinitif). → *J'**écoute** le vent souffler. / Nous **avons entendu** un chien aboyer. / J'**ai vu** un homme passer. / Ils **regardent** les enfants jouer. / J'**ai senti** le danger arriver.*

⚠ Ces verbes peuvent s'employer aussi à la forme pronominale. → *Certains **s'écoutent** parler.* (Les deux verbes ont le même sujet)

▶ Les verbes de mouvement **aller, courir, retourner, venir,** etc., peuvent être suivis d'un **infinitif** qui est le but de ce mouvement. → *Le plombier **est venu** réparer la fuite d'eau. / Nous **sommes allés** acheter des places pour le spectacle.*

■ **Les verbes pronominaux**

▶ **Formation**
• Les verbes pronominaux se construisent avec un pronom réfléchi entre le sujet et le verbe : *me, te, se, nous, vous, se.*

⚠ *me, te* et *se* deviennent *m', t'* et *s'* devant voyelle ou *h* muet.

*Je **me** lave*	*Je **m'**habille*
*Tu **te** laves*	*Tu **t'**habilles*
*Il/elle/on **se** lave*	*Il/elle/on **s'**habille*
*Nous **nous** lavons*	*Nous **nous** habillons*
*Vous **vous** lavez*	*Vous **vous** habillez*
*Ils **se** lavent*	*Ils **s'**habillent*

• On présente l'infinitif avec *se* ou *s'* (*se lever*) mais lorsqu'il suit un autre verbe dans la phrase, *se* est remplacé par le pronom qui correspond au sujet de l'infinitif.
→ *Je dois **me** lever à 8 h. Je vous demande de **vous** taire.*
• **Aux temps composés, il faut utiliser l'auxiliaire être.** (➥ L'accord du participe passé p. 115)
Passé composé → *Je me suis lavé(e), ils se sont lavés*
Plus-que-parfait → *Je m'étais lavé(e), ils s'étaient lavés*
Etc.
• À l'impératif affirmatif, le pronom réfléchi se place après le verbe, avec un trait d'union et *te* devient *toi.*
→ *Dépêche-**toi** !* (se dépêcher) *Asseyez-vous.* (s'asseoir)
À l'impératif négatif, le pronom réfléchi est devant le verbe.
→ *Ne **te** dérange pas.* (se déranger) *Ne **vous** inquiétez pas.* (s'inquiéter)
• Dans les questions avec inversion (forme soutenue), le pronom est devant le verbe.
Vous *(pronom réfléchi) souvenez-vous (sujet) de cette chanson ?*
***T'**es-tu inscrit au cours de gymnastique ?*

▶ **Les différents types de verbes pronominaux**
• Certains verbes pronominaux sont **essentiellement pronominaux**, ils n'existent pas (ou très rarement) sous la forme simple sans le pronom réfléchi.
Se souvenir → le verbe « souvenir » (sans *se*) n'existe pas.
Les autres verbes pronominaux existent aussi sous la forme simple du verbe (sans *se*).
Se couper → *Je me suis coupé le doigt. Couper* → *J'ai coupé le gâteau en six.*

Exemples de verbes essentiellement pronominaux : *s'absenter, s'accouder, s'attarder, se bagarrer, s'écrier, s'effondrer, s'en aller, s'envoler, s'enfuir, s'emparer, s'évader, s'évanouir, s'exclamer, se lamenter, se méfier, se moquer, **s'obstiner**, **se soucier**, se souvenir, se suicider,* **etc.**

• On peut classer les verbes pronominaux selon trois types.

1. Les verbes pronominaux **réfléchis**. Ils déterminent :

– une action faite pour soi-même → *Elle s'est allongée sur la plage.*

– une action faite par soi-même sur une partie de son corps → *Elle s'est coloré les cheveux.*

⚠ Pas d'adjectif possessif (*mon, ma, mes*, etc.) devant la partie du corps car l'idée de possession est indiquée par le pronom réfléchi *se*, l'article suffit : *Elle s'est brossé les dents.*

Exemples de verbes pronominaux réfléchis *: s'alimenter, se baigner, se coucher, se couper, se dépêcher, s'endormir, se brûler, s'habiller, se fâcher, se laver, se lever, se maquiller, s'organiser, se promener, se raser, se régaler, se reposer, se réveiller, se transformer, se vexer*, etc.

2. Les verbes pronominaux **réciproques**. Ils s'emploient quand deux personnes font la même action l'une envers l'autre. → *Maude et André s'embrassent.* (Maude embrasse André et André embrasse Maude.) Ces verbes s'utilisent avec un sujet pluriel.

Exemples de verbes pronominaux réciproques *: s'aimer, se battre, se comprendre, se détester, se disputer, s'embrasser, se rencontrer, se sourire, se soutenir, se téléphoner,* etc.

3. Les verbes pronominaux **à sens passif** (➥ Le passif pronominal, p. 164). Ils s'emploient lorsque le sujet subit l'action. Le sujet réel de l'action est rarement cité, il est implicite.

→ *Le vin blanc **se sert** de préférence avec le poisson.* (sujet implicite : on, les gens)

→ *La fourchette **se met** à gauche de l'assiette et le couteau à droite.*

→ *Le violet **se fait** beaucoup cette année.* (est à la mode)

→ *Ça ne **se fait** pas d'ouvrir la bouche en mangeant.*

→ *Les voitures **se vendent** mal en période de crise économique.* (sujet implicite : les vendeurs de voitures)

→ *Les timbres **s'achètent** à la poste ou dans un bureau de tabac.*

LES VERBES IMPERSONNELS

Les verbes impersonnels n'existent qu'à la troisième personne du singulier, avec le pronom neutre *il*. Ils sont de deux types : les verbes uniquement impersonnels et les verbes qui existent à d'autres personnes.

■ **Les formes impersonnelles simples**

Certains verbes sont uniquement impersonnels.

▶ **Les verbes indiquant le temps météorologique** *: bruiner, geler, grêler, neiger, pleuvoir, venter*, etc. *Pleuvoir* → *il pleut ; neiger* → *il neige ; geler* → *il gèle*, etc.

⚠ *Geler* et *pleuvoir* peuvent admettre un sujet personnel, avec parfois des sens diffé-rents.

→ *Fermez la fenêtre, on **gèle** !* (on a froid) *La neige **gèle** le sol.* (transforme le sol en glace) *L'eau du lac **a gelé** cette nuit.*

→ *Les injures et les coups **pleuvaient** sur la malheureuse victime.* (arriver, tomber en abondance)

▶ *Il **fait*** + adjectif / nom (sans article) :

• pour indiquer la température → *Il **fait** beau, il **fait** mauvais, il **fait** doux, il **fait** bon, il **fait** froid, il **fait** chaud, il **fait** 25 degrés*, etc.

⚠ Si le nom est accompagné d'un complément, il faut un article. → *Il **fait** un froid sec, il fait un froid de canard*, etc. L'article peut aussi servir à marquer l'intensité dans une phrase exclamative : *Il **fait** chaud*, mais : *Il **fait** une chaleur !*

• pour indiquer le moment de la journée ou la clarté → *Il **fait** sombre, il **fait** noir, il **fait** nuit, il **fait** clair, il **fait** jour*, etc.

▶ *Il **y a*** indique l'existence ou la présence.

• *Il y a* + nom (singulier ou pluriel) → *Il **y a** du vent. Il va **y avoir** une tempête. Il **y a eu** des problèmes.*

• *Qu'est-ce qu'il y a ?* signifie *Qu'est-ce qui se passe ?*

• *Il n'y a qu'à* + infinitif signifie « Il faut tout simplement ». → *Alice n'est pas encore là ? Il **n'y a qu'à** lui téléphoner.*

⚠ *Il y a* s'emploie aussi pour indiquer le temps. (➥ Les prépositions de temps, p. 87) *J'ai changé de travail **il y a** une semaine.*

▶ *Il **faut*** indique la nécessité. Il peut avoir un sens général ou sous-entendre quelqu'un en particulier.

• *Il faut* + infinitif → *Il **faut** manger pour vivre et non pas vivre pour manger.* (sens géné-ral) *Tes notes ne sont pas bonnes, il **faut** faire des efforts.* (tu dois faire des efforts)

• *Il faut* + nom → *Il **faut** du curry dans cette recette.*

▶ *Il **s'agit de*** présente le sujet, ce dont il est question.

• *Il s'agit de* + nom → *Dans ce film, il **s'agit de** la Seconde Guerre mondiale.*

• *Il s'agit de* + infinitif → *Dans cet exercice, il **s'agit de** remplacer les noms par des pro-noms.*

■ **Les autres formes impersonnelles**

Des verbes personnels peuvent être impersonnels.

▶ *Il **est*** (être)

• *Il est* + adjectif + *de* + infinitif → *Il **est obligatoire de** mettre sa ceinture de sécurité dans la voiture.*

• *Il est* + adjectif + *que* + indicatif ou subjonctif selon l'adjectif. (➥ Le mode sub-jonctif, p. 142)

*Il **est vrai** que Vincent n'**a** pas beaucoup d'amis.*

*Il **est étrange** que Charlotte ne **soit** pas encore à la maison.*

⚠ Avec certains adjectifs, il peut y avoir confusion entre *il* pronom neutre et *il* pronom personnel → *Il est nécessaire de partir* (impersonnel). *Il est certain de réussir* (personnel, *Paul est certain de réussir*).

• En français familier, *il est* peut être remplacé par *c'est*. → *C'est obligatoire de mettre sa ceinture de sécurité dans l'avion.*

• Pour indiquer l'heure, le moment :
Il est + heure → *Il est huit heures vingt. Il est temps de partir / l'heure que tu partes à la gare.*

▷ Autres verbes
Il arrive que + subjonctif → *Il arrive qu'il pleuve dans le désert.* (C'est rare mais possible)
Il arrive à quelqu'un de + infinitif → *Il arrive à Nadine de se mettre en colère.*
Il paraît que + indicatif → *Il paraît que Juliette va se marier.* (J'en ai entendu parler)
Il se peut que + subjonctif → *Il se peut que le professeur soit absent demain.* (C'est possible)
Il (me, te, lui, nous, vous, leur) semble que + indicatif → *Il me semble qu'il fait plus froid qu'hier.* (J'ai l'impression qu'il fait...)
Il semble que + subjonctif → *Il semble qu'il fasse plus froid qu'hier.* (D'après les apparences)

⚠ *Il me semble* est plus subjectif et reflète plus l'opinion personnelle que *Il semble* qui est plus neutre.

Il suffit que + subjonctif → *Si tu veux voir cette pièce, il suffit que tu te présentes vingt minutes avant l'ouverture de la caisse.* (C'est la seule chose à faire ; idée de simplicité)
Il suffit de + infinitif → *Il suffit d'appuyer sur ce bouton pour que les portes s'ouvrent.*
Il vaut mieux que + subjonctif → *Il vaut mieux que tu restes chez toi par ce grand froid.* (C'est préférable)
Il vaut mieux + infinitif → *Il vaut mieux prendre le train que la voiture.*
Il manque + nom (singulier ou pluriel) → *Il manque un bouton à ma chemise.* (Ma chemise a tous ses boutons excepté un)
Il manque + nom (singulier ou pluriel) + à quelqu'un → *Il manque un euro au SDF / Il lui manque un euro pour s'acheter un sandwich.*
Il se passe + nom (singulier ou pluriel) → *Il se passe des choses étranges dans ce château.*

III - Le système verbal

VOIX, MODES ET TEMPS

*Tu **pourrais** faire attention. Je **veux** que tu **fasses** attention. **Fais** attention !*
*Je ne veux pas que tu **sois renversé** par une voiture.*

■ **Voix**
Il y a deux voix en français, la voix active et la voix passive.
• **La voix active** s'emploie lorsque le sujet fait l'action.
*Ce chercheur **a fait** une découverte importante.*
• **La voix passive** s'emploie si le sujet subit l'action (il est passif).
*Une découverte importante **a été faite** par ce chercheur.*

■ **Modes**
▶ Le mode exprime l'attitude du locuteur par rapport à son discours.
• **L'indicatif** est le mode de l'affirmation, du réel.
*Jacques **étudie** la psychologie.*
• **Le subjonctif** est le mode du doute, des émotions (il exprime le but, le souhait, la possibilité…).
*Il est possible que je **parte** ce week-end.*
• **Le conditionnel** est le mode de l'irréel (il exprime l'éventualité, l'hypothèse…).
*Il **pourrait** neiger.*
• **L'impératif** est le mode de l'ordre.
***Dépêche-toi** !*

▶ À ces quatre modes principaux, s'ajoutent :
• **Le mode infinitif**
***Descendre** par l'arrière du bus.*
• **Le mode participe**
***En arrivant** à l'université, j'ai rencontré Jacques **accompagné** de Fabienne.*

■ **Temps**
On distingue les temps simples et les temps composés (auxiliaire *être* ou *avoir* + participe passé).

▶ **Les temps de l'indicatif**
• Les temps simples
– Le présent : *François **travaille**.*
– L'imparfait : *François **travaillait**.*
– Le passé simple : *François **travailla**.*
– Le futur simple : *François **travaillera**.*
• Entre les temps simples et les temps composés, il existe des temps avec des semi-auxiliaires (verbes pouvant servir d'auxiliaire, suivis d'un infinitif).
– Le présent progressif : *Max **est en train de travailler**.*
– Le passé récent : *Max **vient de travailler**.*
– Le futur proche : *Max **va travailler**.*

• Les temps composés
– Le passé composé : *Lucie **a travaillé.***
– Le plus-que-parfait : *Lucie **avait travaillé.***
– Le passé antérieur : *Lucie **eut travaillé.***
– Le futur antérieur : *Lucie **aura travaillé.***
• Il existe aussi un passé surcomposé (rare et uniquement à l'oral) : *Lucie **a eu travaillé.***

▶ **Les temps du subjonctif**
• Les temps simples
– Le présent du subjonctif : *Il faut que Loïc **fasse** plus d'efforts.*
– L'imparfait du subjonctif : *Il fallait que Loïc **fît** plus d'efforts.*
• Les temps composés
– Le passé du subjonctif : *Je doute qu'il **ait fait** des efforts.*
– Le plus-que-parfait du subjonctif : *Je doutais qu'il **eût fait** des efforts.*

▶ **Les temps du conditionnel**
• Le temps simple
– Le conditionnel présent : *Ingrid **pourrait** réussir.*
• Les temps composés
– Le conditionnel passé : *Ingrid **aurait pu** réussir.*
– Le conditionnel passé deuxième forme : *Ingrid **eût pu** réussir.*

▶ **Les autres modes n'ont qu'un présent et un passé**
– Impératif : ***travaillez, ayez travaillé.***
– Infinitif : ***travailler, avoir travaillé.***
– Participe : ***travaillant, ayant travaillé** ; **venu, étant venu.***

✔ Certains temps ne s'utilisent qu'à l'écrit, comme le passé simple, le passé anté-rieur, le subjonctif imparfait et le subjonctif plus-que-parfait, le conditionnel passé deuxième forme. D'autres ne s'utilisent qu'à l'oral, comme le passé surcomposé.

Le mode indicatif

LE PRÉSENT

*La Lune **tourne** autour de la Terre.*

1. Formation du présent
La formation du présent est expliquée au chapitre Les verbes (➥ p. 92 et suivantes).

2. Les emplois du présent
■ **Le présent exprime le moment actuel**
▶ La valeur principale du présent est d'indiquer l'état ou l'action au moment où s'ex-prime le locuteur.
*Maxime **passe** ses vacances au bord de la mer avec des amis, il **est** heureux.*

▶ Le présent peut exprimer :
• un état continu :
*Il **fait** très beau aujourd'hui. Le ciel **est** bleu, le soleil **brille**, la mer **est** calme.*
• une action en cours de réalisation :
*Maxime **déjeune** avec Sophie, ils **mangent** des fruits de mer.*
L'action en cours de réalisation peut être exprimée par la construction ***être en train de***
(au présent) + infinitif (➡ Le présent progressif, p. 109).
*Où est Marc ? – Il **est en train de se baigner**.*
• une action ponctuelle :
*Marc **sort** de l'eau, il **s'essuie** avec une serviette de bain, il **ramasse** ses affaires et **part**
rejoindre ses amis.*
• un fait habituel, une répétition :
*Guillaume **vient** souvent dans ce restaurant, il **commande** toujours la même chose.*
• un fait général ou une vérité universelle :
*Il **est** dangereux de s'exposer au soleil sans mettre de crème solaire.*
Dans ce cas, le présent n'exprime pas seulement le moment actuel, mais aussi
le passé et le futur.
*Deux et deux **font** quatre. Le soleil **se lève** à l'est.*

✔ Le présent exprime aussi une action dont la réalisation n'est possible que par
l'énonciation :
*Je vous **déclare** unis par les liens du mariage. La séance **est** suspendue.*

■ **Le présent peut exprimer le futur**

▶ Lorsque le futur est proche, il peut être exprimé par le présent (généralement avec
un complément de temps).
*Je **reviens dans cinq minutes** et je **prends** votre commande.*
*On **se retrouve** à la plage dans une petite heure ?*

> En français oral, le futur proche, le futur simple, mais aussi le futur antérieur peuvent être
> remplacés par le présent : *Dès que j'**arrive** à la plage, je **fais** une sieste.* (Dès que je serai
> arrivé à la plage, je ferai une sieste.)

Dans certains cas, le présent peut remplacer l'impératif présent.
*Voilà Michel qui arrive, je vais à sa rencontre. Pendant ce temps, tu **demandes** l'addition.*
(demande l'addition)

▶ Le présent peut aussi exprimer :
• une obligation dans le futur
*Je ne peux pas vous accompagner, je **prends** le train à quatre heures.* (Je dois prendre
le train)
• une prévision dans le futur proche ou lointain (emploi plus rare)
*Michel dépense trop. Dans huit jours, il n'**a** plus d'argent.*
*Dans cinquante ans, il n'y **a** plus de poisson en Méditerranée.*

• une action dépendant d'une condition dans le futur, particulièrement dans des phrases introduites par *si*
*S'il fait encore beau demain, je **prends** mon vélo et je **visite** l'arrière-pays.*

⚠ Le futur est impossible après *si*, conjonction de condition, mais il est possible dans la phrase principale (➠ *Si*, p. 211) : *S'il fait encore beau demain, je **prendrai** mon vélo et je **visiterai** l'arrière-pays.*

Il est possible de ne garder que le complément du verbe de la préposition introduite par *si* : *Encore **une remarque de ce genre** et je ne t'adresse plus la parole de la journée.* (Si tu fais encore une remarque de ce genre, je ne t'adresse plus la parole de la journée.)

■ **Le présent peut exprimer le passé**

▶ S'il s'agit d'un passé proche, le verbe est alors généralement accompagné d'un complément de temps comme *juste, tout juste, à l'instant.*
*Marc **arrive tout juste** de la plage.*

✔ Le complément de temps peut être remplacé par la construction ***venir de*** + infinitif (➠ Le passé récent, p. 110) : *Marc **vient d'arriver** de la plage.*

▶ Dans un récit, le présent de narration exprime un passé.
*Hier matin, mon téléphone **sonne** à cinq heures. Encore endormi, je me **lève**, je **décroche**, et j'**entends** une voix qui me **demande** si je **suis** bien Fabien Dumont. Quelqu'un avait fait un faux numéro.*

✔ Le présent rend la narration plus expressive, il remplace en général le passé composé.
*Hier matin, mon téléphone **a sonné** à cinq heures. Encore endormi, je **me suis levé**, j'**ai décroché**, et j'**ai entendu** une voix qui m'**a demandé** si j'étais bien Fabien Dumont.*

⚠ Ce présent n'est possible que dans le cadre du récit. Il est impossible de remplacer le passé composé par un présent dans des dialogues courts.
*Qu'est-ce que tu **as répondu** ? – Rien, j'**ai raccroché**.*

▶ Dans une relation de faits ou d'événements du passé, le présent historique rend le récit plus vivant.
*En 52 avant Jésus-Christ, la révolte **éclate** partout en Gaule contre les occupants romains. Un jeune chef gaulois en **prend** la tête. Il se **nomme** Vercingétorix.*

LE PRÉSENT PROGRESSIF

*Qu'est-ce que tu **es en train de faire** ?*

1. Formation du présent progressif

Le présent progressif, appelé aussi le présent continu, se forme avec le verbe auxiliaire ***être en train de (d')*** + infinitif.
*Ne me dérange pas. Je **suis en train de lire**.*

2. Emploi du présent progressif

▶ Le présent progressif peut remplacer le présent de l'indicatif s'il s'agit d'une action en cours de réalisation, mais il ne peut pas s'utiliser s'il s'agit d'un état ou d'une action continus.

*Allô, Pierre, ça va, qu'est-ce que tu fais ? – Je **suis en train d'étudier** (j'**étudie**), j'ai un examen demain.* (action en cours de réalisation, le présent de l'indicatif et le présent progressif sont possibles)

*Qu'est-ce qu'elle fait dans la vie ? – Elle **étudie** l'informatique* (action continue, le présent progressif est impossible).

▶ La structure *être en train de* + infinitif ne se conjugue pas qu'au présent. Elle peut exprimer le passé ou l'avenir.

*Quand je suis arrivé chez Pierre, il **était en train d'étudier**.*
*Ne passe pas demain, j'aurai beaucoup de travail. Je **serai en train de réviser** pour mes examens.*

⚠ Lorsque l'action est au passé, le passé composé est impossible, il faut l'imparfait.
*Alain **était en train de regarder** un film quand il y a eu une coupure d'électricité.*

LE PASSÉ RÉCENT

Il **venait d'**avoir dix-huit ans.

1. Formation du passe récent

Le passé récent se forme avec le verbe semi-auxiliaire ***venir de (d')*** + infinitif.
*Juliette **vient d'acheter** un studio.*

2. Emploi du passe récent

▶ Il s'emploie pour exprimer un passé récent ou immédiat. Il ne peut pas être employé avec des compléments de temps comme *hier, le mois dernier, l'année dernière*, etc.
*Elle **vient de téléphoner** à une amie.* (il y a quelques minutes)
*Tu es là depuis longtemps ? – Non, je **viens d'arriver**.* (à l'instant)

▶ Avec un adverbe ou un complément de temps comme *juste, tout juste, à l'instant*, le passé récent n'est pas obligatoire, le présent suffit.
*J'**arrive** à l'instant. / Je **viens** juste **d'arriver**.*

▶ Le passé récent peut s'employer dans un discours au passé. Dans ce cas, seul l'imparfait est possible.
*Il **venait d'avoir** dix-huit ans quand il l'a rencontrée.*

▶ La construction *venir de* + infinitif peut aussi s'employer au futur.
*On peut se donner rendez-vous demain à cinq heures. Je **viendrai de sortir** d'un examen et j'aurai besoin de me détendre.*

LE PASSÉ COMPOSÉ

Je suis venu, j'ai vu, j'ai vaincu.

1. Formation du passé composé

Le passé composé (comme tous les temps composés) se conjugue avec l'auxiliaire *être* ou *avoir* au présent + participe passé.

Je suis allé à la librairie et j'ai acheté un livre.

■ *Être* ou *avoir* ?

▸ La plupart des verbes se conjuguent avec l'auxiliaire *avoir*.

J'ai acheté un livre, je l'ai lu, puis je l'ai prêté à mon frère.

▸ Quelques verbes (et leurs dérivés) se conjuguent toujours avec l'auxiliaire *être* (verbes d'état ou de mouvement) : **aller, arriver, mourir, naître, partir** (**repartir**), **rester, venir** (**devenir, revenir**).

Je suis parti en Espagne le 16 juin et je suis revenu le 24 juillet.

▸ Quelques verbes (et leurs dérivés) peuvent se conjuguer avec *être* (verbes de mouvement) s'ils n'ont pas de complément d'objet direct (COD) ou avec l'auxiliaire *avoir* avec un complément d'objet direct : **descendre, entrer** (**rentrer**), **monter, passer, retourner, sortir, tomber**.

Karl est descendu dans la rue. Il a descendu l'escalier. (l'escalier est un COD)
Quand il est entré chez lui, il pleuvait. Il a rentré le linge.
Hélène est montée au troisième étage voir le directeur, elle a monté des dossiers.
Elle est passée discuter avec une collègue, elle a passé un moment avec elle.
Il a retourné ses cartes : il avait quatre as. Je ne suis jamais retourné jouer avec lui.
Après le dîner, je suis sorti faire une promenade, j'ai aussi sorti les poubelles.

L'emploi de l'auxiliaire *avoir* avec le verbe *tomber* (suivi d'un complément d'objet direct) est rare et n'existe que dans quelques expressions en français familier comme *tomber la veste* (enlever la veste), *tomber une femme, une fille* (la séduire, faire sa conquête) : *Comme il faisait très chaud, Karl a tombé la veste.*

L'auxiliaire *avoir* s'emploie lorsque le verbe *monter* est pris au sens figuré (sans complément d'objet direct) : *la fièvre a monté, les prix ont monté, la température a monté*, etc.

⚠ Tous les verbes de mouvement intransitifs (changement de lieu, déplacement du corps dans l'espace) ne demandent pas l'auxiliaire *être* : *courir, marcher, ramper, sauter, voler*, etc.

Les enfants sont fatigués : toute la journée, ils ont marché, ils ont couru, ils ont sauté.

▸ Les verbes pronominaux se conjuguent toujours avec l'auxiliaire *être*.

Ce matin, il s'est réveillé, il s'est levé, il s'est lavé et il s'est habillé.

■ **La formation du participe passé**

▶ Le participe passé des verbes du **premier groupe** (les verbes en -*er*) se forme en -*é* : *adoré, aimé, étudié, mangé, passé, retourné,* etc.
Hélène m'a invité, elle a préparé du poisson grillé. J'ai adoré.

▶ Le participe passé des verbes du **deuxième groupe** (les verbes en -*ir*, ➡ p. 93) se forme en -*i* : *bâti, bondi, fini, nourri, obéi, réfléchi,* etc.
L'enfant n'a pas obéi à ses parents. Ceux-ci l'ont puni.

▶ Les participes passés des verbes du **troisième groupe** (les verbes en -*ire*, -*oir*, -*oire*, -*re* et des verbes en -*ir*, ➡ p. 93) peuvent avoir plusieurs terminaisons :
• terminaison en -*i* pour quelques verbes en -*ire* et -*re* : *rire* (*ri*), *partir* (*parti*), *suivre* (*suivi*), etc.
Quand il est parti travailler en Grande-Bretagne, sa femme ne l'a pas suivi.
• terminaison en -*is* pour quelques verbes en -*ir* (*acquérir, acquis* ; *conquérir, conquis*), quelques verbes en -*re* (*prendre* et ses dérivés, *pris* ; *mettre* et ses dérivés : *mis*) et le verbe *asseoir* (*assis*).
Il a pris les couverts, il a mis la table et s'est assis pour déjeuner.
• terminaison en -*it* pour des verbes en -*ire* : *dire* (*dit*), *écrire* (*écrit*), *traduire* (*traduit*), etc.
Les élèves ont traduit un texte et ont écrit une rédaction.
• terminaison en -*ait* pour les verbes en -*aire* comme *distraire* (*distrait*), *extraire* (*extrait*), *faire* (*fait*).
Léonard a fait une imitation du professeur qui a distrait toute la classe.
• terminaison en -*u* pour des verbes en -*ir* (*tenir, tenu* ; *venir, venu,* etc.) et -*ire* (*lire, lu*), pour des verbes en -*re* (*perdre, perdu* ; *taire, tu* ; *vendre, vendu* ; *vivre, vécu,* etc.), et les verbes en -*oir* (sauf *s'asseoir*) et en -*oire* (*voir, vu* ; *boire, bu,* etc.).
J'ai vu ce livre dans une librairie. Je ne l'ai pas encore lu.
• terminaisons en -*aint*, -*eint* et -*oint* pour les verbes en -*aindre* (*craindre, craint* ; *plaindre, plaint* ; etc.), en -*eindre* (*éteindre, éteint* ; *peindre, peint* ; etc.) et en -*oindre* (*joindre, joint* ; *rejoindre, rejoint*).
Paul a peint un tableau hier, il n'a pas craint de le montrer à ses amis.
Patricia rejoint ses amis.
• terminaison en -*ert* pour quelques verbes en -*vrir* et -*ffrir* (*découvrir, découvert* ; *offrir, offert* ; *ouvrir, ouvert* ; *souffrir, souffert,* etc.).
Il n'a pas ouvert le cadeau que je lui ai offert.

▶ Quelques verbes du troisième groupe ont des terminaisons irrégulières.
• une terminaison en -*é* pour des verbes qui ne se terminent pas en -*er* : *être* (*été*), *naître* (*né*).
Olivier est né au Japon. J'ai été très surpris de l'apprendre.
• terminaison en -*ort* pour le verbe *mourir* (*mort*), en -*os* pour le verbe *clore* (*clos*), en -*ous* pour les verbes *absoudre* et *dissoudre* (*absous, dissous*) et -*us* pour le verbe *inclure* (*inclus*).
Il a clos la session et a dissous l'assemblée.

Certains participes passés terminés par -*u* prennent un accent circonflexe : *crû, dû*. Cela permet de distinguer entre les verbes *croire* (*cru*) et *croître* (*crû*) et entre le participe passé du verbe *devoir* (*dû*) et l'article contracté (*du*) : *La boulangerie était fermée, j'ai **dû** acheter **du** pain au supermarché.*
Si le participe passé du verbe *devoir* est au féminin ou au pluriel, il perd l'accent circonflexe (*dû, due, dus, dues*) car la confusion avec l'article contracté n'est plus possible.

Participe passé des verbes du troisième groupe les plus importants

Absoudre : absous, absoute
Acquérir : acquis
Apercevoir : aperçu
Asseoir : assis
Avoir : eu
Battre (abattre, débattre, combattre, etc.) : battu
Boire : bu
Bouillir : bouilli
Clore : clos
Coudre : cousu
Courir : couru
Concevoir : conçu
Conclure : conclu
Conduire : conduit
Connaître : connu
Conquérir : conquis
Construire : construit
Correspondre : correspondu
Courir (accourir, secourir) : couru
Couvrir (découvrir, recouvrir) : couvert
Craindre : craint
Croire : cru
Cueillir (recueillir) : cueilli
Cuire : cuit
Décevoir : déçu
Déduire : déduit
Défendre : défendu
Descendre : descendu
Détruire : détruit
Devoir : dû
Dire (interdire, prédire, redire) : dit
Distraire : distrait
Dormir : dormi
Écrire : écrit
Émouvoir : ému
Entendre : entendu
Être : été
Éteindre : éteint

Exclure : exclu
Extraire : extrait
Faillir : failli
Faire (défaire, refaire) : fait
Falloir : fallu
Fendre : fendu
Fondre (confondre) : fondu
Foutre : foutu (fam.)
Frire : frit
Fuir (s'enfuir) : fui
Geindre : geint
Inclure : inclus
Inscrire : inscrit
Instruire : instruit
Joindre (rejoindre) : joint
Lire : lu
Luire : lui
Mentir : menti
Mettre (admettre, permettre, promettre, remettre, soumettre, etc.) : mis
Moudre : moulu
Mourir : mort
Naître : né
Nuire : nui
Offrir : offert
Ouvrir : ouvert
Paraître (apparaître, disparaître) : paru
Partir : parti
Peindre : peint
Pendre (suspendre) : pendu
Perdre : perdu
Plaindre : plaint
Plaire (se complaire, déplaire) : plu
Pleuvoir : plu
Pouvoir : pu
Prendre (apprendre, comprendre, surprendre, etc.) : pris

Produire : produit
Recevoir : reçu
Rendre : rendu
Répondre : répondu
Résoudre : résolu
Rire (sourire) : ri
Rompre (interrompre) : rompu
Savoir : su
Séduire : séduit
Sentir (ressentir) : senti
Servir : servi
Sortir : sorti
Souffrir : souffert
Souscrire : souscrit
Suffire : suffi
Suivre : suivi
Taire : tu
Teindre (déteindre) : déteint
Tendre (attendre, prétendre) : tendu
Tenir (détenir, obtenir, retenir, s'entretenir, etc.) : tenu
Tondre : tondu
Tordre : tordu
Traduire : traduit
Transcrire : transcrit
Vaincre (convaincre) : vaincu
Valoir : valu
Venir (devenir, intervenir, parvenir, prévenir, revenir, se souvenir, etc.) : venu
Vêtir (revêtir) : vêtu
Vivre (survivre) : vécu
Voir (entrevoir, prévoir, revoir, etc.) : vu
Vouloir : voulu

> Le participe passé peut s'accorder avec un sujet ou un complément d'objet direct (➥ L'accord du participe passé, p. 115).

2. Les emplois du passé composé

Le passé composé exprime le plus souvent une action passée, mais parfois aussi une action présente ou une action qui sera terminée dans le futur.

■ Une action passée

▶ Le passé composé exprime une action qui peut être achevée au moment où l'on parle.
*Hier soir, Hélène **a dîné** de bonne heure, puis elle **a regardé** un film policier à la télévision.*

▶ Elle peut aussi continuer au moment où on parle.
*Hélène n'**est** pas **sortie** avec ses amis depuis un mois.*

■ Une action présente

▶ Le passé composé peut aussi exprimer une action qui dure depuis longtemps.
*Hélène **a** toujours **aimé** les films policiers.* (Elle les aime depuis toujours)

▶ En français oral, le passé composé peut être utilisé pour exprimer une idée générale, intemporelle.
*Je ne regarde pas les films policiers de ce réalisateur ; on **a** tout de suite **deviné** qui est le meurtrier.* Plus fréquent : *on **devine/sait/comprend** tout de suite qui est le meurtrier.*
*Il ne faut pas sortir sous la pluie, on **a** vite **fait** d'attraper un rhume.*

▶ Avec des verbes comme *finir, terminer, partir, sortir, rentrer, arriver,* le passé composé n'exprime pas nécessairement une action passée, il peut exprimer un présent.
*Hélène **est sortie** de l'université à six heures.* (action passée)
*Joachim n'est pas chez lui, il **est sorti**.* (action présente : il n'est pas chez lui)
*Hélène **est partie** de chez elle ce matin à huit heures.* (action passée)
*Joël ne viendra pas au bureau cette semaine, il **est parti** en Allemagne.* (action présente)

■ Une action dans le futur

▶ Le passé composé peut quelquefois en français oral exprimer une action qui sera terminée dans le futur. Il faut alors un complément de temps.
*Est-ce que tu **as** bientôt **fini** de te préparer ?*
*Attends-moi, j'**ai terminé** dans deux minutes.*

▶ Le passé composé peut remplacer à l'oral le futur antérieur avec des conjonctions de temps comme *quand, dès que,* etc.
*Quand j'**ai terminé**, je t'appelle.* (Quand j'aurai terminé, je t'appellerai.)
*Dès qu'Hélène **a appelé**, on sort.* (Dès qu'Hélène aura appelé, on sortira.)

▶ Avec la conjonction *si,* le passé composé peut aussi exprimer à l'oral un moment dans le futur.
*Si dans dix minutes tu n'**as** pas **fini** de t'habiller / Si tu n'**as** pas **appelé** dans dix minutes, je pars seul.*
*Si dans dix minutes tu **as fini** tes devoirs, on va faire un tour.*

L'ACCORD DU PARTICIPE PASSÉ

*Elle est **partie** et il ne l'a jamais **revue**.*

1. Avec l'auxiliaire être

▷ Avec l'auxiliaire *être*, le participe passé s'accorde en genre et en nombre avec le sujet.
*Yvonne est **allée** au marché. Ses enfants sont **restés** à la maison.*
*Au marché, Yvonne a rencontré Solange, elles sont **revenues** ensemble.*

▷ Avec les pronoms *je, tu, on, nous* et *vous*, il faut savoir qui ces pronoms représentent pour faire l'accord.
*Où étais-tu **partie** ? demandent les enfants. – Je suis **allée** au marché, répond Yvonne.*
*Solange et moi, nous sommes **revenues** ensemble, explique Yvonne. – On est **restés** tout seuls, se plaignent les enfants.*

⚠ Le pronom *on* peut être un pronom personnel ou un pronom indéfini (pas d'accord en genre et en nombre, ➡ p. 47) : *On est **venu** pendant mon absence.*

2. Avec l'auxiliaire avoir

▷ Si le complément d'objet direct (COD) est placé **après le verbe**, le participe passé est invariable.
*Au marché, elle a **acheté** des fruits et des légumes.*

▷ Si le complément d'objet direct (nom ou pronom) est **devant le verbe**, le participe passé s'accorde en genre et en nombre avec le COD.
*Voici les livres que j'ai **achetés** cette semaine. Je ne les ai pas encore tous **lus**.*
*Vous m'avez **appelée** ? demande la secrétaire. – Non, je ne vous ai pas **appelée**, répond le directeur.*

⚠ Les pronoms *me, te, nous, vous* peuvent être compléments d'objet direct ou indirect (COI). S'ils sont compléments d'objet indirect, il n'y a pas d'accord.
*Nicolas m'a **vue** (COD), il m'a **souri** (COI), il m'a **parlé** (COI), il m'a **invitée** (COD), raconte Clara à Françoise.*

▷ Il n'y a pas d'accord avec le pronom complément d'objet direct *en*.
*Voici les premières fraises de la saison. Vous en avez déjà **mangé** ?*

> Mais il y a accord si le pronom *en* est complément d'un adverbe de quantité comme *combien* : *Quelles belles pommes ! Combien en as-tu **achetées** ?*

▷ Le participe passé est **invariable** avec les verbes impersonnels.
*Les manifestations qu'il y a **eu** hier ont bloqué la circulation.*

▷ Le participe passé reste aussi **invariable** si le complément placé avant le verbe n'est pas un complément d'objet direct, mais un complément de quantité qui répond à la question « combien ? » (*coûter, peser, mesurer, valoir*, etc.).

III - Le système verbal

Les cent kilos (complément de quantité) *qu'il a **pesé** ne sont plus qu'un mauvais souvenir.*
*Les colis qu'il a **pesés*** (complément d'objet direct) *étaient destinés à la Chine.*

3. Participe passé + infinitif

▶ En général (sauf avec les verbes de perception), le participe passé est **invariable** lorsqu'il est suivi d'un infinitif. Le pronom complément d'objet direct (placé avant) est généralement celui de l'infinitif et non celui du verbe conjugué.
*Voici la maison que nous avons **pu** acheter.* (*maison* est COD de l'infinitif, pas d'accord)

> Certains participes comme *dû, pu, voulu,* etc., restent invariables s'ils ont un infinitif sous-entendu : *Jean a corrigé toutes les fautes qu'il a **pu** (corriger).*

▶ Le participe passé des verbes *faire* et *laisser* est invariable lorsque ces verbes sont suivis d'un infinitif (réforme de l'orthographe).
*Je n'aime pas la salle de réunion qu'ils ont **fait** aménager.*
*On les a **laissé** faire n'importe quoi.*

▶ Avec les verbes de perception (*écouter, entendre, regarder, voir…*), l'accord ne se fait que si le complément d'objet direct du verbe conjugué est aussi le sujet de l'infinitif.
*Ce sont des enfants que j'ai **vus** grandir.* (*enfants* est COD de *voir* et sujet de *grandir*)
*J'ai beaucoup aimé les comédiens que j'ai **vus** jouer hier soir.* (*comédiens* est sujet de *jouer*)
*J'ai beaucoup aimé la pièce que j'ai **vu** jouer.* (*pièce* est COD de *jouer*, pas d'accord)

> Cette règle s'applique aussi avec d'autres verbes suivis d'un infinitif précédé d'une préposition.
> *Les candidats que vous avez **demandé** à voir sont arrivés.*
> *Les candidats que vous avez **invités** à se présenter sont arrivés.*

4. L'accord du participe passé avec les verbes pronominaux

▶ Les verbes pronominaux se construisent **avec l'auxiliaire être**. Le participe passé des verbes essentiellement pronominaux (*s'absenter, s'enfuir, s'évanouir, se méfier, se soucier, se souvenir, se suicider,* etc.) s'accorde avec le sujet. (➡ p. 100)
*Elisa n'a pas cru Théo, elle s'est **méfiée**.*
*Quand ils ont vu le gros chien, les petits enfants se sont **enfuis**.*

▶ Lorsqu'un verbe devient pronominal, le pronom peut provenir d'un complément d'objet direct ou d'un complément d'objet indirect. S'il provient d'un COD, il y a accord entre le pronom complément et le participe passé (pas d'accord s'il provient d'un COI).
*Christelle s'est **lavée**.* (*laver quelqu'un, s'* fait fonction de complément d'objet direct placé avant le verbe)
*Christelle et François se sont **souri**.* (*sourire à quelqu'un, se* fait fonction de complément d'objet indirect, pas d'accord)

*Christelle et François se sont **rencontrés** en vacances, ils se sont **plu** (plaire à quelqu'un), ils se sont **revus** à Paris, ils se sont souvent **téléphoné** (téléphoner à quelqu'un).*

▶ Si le verbe pronominal a un complément d'objet direct, l'accord du participe passé suit la règle des verbes avec l'auxiliaire *avoir* (accord si le COD est avant le verbe, pas d'accord s'il est placé après le verbe).
*Quentin, tu t'es **lavé** les dents ? – Oui maman, je me les suis **lavées**.*

> Il existe des verbes pronominaux à sens passif. (➡ Le passif, p. 164) Dans ce cas, le participe passé s'accorde avec le sujet : *Cette année, les livres de cet auteur se sont très bien **vendus**.*

L'IMPARFAIT

*Il **était** une fois un roi et une reine qui n'**avaient** pas d'enfant.*

1. Formation de l'imparfait

■ Les terminaisons

Tous les verbes français ont à l'imparfait les mêmes terminaisons : **ais**, **ais**, **ait**, **ions**, **iez**, **aient**.
*Tu **savais** qu'il **parlait** très bien grec ? Quand il est né, ses parents **vivaient** en Grèce.*
*Hier, j'**étais** avec des amis grecs, nous **parlions** ensemble grec et vous **étiez** très surpris.*

■ Le radical

Pour former l'imparfait, il faut prendre le radical de la première personne du pluriel au présent, et ajouter les terminaisons de l'imparfait.

Parler → parlons → parl- :	Finir → finissons → finiss- :	Prendre → prenons → pren- :
je parlais	je finissais	je prenais
tu parlais	tu finissais	tu prenais
il/elle parlait	il/elle finissait	il/elle prenait
nous parlions	nous finissions	nous prenions
vous parliez	vous finissiez	vous preniez
ils/elles parlaient	ils/elles finissaient	ils/elles prenaient

⚠ L'imparfait du verbe *être* se forme sur le radical de la **deuxième** personne pluriel du présent : *Vous êtes* → *Vous **étiez*** (j'*étais*, tu *étais*, il *était*, etc.).

> Les verbes qui peuvent avoir deux formes à la première personne du pluriel au présent peuvent aussi avoir deux formes à l'imparfait comme le verbe *asseoir* (*s'asseoir, se rasseoir*) : *assoyons* → *assoyions* ; *asseyons* → *asseyions*.
> *Quand Pablo allait en cours, il **s'asseyait** (**s'assoyait** plus rare) toujours à côté de Natacha.*

■ **Imparfait des verbes en *-cer* et *-ger***

▶ Les verbes qui se terminent par *-cer* (*annoncer, commencer, lancer, prononcer*, etc.) ont un *c* cédille (*ç*) devant le *a* (*ais, ait, aient*) : *je* **commençais**, *il* **commençait**, *elles* **commençaient**, mais *nous* **commencions**, *vous* **commenciez**.
Karl **commençait** *à apprendre le français, il* **prononçait** *déjà très bien.*

▶ Les verbes qui se terminent par *-ger* (*corriger, manger, nager, ranger, voyager*, etc.) prennent un *e* devant les terminaisons *ais, ait, aient* : *tu* **mangeais**, *elle* **mangeait**, *ils* **mangeaient**, mais *nous* **mangions**, *vous* **mangiez**.
Pendant que l'éditeur **corrigeait** *des textes, sa secrétaire* **rangeait** *des dossiers.*

2. Les emplois de l'imparfait

L'imparfait indique généralement un état ou une action continue dans le passé.

■ **L'imparfait sert à exprimer dans le passé :**
• la durée (dans un passé qui peut être proche ou lointain) :
L'année dernière, Pablo **habitait** *à Paris, il* **étudiait** *le français.*
Dans l'Antiquité, Paris **s'appelait** *Lutèce, on n'y* **parlait** *pas le français mais le gaulois.*
• une action en cours :
Le samedi, pendant que Pablo **étudiait***, son amie* **visitait** *les musées.*
• un état, une description (cadre, circonstances), un commentaire :
Samedi dernier, Laura **était** *à Versailles. Il* **faisait** *très beau, le parc* **était** *superbe, des enfants* **jouaient** *dans le parc. C'*était *magnifique.*
• une répétition, une habitude :
Tous les matins, Pablo **se levait** *à sept heures et* **allait** *à l'école de langue. Il* **suivait** *des cours de huit heures à midi, puis* **revenait** *déjeuner chez lui. L'après-midi, il* **faisait** *ses devoirs.*

■ **L'imparfait peut aussi exprimer le temps présent**
▶ L'imparfait de politesse s'emploie avec des verbes de volonté (il remplace alors le présent ou le conditionnel présent) ou le verbe *venir*.
Je **voulais** *m'excuser. Je* **venais** *vous dire que la réunion était annulée.*

▶ Avec *si* en tête de phrase (qui ne contient qu'un seul verbe), l'imparfait peut aussi exprimer un souhait, une demande polie, un regret, une suggestion, une éventualité dans le présent.
Ah, si je **pouvais** *gagner au Loto !* (souhait)
Si tu **voulais** *bien me prêter dix euros…* (demande polie)
*Si j'*avais *dix ans de moins !* (regret)
Si on **allait** *ce soir au théâtre ?* (suggestion)
Et si elle **était** *malade ?* (éventualité)

▶ Avec la conjonction *si*, l'imparfait exprime la condition, l'hypothèse ou l'irréel du présent. (➡ p. 212)
Si tu **voulais***, on pourrait lui téléphoner.* (hypothèse du présent)

*Si ses parents ne l'**aidaient** pas financièrement, je ne sais pas comment il pourrait vivre.*
(irréel du présent)

Avec un complément de temps, l'imparfait peut exprimer une hypothèse dans le futur.
*Si demain ses parents **arrêtaient** de lui donner de l'argent, sa situation serait catastrophique.*

⚠ Lorsque la proposition principale est à l'imparfait, *si* + imparfait exprime un passé d'habitude. *Si* signifie alors *quand, chaque fois que.*
*S'il **faisait** beau le matin, Pablo **allait** à pied à l'école de langue.*

▸ L'imparfait remplace généralement le présent au style indirect lorsque le discours rapporté est au passé. (➡ Le style indirect, p. 183)
*Je **vais** à Versailles.* → *Laura a annoncé à Pablo qu'elle **allait** à Versailles.*

■ **L'imparfait peut parfois exprimer le futur**

▸ Tout comme le présent peut exprimer un futur proche dans le présent (➡ p. 108), avec un complément de temps, l'imparfait peut exprimer le futur proche dans le passé.
*Je ne peux pas rester, mon train **part** dans dix minutes.* (futur dans le présent)
*Je ne pouvais pas rester, mon train **partait** dans dix minutes.* (futur dans le passé)

▸ Il est aussi possible d'employer le vrai futur proche *aller* + infinitif (➡ Le futur proche, p. 124) au passé. Dans ce cas, le verbe *aller* est à l'imparfait.
*Je ne pouvais pas rester, mon train **allait partir**.*

L'IMPARFAIT ET LE PASSÉ COMPOSÉ

*J'**allais** le long des rues*
Comme un enfant perdu.
*J'**étais** seul, j'**avais** froid.*
*Toi Paris, tu m'**as pris** dans tes bras.* (chanson)

1. Imparfait ou passé composé ?

■ **Action continue / action ponctuelle**

▸ Généralement, on emploie le passé composé pour une action ponctuelle (qui ne dure pas et qui a lieu à un moment précis) et l'imparfait pour un état ou une action continue (qui dure) :
*L'année dernière, Pablo **habitait** à Paris, il **vivait** avec Laura et **étudiait** le français. Il **était** heureux.* (actions continues et état)
*Quand il **est arrivé** à Paris, il **s'est inscrit** dans une école de langue. Il **a** très vite **trouvé** un logement.* (actions ponctuelles)

▶ L'emploi de l'imparfait ou du passé composé permet d'indiquer si l'action est longue ou brève, habituelle ou ponctuelle.

*L'année dernière, Luigi **déjeunait** dans ce restaurant.* (Il y déjeunait tous les jours : action habituelle)

*L'année dernière, Luigi **a déjeuné** dans ce restaurant.* (Il y a déjeuné une ou deux fois : actions ponctuelles)

*Hier, il **neigeait**.* (action longue : toute la journée)

*Hier, il **a neigé**.* (action courte : une seule fois)

▶ Mais si la durée (courte ou longue) est précisée, seul le passé composé est possible.

*Hier, il **a neigé** toute la journée. Ce matin, il **a plu** pendant dix minutes.*

*La semaine dernière, j'**ai travaillé** du matin au soir.*

*Luigi **a déjeuné** toute l'année dans ce restaurant.*

⚠ Cependant, l'imparfait est possible même si la durée est précisée lorsqu'il s'agit d'une action habituelle.

*Pendant son séjour en France, Pablo **étudiait** de huit heures à midi.*

▶ Dans certains cas, l'imparfait est possible pour exprimer une action ponctuelle (qui a lieu à un moment précis dans le passé). L'imparfait remplace alors le passé composé. Cet emploi stylistique de l'imparfait ne se rencontre généralement qu'à l'écrit lorsqu'il y a dans le texte un complément de temps au début de la phrase.

*En septembre l'année dernière, Pablo **s'inscrivait** (s'est inscrit) à l'université.*

▶ Cet usage se retrouve particulièrement dans les récits littéraires, historiques ou journalistiques. L'imparfait peut remplacer le passé composé ou le passé simple (➥ Le passé simple, p. 130) pour mettre une action en valeur, souligner l'importance d'un événement.

*Le 14 juillet 1789, le peuple de Paris **prenait** la Bastille.*

*À la fin de l'année 2008 **commençait** une grave crise économique.*

■ Actions simultanées / actions successives

▶ Si les actions se passent au même moment (elles sont simultanées), il faut l'imparfait.

*Ce matin, j'**étais** dans un parc, le soleil **brillait**, les oiseaux **chantaient**, les gens **paraissaient** de bonne humeur.*

▶ Si les actions se suivent, se succèdent (actions successives), il faut le passé composé.

*Je **me suis promené**, je **me suis assis** sur un banc, j'**ai lu** un journal.*

▶ Avec les mots ou les expressions qui indiquent un moment précis comme *soudain, brusquement, tout à coup, d'un seul coup*, etc., il faut le passé composé (sauf dans l'emploi stylistique de l'imparfait décrit plus haut).

*Brusquement, il **a commencé** à pleuvoir.*

■ Irréel / réel

▶ L'imparfait sert aussi à exprimer un fait qui ne s'est pas produit dans le passé. L'imparfait remplace alors (particulièrement à l'oral) le conditionnel passé (irréel).

*Sans ton aide, j'**échouais** à l'examen.* (Si tu ne m'avais pas aidé, j'aurais échoué à l'examen.)

L'imparfait s'oppose dans ce cas au passé composé qui indique que le fait s'est réellement produit.

*Sans ton aide, j'**ai échoué** à l'examen.* (Tu ne m'as pas aidé et j'ai échoué à l'examen.)

▶ Il peut aussi y avoir deux verbes à l'imparfait qui remplacent la construction *si* + plus-que-parfait, conditionnel passé.

*J'étais en retard, j'ai couru. J'**arrivais** cinq minutes plus tard, je ne **pouvais** pas entrer dans la salle d'examen, les portes **étaient** fermées.* (Si j'étais arrivé cinq minutes plus tard, je n'aurais pas pu rentrer dans la salle d'examen, les portes auraient été fermées.)

2. Imparfait et passé composé dans la même phrase

■ **Les propositions indépendantes**

▶ L'imparfait et le passé composé peuvent se trouver dans la même phrase. Dans le cas de deux propositions indépendantes, s'il y a deux actions d'une durée différente, l'action la plus courte est au passé composé et l'action la plus longue (ou l'état) est à l'imparfait.

*Je **lisais** un journal dans un parc, quelqu'un **s'est assis** à côté de moi.*

▶ Il s'agit de préciser la simultanéité, la successivité ou des durées différentes. L'emploi de l'imparfait ou du passé composé permet de nuancer le discours :

*Je **suis entré**, le téléphone **a sonné**.* (actions successives, passé composé : je suis entré, puis le téléphone a sonné)

*Je **suis entré**, le téléphone **sonnait**.* (actions de durée différentes, passé composé pour l'action la plus courte et imparfait pour l'action la plus longue : le téléphone sonnait déjà avant que j'entre)

■ **Les phrases complexes** (avec propositions subordonnées)

Dans des phrases avec des conjonctions de temps comme *quand, lorsque, comme*, etc., les mêmes règles s'appliquent.

▶ L'imparfait ou le passé composé peuvent se trouver après *quand* ou *lorsque* ; ce qui est important, c'est la durée.

*Quand Mario **étudiait** en France, sa sœur **s'est mariée**.*

*Lorsque Laura **est revenue** de Versailles, Pablo **révisait** pour ses examens.*

▶ Les verbes qui expriment un événement, une action soudaine, sont au passé composé. Ceux qui expriment un cadre, une circonstance, une durée sont à l'imparfait.

*Kevin **regardait** la télévision* (cadre, circonstance) *quand on **a sonné** à la porte* (action soudaine).

*Amélie **a visité** le Louvre* (événement) *quand elle **étudiait** à Paris* (cadre).

⚠ *Pendant que* n'indique pas un événement, mais une durée. Il faut l'imparfait.
*Pendant que Julie **faisait** des courses, Hector a téléphoné à sa sœur.*

▶ Lorsque les deux actions ont la même durée, il faut l'imparfait.
*Quand Mario **étudiait** à Paris, il **habitait** dans le Quartier latin.*

▶ Si deux événements, deux actions ponctuelles, se suivent (même s'ils sont quasi simultanés), il faut deux passés composés.
*Quand le téléphone **a sonné**, Paul **a décroché**.* (quasi-simultanéité d'événements courts)
*Quand on **a sonné** à la porte, Paul **est allé** ouvrir.* (D'abord on sonne, puis Paul va ouvrir.)
*Quand Paul m'**a vu**, il m'**a souri**.* (D'abord Paul me voit, puis il sourit.)

LE PLUS-QUE-PARFAIT
Si j'avais su…

1. Formation du plus-que-parfait

Le plus-que-parfait se forme avec l'auxiliaire *être* ou *avoir* à l'imparfait + participe passé.
*Devant ma porte, j'ai trouvé un colis. Le facteur l'**avait apporté** ce matin.*
*Sur mon répondeur, il y avait trois messages. On m'**avait appelé** pendant mon absence.*
*J'ai aimé le restaurant où nous avons dîné hier soir. Je n'y **étais** jamais **allé**.*

2. Les emplois du plus-que-parfait

■ **Le plus-que-parfait est le passé du passé**

Il exprime un fait, un événement, une action qui sont antérieurs à un autre fait (action, événement) passé. Il s'emploie généralement avec un autre verbe (ou plusieurs autres verbes) au passé (passé composé, imparfait, passé simple).

▶ Ces verbes peuvent être dans des propositions indépendantes (une seule phrase) ou dans deux phrases qui se suivent.
*J'ai réussi l'examen, j'**avais bien révisé**. (J'ai réussi : passé ; j'avais bien révisé : passé du passé)*
*Quand il est revenu de vacances, son appartement était vide. Sa femme l'**avait quitté** et **avait** tout **emporté**.*

▶ Le plus-que-parfait peut aussi se trouver dans des propositions subordonnées (temps, cause, etc.) ou relatives.
*Comme il **avait neigé** pendant la nuit, les rues étaient glissantes et je suis tombé.*
*Je lui ai rendu le livre qu'il m'**avait prêté**.*

> Si le passé du passé est récent, il est possible d'utiliser le passé récent (*venir de* + infinitif) à l'imparfait.
> *Comme il **venait de pleuvoir**, les bancs du parc étaient encore tout mouillés.*

▶ Dans une phrase introduite par *quand, lorsque* ou *à chaque fois que*, le plus-que-parfait exprime un fait habituel si l'autre verbe est à l'imparfait (idée d'antériorité).
*Quand il n'**avait** pas **compris** quelque chose, il venait me voir et me posait des questions.*

▶ Le plus-que-parfait remplace le passé composé et l'imparfait lorsque le discours rapporté est au passé (➥ Le style indirect, p. 183).
J'avais de la fièvre, j'ai téléphoné au médecin. → *Il m'a dit qu'il **avait eu** de la fièvre et qu'il **avait téléphoné** au médecin.*

■ **Le plus-que-parfait peut aussi être le passé du présent**

▶ Il peut s'agir d'un plus-que-parfait de politesse qui a le même sens qu'un passé composé.
*J'**étais venu** (je suis venu) vous présenter mes excuses.*

▶ Employé seul dans une phrase, le plus-que-parfait peut exprimer le passé d'un présent avec des verbes comme *passer, partir, sortir,* etc.
*Où **étais-tu passé** ? Où **étais-tu parti** ?*

▶ Il peut aussi être employé avec un verbe au présent.
*Tu te souviens comme on s'**était** bien **amusés** ?*

▶ Dans certains cas, plus-que-parfait et passé composé s'opposent. Le passé composé est un véritable passé du présent alors que le plus-que-parfait est le passé d'un passé sous-entendu :
*Je n'**ai** jamais **pensé** à changer de travail.* (Même maintenant, je n'envisage pas cette possibilité)
*Je n'**avais** jamais **pensé** à cela.* (Maintenant, j'y ai pensé)
Ce qui est sous-entendu n'est pas toujours au passé. Il peut s'agir d'une action en cours de réalisation.
*Tu connais ce livre ? – Je ne l'**ai** pas **lu**.*
*Tu es en train de lire ce livre ? – Oui, je ne l'**avais** jamais **lu**.*

▶ Une autre distinction existe entre le plus-que-parfait et le passé composé. Avec des verbes comme *dire, jurer, promettre,* le plus-que-parfait indique que les recommandations, les promesses n'ont pas été respectées.
*J'**ai dit** à mon fils de faire attention.* (J'espère qu'il fera attention.)
*J'**avais dit** à mon fils de faire attention.* (Il n'a pas fait attention.)
*Il me l'**a promis**.* (Je lui fais confiance)
*Il me l'**avait promis**.* (Il n'a pas tenu sa promesse)

■ *Si* **+ plus-que-parfait**

▶ Dans les constructions avec *si* (➥ *Si*, p. 212), le plus-que-parfait exprime l'irréel du passé avec une conséquence dans le passé (conditionnel passé) ou dans le présent (conditionnel présent).
*Si mon fils **avait fait** attention* (mais il n'a pas fait attention), *il n'**aurait** pas **eu** cet accident* (conséquence dans le passé).
*S'il n'**avait** pas **été** aussi imprudent* (mais il a été imprudent), *il ne **serait** pas maintenant à l'hôpital* (conséquence dans le présent).

⚠ Si le verbe de la principale est à l'imparfait, le plus-que-parfait n'exprime pas l'irréel du passé mais un fait habituel dans le passé. (➥ p. 212)
*S'il n'**avait** pas **compris** quelque chose, il venait me voir.*

▶ Lorsqu'il est le seul verbe de la phrase, le plus-que-parfait peut exprimer un regret, un reproche, une éventualité.

*Ah, si je t'**avais interdit** de sortir !* (regret)

*Si tu m'**avais écouté** !* (reproche)

*Et si la voiture t'**avait écrasé**...* (éventualité)

LE FUTUR PROCHE

*C'est très facile, vous **allez voir**.*

1. Formation du futur proche

▶ Le futur proche se forme avec le verbe semi-auxiliaire ***aller*** + infinitif.

*Fabrice **va arriver**.*

⚠ Lorsque le sujet n'est pas le pronom impersonnel *il*, le contexte est quelquefois important pour savoir s'il s'agit du verbe de mouvement *aller* ou du semi-auxiliaire *aller*.

*Je **vais étudier**.*

*Où vas-tu ? – Je **vais étudier** à la bibliothèque.* (verbe de mouvement)

*Cet après-midi, je ne sors pas. Je reste chez moi et je **vais étudier**.* (auxiliaire)

▶ D'autres expressions peuvent être utilisées pour former le futur proche : *être sur le point de* + infinitif, *être à deux doigts de* + infinitif, *être près de* + infinitif.

*Je ne peux pas vous recevoir maintenant, je **suis sur le point de partir**.*

2. Les emplois du futur proche

■ **Sans complément de temps, le futur proche exprime un événement plus ou moins proche**

▶ Il peut exprimer un futur très proche ou quasi immédiat (mais on ne sait pas exactement quand l'événement va se produire).

*Dépêche-toi, la banque **va fermer**.*

*Il est tard, je **vais partir**. – Attends un peu, tu ne **vas** pas y **aller**, il pleut.*

> Dans certains cas, il peut être remplacé par un présent.
>
> *Qu'est-ce que tu **prends** (vas prendre) ? – Je vais prendre un jus d'orange.*

▶ Il peut aussi exprimer un futur plus lointain ou indéterminé.

*Je ne **vais** pas **rester** longtemps dans cette entreprise.*

*Mon collègue n'est pas venu de la semaine et j'ai dû faire tout son travail. Il **va m'entendre**.*

*Il ne **va** pas **s'en tirer** comme ça.*

▶ Il sert aussi à exprimer un futur indéterminé qui peut ne pas se réaliser, une mise en garde.

*Ne te balance pas sur ta chaise, tu **vas tomber**.*

*Tu ne **vas** pas lui **dire** ça !*

■ **Avec un complément de temps, le futur proche exprime un événement proche ou lointain**

Ce qui compte, c'est l'intention du locuteur (un an peut être proche pour l'un et lointain pour un autre et le choix se fait en fonction de cette impression).

▶ Il peut exprimer un futur très proche.
*Je **vais revenir** dans cinq minutes.*

▶ Il peut aussi exprimer un futur plus éloigné.
*Je **vais revenir** demain. / Paul **va passer** le bac l'année prochaine.*

⚠ Le présent est alors parfois possible.
*Je **reviens** dans cinq minutes. / Il **passe** le bac l'année prochaine.*

■ **Le futur proche peut remplacer un impératif**

Il exprime alors :
• un ordre dont la réalisation doit être proche
*Vous **allez arrêter** immédiatement ! (Arrêtez !)*
• ou un conseil, une recommandation
*Tu **vas faire** bien attention en traversant la rue. (Fais bien attention.)*

⚠ Le présent est aussi possible (➥ Le présent, p. 108) : *Tu **te tais** ! (Tais-toi !)*

Le futur proche peut aussi exprimer l'ordre à la forme interro-négative.
*Tu **ne vas pas te taire** ? Tu **ne vas** donc **jamais t'arrêter** ?*

■ **Dans un énoncé ou un texte au passé, la construction *aller* + infinitif peut s'employer à l'imparfait**

▶ Elle exprime un futur plus ou moins proche dans le passé.
*Elle s'est dépêchée, la banque **allait fermer**.*
*L'année suivante, il **allait devenir** directeur de la banque.*

▶ Elle remplace le futur proche lorsque le discours rapporté est au passé. (➥ Le style indirect, p. 183)
*Ludovic va se marier. → Mathias m'a dit que Ludovic **allait se marier**.*

LE FUTUR SIMPLE

*Quand nous **chanterons** le temps des cerises...* (chanson)

1. Formation du futur simple

■ **Les terminaisons**

Tous les verbes français ont au futur les mêmes terminaisons : ***ai, as, a, ons, ez, ont***.
*Je **ferai** les courses et ensuite, Lucie et moi nous **préparerons** le repas. Olivier, tu **t'occuperas** des boissons. Serge et Fabienne, vous **rangerez** la maison. J'espère que tout **sera** prêt quand les invités **arriveront**.*

■ **Le radical**

Pour les verbes qui se terminent en -er et -ir, il faut ajouter ces terminaisons à l'infinitif. Pour les verbes qui se terminent en -re, il faut enlever le e final de l'infinitif.

Parler → parler-	Finir → finir-	Comprendre → comprendr-
je parlerai	je finirai	je comprendrai
tu parleras	tu finiras	tu comprendras
il/elle parlera	il/elle finira	il/elle comprendra
nous parlerons	nous finirons	nous comprendrons
vous parlerez	vous finirez	vous comprendrez
ils/elles parleront	ils/elles finiront	ils/elles comprendront

■ **Futurs particuliers**

▶ Les verbes en -eler (appeler, peler), -ener (amener), -eter (jeter, acheter), -ever (lever) forment le futur à partir de la première personne du présent + rai, ras, ra, rons, rez, ront.

j'appelle → appellerai, appelleras, appellera, appellerons, appellerez, appelleront

Je n'**appelle** pas mon frère maintenant, je l'**appellerai** demain.
Je **pèle** les pommes et toi, tu **pèleras** les poires.
J'**amène** son fils à l'école cette semaine, il **amènera** le mien la semaine prochaine.
J'**achète** encore ce journal, mais bientôt nous ne l'**achèterons** plus.
Vous **jetterez** vos livres si vous voulez, mais moi, je ne **jette** pas les miens.
Je me **lève** maintenant, ils se **lèveront** plus tard.

▶ Les verbes en -oyer (employer, nettoyer), -uyer (appuyer, essuyer) forment aussi leur futur à partir de la première personne du présent (y devient i).
Je **nettoie** aujourd'hui et toi, tu **nettoieras** demain.
J'**essuie** les assiettes et Jacques **essuieras** les verres.

⚠ Les verbes envoyer et renvoyer sont irréguliers : j'**enverrai**, je **renverrai**.

▶ Les verbes en -ayer (essayer, payer) peuvent garder le y (les deux formes sont possibles au présent).
Je ne **paie** (**paye**) pas aujourd'hui, je **paierai** (**payerai**) la semaine prochaine.

⚠ Un autre verbe (s'asseoir) peut avoir deux futurs irréguliers : je **m'assoirai** ou je **m'assiérai** (plus fréquent).

Quelques verbes du troisième groupe (et leurs dérivés) ont un futur irrégulier :

Aller → irai	Devoir → devrai	Recevoir → recevrai
Apercevoir → apercevrai	Envoyer → enverrai	Savoir → saurai
Avoir → aurai	Être → serai	Tenir (retenir) → tiendrai
Courir → courrai	Faire → ferai	Valoir → vaudra
Conquérir (acquérir) → conquerrai	Falloir → faudra	Venir (revenir, se souvenir) → viendrai
Cueillir (accueillir) → accueillerai	Mourir → mourrai	
	Pleuvoir → pleuvra	Voir (entrevoir, revoir) → verrai
Décevoir → décevrai	Pouvoir → pourrai	
	Prévoir → prévoirai	Vouloir → voudrai

⚠ Les verbes qui se terminent en -*voir* ont trois futurs différents :
– *entrevoir, prévoir, revoir* comme le verbe *voir* : *je verrai, j'entreverrai, je reverrai.*
– *apercevoir, concevoir, décevoir, émouvoir, percevoir, recevoir* comme le verbe *devoir* :
tu devras, tu apercevras, tu concevras, tu décevras, tu émouvras, tu percevras, tu recevras.
– *pourvoir, prévoir* : *il pourvoira, elle prévoira.*

2. Les emplois du futur simple

■ **Le futur simple exprime une action ou un fait situés dans l'avenir**

▶ Le moment futur (proche ou lointain) peut être précisé.
*Je **passerai** demain vers dix heures.*
*Tu **comprendras** quand tu seras grand.*

> Dans un récit, le futur simple peut exprimer un futur dans le passé (forme littéraire).
> *Le général de Gaulle démissionna en 1969. Il se retira dans sa propriété à la campagne où il **mènera** une existence retirée. Il **mourra** en 1970.*

▶ La durée peut être ou non précisée.
*Je **resterai** à Berlin du 8 au 15 mars.*
*À partir de maintenant, tout **ira** mieux.*

▶ S'il n'y a pas de complément de temps, le futur simple indique que l'événement aura lieu dans un temps indéterminé.
*Cette histoire **finira** mal. Qui **vivra verra**.*

▶ Dans une phrase introduite par *si*, le futur simple exprime une possibilité ou une conséquence dans l'avenir.
*Si je peux, je **resterai** un jour de plus à Berlin.* (possibilité)
*Il est très tard. Si tu ne vas pas te coucher maintenant, tu **auras** du mal à te réveiller demain.* (conséquence)

■ **Le futur simple peut exprimer l'impératif**

▶ Il exprime alors un ordre, une consigne.
*Vous **lirez** les deux premiers chapitres.* (Lisez les deux premiers chapitres.)

▶ Il peut aussi exprimer un conseil, une recommandation.
*Tu n'**oublieras** pas d'acheter du pain.* (N'oublie pas d'acheter du pain.)

■ **Le futur simple peut exprimer un présent :**

• pour marquer la politesse avec des verbes comme *être, avouer, demander, dire,* etc. (il remplace alors le présent) :
*Ce **sera** tout ?*
*Je vous **avouerai** que je ne l'ai pas cru.*
*Nous vous **demanderons** de faire bien attention.*

• pour un fait présent, considéré comme probable (emploi plus rare) :
*Je n'ai pas vu Patrick au bureau ce matin, il **sera** malade.* (il est probablement malade)

III - Le système verbal

3. Futur simple, futur proche, présent

■ **Avec complément de temps**

▶ Avec un complément de temps qui indique un avenir plus ou moins proche, les trois formes peuvent s'employer.

*Ce soir, je **me couche** tôt.* (résolution)
*Ce soir, je **vais me coucher** tôt.* (prévision)
*Ce soir, je **me coucherai** tôt.* (certitude)

▶ Le futur simple est plutôt utilisé pour des événements sûrs ou prévus, et le futur proche pour des événements moins précis ou pressentis.

*Je **viendrai** sans faute demain.*
*Il y a une grève demain, ça ne **va** pas **être** facile de trouver un taxi.*

> Traditionnellement, les prévisions météorologiques sont au futur simple :
> *Demain, il **fera** beau sur tout le sud de la France, il **pleuvra** dans les régions du Nord qui **connaîtront** des éclaircies en fin d'après-midi.*

▶ Lorsque le complément de temps n'indique pas un avenir proche ou immédiat, le présent est moins utilisé.

*Patricia **aura** une promotion l'année prochaine.*
*Patricia **va avoir** une promotion l'année prochaine.*
*Patricia **a** une promotion l'année prochaine.* (rare ou inusité)

▶ Lorsque le complément de temps indique un futur immédiat, le futur simple est plus rare ou inusité.

*Je **vais** maintenant **laisser** la parole au directeur administratif.*
*Je **laisse** maintenant la parole au directeur administratif.*
*Je **laisserai** maintenant la parole au directeur administratif.* (plus rare)

▶ Dans les phrases introduites par *si*, le futur simple, le futur proche et le présent peuvent exprimer une possibilité, mais s'il s'agit d'une conséquence, seuls le futur simple et le futur proche sont possibles.

*Si ce soir j'ai le temps, je **regarderai** / **vais regarder** / **regarde** le film à la télé.* (possibilité)
*Si tu ne réserves pas maintenant, tu ne **vas** plus **avoir** / **n'auras** plus de place.*

■ **Sans complément de temps**

▶ Lorsqu'il n'y a pas de complément de temps, le présent n'est normalement pas possible pour exprimer le futur. Le futur simple et le futur proche donnent des indications différentes.

*Je **vais** lui **téléphoner**.* (bientôt)
*Je lui **téléphonerai**.* (je ne sais pas quand)

▶ Le futur proche indique une réalisation plus certaine que le futur simple.

*Elle **va avoir** un enfant.* (elle est enceinte)
*Elle **aura** un enfant.* (un jour)

▶ Dans certains cas, le présent est possible, il indique une action dans un futur immédiat.

Il y a longtemps que tu n'as pas appelé ta mère.
– *Tu as raison, je l'**appelle**.* (tout de suite)
– *Tu as raison, je **vais** l'**appeler**.* (bientôt)
– *Tu as raison, je l'**appellerai**.* (simple promesse, temps imprécis)

LE FUTUR ANTÉRIEUR
*Vous l'**aurez voulu** !*

1. Formation du futur antérieur

Le futur antérieur se forme avec l'auxiliaire *être* ou *avoir* au futur + participe passé.
*Tu n'oublieras pas de téléphoner quand tu **seras arrivé**.*
*Dès que j'**aurai trouvé** un hôtel, je t'appellerai.*

2. Les emplois du futur antérieur

■ **Le futur antérieur est le passé du futur**
Il peut s'employer seul ou avec le futur simple.

▶ Le futur antérieur est souvent employé avec le futur simple, il se trouve dans une subordonnée de temps introduite par *quand, lorsque, dès que, aussitôt que, après que*, etc.
*Je te **téléphonerai*** (futur) *dès que je **serai arrivé*** (passé du futur).
*Je te rendrai ton livre lorsque je l'**aurai lu**.*
*Aussitôt que j'**aurai reçu** l'accord de la direction, je vous préviendrai.*

> En français oral, futur antérieur et futur simple peuvent être remplacés par le présent (ou le présent et le passé composé).
> *Dès que j'**arrive**, je te **téléphone**. Je te **rends** ton livre quand je l'**ai lu**.*

▶ Le futur antérieur peut s'employer seul avec un complément de temps. Il exprime une action déjà accomplie dans un futur indiqué par le complément de temps.
*Dans deux ans, Roland **aura écrit** sa thèse.*
*Encore un an et Fabrice **aura payé** toutes ses dettes.*

> Le futur antérieur peut être utilisé à la place d'un impératif passé avec un complément de temps.
> *Pour demain, vous **aurez appris** les conjugaisons. (Pour demain, ayez appris les conjugaisons.)*

▶ Dans certains cas, le futur antérieur peut s'employer seul sans complément de temps avec des verbes comme *vouloir* ou *chercher*. Il exprime le passé d'un futur proche.
*Tu n'as pas étudié et tu vas avoir des mauvaises notes. Tu l'**auras** bien **cherché** !*

■ **Le futur antérieur peut exprimer le passé du présent**

▶ Sans complément de temps, le futur antérieur exprime une probabilité dans le passé. Il remplace le passé composé.
*Elle n'est pas venue, elle **aura oublié** le rendez-vous.* (Elle a probablement oublié.)
*Il est en retard, il **aura été retenu** à son travail.*

▶ Cet emploi du futur antérieur peut se trouver dans des phrases introduites par *si*. Le futur antérieur exprime alors une hypothèse explicative.
*S'il n'a pas compris, c'est que tu lui **auras** mal **expliqué**.*

LE PASSÉ SIMPLE

*Ils **se marièrent** et **eurent** beaucoup d'enfants.*

1. Formation du passé simple

■ **Les terminaisons**
Le passé simple a quatre types de terminaisons.

▶ Pour les verbes en *-er* : *ai, as, a, âmes, âtes, èrent.* Ces terminaisons remplacent la terminaison *-er* de l'infinitif. Parler → parl- : je *parlai,* tu *parlas,* il *parla,* nous *parlâmes,* vous *parlâtes,* ils *parlèrent.*
*Je **sonnai** à la porte, tu **allas** m'ouvrir et j'**entrai**. Ta sœur et toi **décidâtes** de me faire connaître un nocturne de Chopin. Elle le **joua** au piano et nous l'**écoutâmes**. Tes parents **rentrèrent** au milieu de ce petit concert improvisé.*

⚠ Comme à l'imparfait, il faut *ç* (verbes en *-cer*) et *ge* (verbes en *-ger*) devant *a* (*ai, as, a, âmes, âtes*). *Il **lança** la balle dans l'eau et le chien **nagea** pour la rapporter.*

▶ Pour les verbes en *-ir* (sauf *tenir, venir, courir* et *mourir*) : *is, is, it, îmes, îtes, irent.* Ces terminaisons remplacent la terminaison *-ir* de l'infinitif. Finir → fin- : je *finis,* tu *finis,* il *finit,* nous *finîmes,* vous *finîtes,* ils *finirent.*
*La Princesse **dormit** longtemps. Elle **sortit** de son long sommeil quand le Prince la réveilla d'un baiser. Ils **sortirent** du château et la foule **applaudit**. Tout cela **finit** par un mariage, car la Princesse **choisit** le Prince comme époux.*

⚠ Au singulier, les formes du passé simple sont parfois semblables à celles du présent (verbes du deuxième groupe) : *cela finit, elle choisit, elle applaudit* (présent et passé simple), mais *elle dormit, elle sortit* (passé simple uniquement, car verbes du troisième groupe).

> Quelques verbes en *-ir* comme *acquérir* et *conquérir* ont un passé simple irrégulier :
> je ***conquis***, j'***acquis***.

▶ Les verbes *tenir* et *venir* (et leurs dérivés : *détenir, retenir, soutenir, devenir, parvenir, revenir, se souvenir,* etc.) ont un type spécial : *ins, ins, int, înmes, întes, inrent.* Le passé simple ne se construit pas à partir de l'infinitif :
– Je *tins* (*détins, retins, soutins*), tu *tins,* il *tint,* nous *tînmes,* vous *tîntes,* ils *tinrent.*

– Je *vins* (*devins, parvins, revins*), tu *vins*, il *vint*, nous *vînmes*, vous *vîntes*, ils *vinrent*. Quand elle **vint** au colloque qui se **tint** à Lyon, elle **soutint** une thèse audacieuse et **parvint** à convaincre quelques scientifiques qui **devinrent** ses adeptes.

▸ Les autres verbes (*-oir, -re*) ont la terminaison en *-is* (la plupart des verbes en *-re* et *voir, entrevoir, prévoir*) ou *-us* (les verbes en *-oir*, quelques verbes en *-re* ainsi que *courir* et *mourir*) : *us, us, ut, ûmes, ûtes, urent*. Mais la formation du passé simple ne suit pas les mêmes règles que pour les autres verbes (ceux en *-er* et *-ir*). Le radical peut changer.

– Écrire : j'*écrivis*, tu *écrivis*, il *écrivit*, nous *écrivîmes*, vous *écrivîtes*, ils *écrivirent*.
– Lire : je *lus*, tu *lus*, il *lut*, nous *lûmes*, vous *lûtes*, ils *lurent*.

• Passés simples en *-i* : la plupart des verbes en *-re* (*attendre, craindre, dire, écrire, faire, mettre, prendre, répondre, suivre*, etc.) ainsi que les verbes *s'asseoir* et *voir* (*entrevoir, prévoir*).

• Passés simples en *-u* : la plupart des verbes en *-oir* et *-oire* (*boire, croire, devoir, pouvoir, savoir*, etc.), des verbes en *-ure* (*conclure, exclure, inclure*), quelques verbes en *-re* (*connaître, lire, paraître, se taire, résoudre, vivre*, etc.), ainsi que *mourir* et *courir*.

■ **Le radical**

Pour les verbes de la dernière catégorie (verbes qui ne se terminent pas par *-er* ou *-ir*, ainsi que *mourir* et *courir*), le radical du passé simple peut être très différent de celui de l'infinitif, comme exemple celui des verbes *être* et *avoir* :

– Être : je *fus*, tu *fus*, il *fut*, nous *fûmes*, vous *fûtes*, ils *furent*.
– Avoir : j'*eus*, tu *eus*, il *eut*, nous *eûmes*, vous *eûtes*, ils eurent.

Passés simples du 3ᵉ groupe les plus fréquents

Apercevoir : il aperçut	Croire : il crut	Fendre : il fendit
S'asseoir : il s'assit	Cuire : il cuisit	Fondre (confondre) : il fondit
Battre (abattre, débattre, combattre, etc.) : il battit	Décevoir : il déçut	Geindre : il geignit
	Déduire : il déduisit	Inclure : il inclut
Boire : il but	Défendre : il défendit	Inscrire : il inscrivit
Coudre : il cousit	Descendre : il descendit	Instruire : il instruisit
Courir : il courut	Détruire : il détruisit	Joindre (rejoindre) : il joignit
Concevoir : il conçut	Devoir : il dut	Lire : il lut
Conclure : il conclut	Dire (interdire, prédire, redire) : il dit	Luire : il luisit
Conduire : il conduisit		Mettre (admettre, permettre, promettre, remettre, soumettre, etc.) : il mit
Connaître : il connut	Écrire : il écrivit	
Construire : il construisit	Émouvoir : il émut	
Correspondre : il correspondit	Entendre : il entendit	Moudre : il moulut
Courir (accourir, secourir) : il courut	Éteindre : il éteignit	Mourir : il mourut
	Faire (défaire, refaire) : il fit	Naître : il naquit
Craindre : il craignit	Falloir : il fallut	Nuire : il nuisit

➡

Paraître (apparaître, disparaître) : il parut	Recevoir : il reçut	Tendre (attendre, prétendre) : il tendit
Peindre : il peignit	Rendre : il rendit	Tondre : il tondit
Pendre (suspendre) : il pendit	Répondre : il répondit	Tordre : il tordit
Perdre : il perdit	Résoudre : il résolut	Traduire : il traduisit
Plaindre : plaignit	Rire (sourire) : il rit	Transcrire : il transcrivit
Plaire (se complaire, déplaire) : il plut	Rompre (interrompre) : il rompit	Vaincre (convaincre) : il vainquit
Pleuvoir : il plut	Savoir : il sut	Valoir : il valut
Pouvoir : il put	Séduire : il séduisit	Vivre (survivre) : il vécut
Prendre (apprendre, comprendre, surprendre, etc.) : il prit	Souscrire : il souscrivit	Voir (entrevoir, prévoir, revoir, etc.) : il vit
	Suffire : il suffit	Vouloir : il voulut
	Suivre : il suivit	
	Se taire : il se tut	
Produire : il produisit	Teindre (déteindre) : il teignit	

⚠ Certains verbes en -ire comme *dire, rire, sourire* ont la même forme au singulier du passé simple et du présent : *je dis, tu ris, il sourit.*

Certains verbes français comme *absoudre, clore, traire* (et tous les verbes en *traire : extraire, distraire, soustraire*) n'ont pas de passé simple.

■ **Passé simple et participe passé**
De nombreux verbes ont (presque) la même forme au passé simple et au participe passé. Ces verbes sont :
• les verbes en -ir (sauf *mourir, tenir* et *venir*).
*Je **sortis** (suis **sorti**) de chez moi et **partis** (suis **parti**) au théâtre. J'étais en retard, je **courus** (j'ai **couru**).*
• les verbes en -oir, -oire (sauf *voir, entrevoir, prévoir*) : *apercevoir, boire, croire, pouvoir, vouloir, savoir,* etc.
*Quand il **sut** (a **su**) qu'elle viendrait, il ne **put** (n'a pas **pu**) cacher sa joie et **voulut** (a **voulu**) fêter l'événement.*
• les verbes en -ire : *dire, lire, sourire, suivre, vivre* (sauf les verbes en -uire comme *conduire, séduire*), etc.
*Quand je **lus** (j'ai **lu**) que ce chanteur **vécut** (a **vécu**) dans cette maison, je **souris** (j'ai **souri**).*

Si l'on considère que les verbes en -ire forment leur passé simple comme leur participe passé, *courir* n'est plus une exception, ni *acquérir* et *conquérir* : *acquis, conquis.*

• les verbes en -ure (*conclure, exclure, inclure*), le verbe *mettre*, les verbes en -aître (sauf *naître*) et les verbes en -aire (sauf *faire*) : *connaître, paraître, plaire, se taire,* etc.
*Je **mis** (j'ai **mis**) mes plus beaux vêtements et je **plus** (j'ai **plu**) à tout le monde.*

2. Les emplois du passé simple

■ **Le passé simple peut remplacer le passé composé à l'écrit**

▶ Le passé simple remplace le passé composé dans des textes littéraires, des récits historiques, des contes mais aussi quelquefois dans des articles de presse.
*« Lorsque Alzire et les enfants **furent** là, elle **partagea** le vermicelle dans trois petites assiettes. » (Zola, Germinal)*
*Le 14 juillet 1789, le peuple de Paris **prit** et **démantela** la Bastille, prison forteresse de la vieille monarchie.*
*Le Prince **épousa** la bergère et ils **furent** très heureux.*
*Quand la manifestation **se disloqua**, de nombreux incidents **se produisirent**.*

▶ Le passé simple est le temps du récit et le passé composé le temps du discours. À l'écrit, le passé simple est normalement impossible dans les dialogues, les discours ; il faut le passé composé. Mais s'il y a un récit dans un dialogue, un discours, le passé simple est possible.
*« Eugénie ne **put** retenir une larme. – Oh ! ma bonne mère, **s'écria**-t-elle, je ne t'**ai** pas assez **aimée**. » (Balzac, Eugénie Grandet)*
*« Alors, reprit Alcide Jolivet, vous savez qu'au milieu d'une fête donnée en son honneur, on **annonça** à l'empereur Alexandre que Napoléon venait de passer le Niémen avec l'avant-garde française. » (Jules Verne, Michel Strogoff)*

■ **Le passé simple ou passé composé ?**

▶ Le passé simple ne s'emploie généralement pas à l'oral, mais il peut s'entendre à la radio et dans des comptes rendus sportifs (sorte de récit oralisé) et se trouver avec le verbe *être* (à l'oral ou dans un dialogue à l'écrit) : *ce fut / ce furent*, formes préférables à *ça a été* (plus rare) et *ç'ont été* (inusité).
*Marseille **égalisa** à la quarantième minute et il **fallut** jouer les prolongations.*
*L'hiver dernier, ma femme et moi étions au chômage, ce **furent** des mois difficiles.*
*« Mais quand je les ai vus, ces Prussiens, ce **fut** plus fort que moi ! » (Maupassant, Boule-de-Suif)*

▶ À l'écrit, le passé simple ne s'utilise pas dans la correspondance privée ou commerciale. Il s'emploie particulièrement en littérature classique, dans les récits historiques et les contes et peut se trouver dans la presse écrite. En littérature moderne, on peut trouver le passé composé ou le passé simple si le récit est coupé du moment présent. Mais il faut choisir, on ne mélange normalement pas les deux temps.
*« Il **a allumé** une cigarette, il me l'**a donnée**. Et tout bas contre ma bouche il m'**a parlé**. » (Marguerite Duras, L'Amant)*
*« Décontenancé, j'**ouvris** ma porte et **vis** entrer un homme d'âge moyen. » (Amélie Nothomb, Le Fait du prince)*

▶ Mais il est possible d'avoir dans un même récit un passé composé et un passé simple. Le passé simple est coupé du moment présent et le passé composé est lié au moment présent.
*Antoine de Saint-Exupéry **naquit** à Lyon en 1900. Auteur et aviateur, il **écrivit** plusieurs livres dont Le Petit Prince. En 1944, il **disparut** avec son avion en mer Méditerranée. Il y a quelques années, on **a retrouvé** les restes de l'écrivain et de son avion.*

LE PASSÉ ANTÉRIEUR

*Après que Jules César **eut conquis** la Gaule, il retourna à Rome et prit le pouvoir.*

1. Formation du passé antérieur

Le passé antérieur se forme avec l'auxiliaire *être* ou *avoir* au passé simple + participe passé.

*Lorsque les parents **eurent quitté** la maison, les enfants cessèrent de travailler.*
*Une fois qu'ils **furent sortis**, les enfants fermèrent leurs cahiers.*
*Quand Pierre **eut fini** de chanter, tout le monde se mit à applaudir.*

⚠ Il ne faut pas confondre *eut* (*fut*) + participe passé (passé antérieur) et *eût* (*fût*) + participe passé (➡ Le subjonctif plus-que-parfait, p. 147).
*Après qu'il **eut fini** de dîner, il sortit faire une promenade.* (passé antérieur)
*Les invités arrivèrent avant qu'il **eût fini** de préparer le repas.* (subjonctif plus-que-parfait)

2. Les emplois du passé antérieur

Comme le passé simple, c'est un temps utilisé à l'écrit (littérature, récits historiques, contes, presse écrite).

■ Le passé antérieur est le passé du passé simple

Il désigne une action antérieure à celle exprimée au passé simple. Il se trouve générale-ment après des conjonctions comme *après que, une fois que, quand, lorsque*, etc.

« *Quand Julien **fut arrivé** au milieu de la salle, il se retourna vers l'évêque.* » (Stendhal, *Le Rouge et le Noir*)
*Une fois que Pasteur **eut inventé** son vaccin, le nombre de malades diminua.*
*Après qu'il **eut tué** le dragon, le garçon épousa la princesse.*

⚠ Si les deux sujets sont les mêmes dans une phrase avec *après que*, le passé anté-rieur devient souvent infinitif passé.
*Après **avoir tué** le dragon, le prince épousa la princesse.*

> Après les conjonctions *aussitôt que* et *dès que*, le passé antérieur est possible pour insis-ter sur l'antériorité par opposition avec le passé simple qui exprime la simultanéité.
> *Dès que les parents **eurent quitté** la maison, les enfants cessèrent de travailler.* (antériorité)
> *Dès que les parents **quittèrent** la maison, les enfants cessèrent de travailler.* (simultanéité)

■ Le passé antérieur peut remplacer un passé simple

Ce passé antérieur littéraire ne se trouve pas dans une proposition subordonnée de temps, mais avec des adverbes ou des expressions comme *aussitôt, bientôt, en un ins-tant, rapidement, très vite*, etc. Il remplace le passé simple et insiste sur la rapidité de l'action.

« *La cigogne au long bec n'en put attraper miette ;*
*Et le drôle **eut lapé** le tout en un instant.* » (La Fontaine, *Fables*)
*Les Romains **eurent** vite **adopté** (adoptèrent vite) la culture grecque.*

LE PASSÉ SURCOMPOSÉ

Quand j'ai eu fini de dîner, je suis sorti.

1. Formation du passé surcomposé

Le passé surcomposé se forme avec l'auxiliaire *être* ou *avoir* au passé composé + participe passé.

Dès qu'il a été sorti, les autres ont commencé à dire du mal de lui.

Quand j'ai eu terminé ma traduction, je l'ai vite envoyée à l'éditeur.

2. Les emplois du passé surcomposé

■ **Le passé du passé composé**

▶ À l'oral, en français familier, le passé surcomposé indique l'antériorité par rapport au passé composé (qui en grammaire française standard n'a pas de passé). Il remplit pour le passé composé la fonction qu'ont le plus-que-parfait, le passé antérieur et le futur antérieur pour l'imparfait, le passé simple et le futur.

	Passés		Futur
Imparfait : *je sortais*	Passé composé : *je suis sorti*	Passé simple : *je sortis*	Futur simple : *je sortirai*
	Passés du passé		Passé du futur
Plus-que-parfait : *être* ou *avoir* à l'imparfait + participe passé *quand j'avais fini de manger*	Passé surcomposé : *être* ou *avoir* au passé composé + participe passé *quand j'ai eu fini de manger*	Passé antérieur : *être* ou *avoir* au passé simple + participe passé *quand j'eus fini de manger*	Futur antérieur : *être* ou *avoir* au futur + participe passé *quand j'aurai fini de manger*

> Il existe un autre temps surcomposé (rare), le futur surcomposé, qui à l'oral remplace le futur antérieur.
> *Je sortirai quand j'aurai eu fini de manger.*

▶ Le passé surcomposé est un temps peu fréquent qui ne s'utilise qu'à l'oral et généralement avec une conjonction de temps (*quand, lorsque, après que, dès que*, etc.). Il s'emploie surtout avec des verbes comme *finir, terminer, partir, sortir, entrer.*

Dès qu'il a eu dit ça à ses parents, ils se sont mis en colère.

Après que Pierre a eu terminé sa lettre, sa secrétaire l'a mise à la poste.

⚠ Comme avec le passé antérieur, si les deux sujets sont les mêmes dans une phrase avec *après que*, le passé antérieur devient généralement infinitif passé.

Après avoir terminé ma lettre, je l'ai mise à la poste.

Le passé surcomposé peut se trouver en littérature, il s'agit alors d'un dialogue, d'un discours et non d'un récit.
« *Quand j'**ai eu perdu** ma pauvre défunte, j'allais dans les champs pour être tout seul.* » (Flaubert, *Madame Bovary*)

■ **Le passé surcomposé peut remplacer un passé composé**

Comme le passé antérieur (dans un mode littéraire), le passé surcomposé peut remplacer (en français familier à l'oral) le passé composé, il insiste sur la rapidité de l'action.

*Il **a eu** vite **compris** !* (il a vite compris). *Il **a eu** vite **fait** de partir (il a vite fait de partir).*

Le mode impératif

L'IMPÉRATIF PRÉSENT

Allez, viens boire un petit verre à la maison. (chanson)

1. Formation de l'impératif présent

▷ Le singulier de l'impératif présent se forme comme la première personne du présent de l'indicatif, le pluriel comme la première et la deuxième personne du présent de l'indicatif.

Je travaille → ***Travaille*** *! Nous partons* → ***Partons*** *! Vous écrivez* → ***Écrivez*** *!*

▷ Quelques verbes ont des impératifs irréguliers ou des formes différentes à l'impératif :

Être	Avoir	Aller	Savoir	Vouloir	S'asseoir
sois	aie	va	sache	veuille	assieds-toi (assois-toi)
soyons	ayons	allons	sachons	voulons	asseyons-nous (assoyons-nous)
soyez	ayez	allez	sachez	veuillez (voulez)	asseyez-vous (assoyez-vous)

⚠ *Veuillez* à la forme affirmative et *voulez* ou *veuillez* à la forme négative.
Veuillez *agréer mes salutations distinguées.*
*Ne m'en **voulez** (**veuillez**) pas si je ne suis pas d'accord avec vous.*

▷ Les impératifs qui se terminent par -*e* et -*a* (*va*) prennent un *s* devant les pronoms *en* et *y*.
*Tu veux des bonbons ? **Vas**-y ! **Manges**-en !*

⚠ À l'écrit, le point d'exclamation n'est obligatoire que si l'impératif est employé seul ou avec un pronom complément : ***Vas**-y ! **Parle** ! **Dis**-nous ce que tu sais.*
Pour les pronoms compléments et la place des pronoms avec l'impératif (affirmatif et négatif), ➡ p. 51

2. Les emplois de l'impératif présent

■ **L'ordre et la défense**

▶ L'impératif présent exprime principalement l'ordre (impératif affirmatif) ou la défense, l'interdiction (impératif négatif : *ne* + impératif + *pas*).

*Ne **cours** pas ! Ne te **salis** pas ! **Reviens** ! **Assieds-toi** ! **Tiens-toi** bien ! **Ne bouge** plus !*

▶ À l'écrit, l'impératif présent est utilisé pour exprimer des consignes, des recommandations, des règles, des interdictions.

***Lisez** le texte et **répondez** aux questions.*
*Ne **fumez** plus, n'**enfumez** plus !*
***Respectez** la propreté de cet endroit.*

▶ L'impératif peut aussi exprimer le conseil, l'invitation, la politesse formelle, la prière ou la recommandation.

***Repose-toi** un peu.* (conseil)
***Prenez** place !* (invitation)
***Veuillez** recevoir nos sincères condoléances.* (politesse formelle)
***Aidez-moi** !* (prière)
*Ne **prends** pas froid.* (recommandation)

▶ L'impératif présent peut servir à rassurer.

*N'**aie** pas peur ! **Fais-moi** un peu confiance.*

▶ Certains impératifs peuvent être une sorte d'encouragement (avec le verbe *aller*) ou peuvent ponctuer le discours (avec des verbes comme *tenir, dire, voir*).

***Tiens**, voilà Quentin. Tu n'as pas l'air gai, **dis** donc !*
***Allons, voyons**, tu ne vas pas pleurer pour ça. **Vas**-y, souris ! **Allez**, fais-moi un sourire.*

> L'impératif peut être utilisé pour exprimer des vérités intemporelles (souvent dans des proverbes).
>
> *En avril, ne te **découvre** pas d'un fil. En mai, **fais** ce qu'il te plaît.*

✓ L'impératif présent peut être remplacé par le présent de l'indicatif (➡ p. 108), le futur (➡ p. 127) ou l'infinitif présent (➡ p. 153).

■ **L'impératif peut remplacer une subordonnée**

L'impératif présent peut remplacer une proposition ou une subordonnée et exprimer le temps, la condition, la concession.

***Faites** ce que vous voulez (Vous pouvez faire ce que vous voulez / Quoi que vous fassiez), ça m'est égal.*
***Revenez** vers huit heures (Quand vous reviendrez vers huit heures), votre voiture sera prête.*
***Continue** comme ça et (Si tu continues comme ça) je vais me fâcher.*

L'IMPÉRATIF PASSÉ

*Tu peux sortir mais **sois rentré** avant minuit.*

1. Formation de l'impératif passé

L'impératif passé se forme avec l'auxiliaire *être* ou *avoir* à l'impératif présent + participe passé.
***Ayez terminé** ce travail avant la nuit.*
*Ne **sois** pas **parti** quand je reviendrai.*

2. L'emploi de l'impératif passé

L'infinitif passé exprime une demande qui doit être réalisée avant un temps précisé dans le futur. Ce qui explique qu'il ne s'emploie pas seul, mais avec un complément de temps ou une subordonnée de temps.
***Aie fini** tes devoirs avant mon retour.*
***Soyez revenu** quand le cours recommencera.*

   ✓ L'impératif passé peut être remplacé par le futur antérieur (➡ p. 129) ou à l'écrit par l'infinitif passé (➡ p. 154).

Le mode conditionnel

LE CONDITIONNEL PRÉSENT

*J'**aimerais** tant voir Syracuse... (chanson)*

1. Formation du conditionnel présent

Le radical du conditionnel est le même que celui du futur et ses terminaisons sont celles de l'imparfait : *ais, ais, ait, ions, iez, aient*.

Infinitif du verbe	Radical du futur	Terminaisons de l'imparfait	Conditionnel présent
être	ser	ais	je serais
avoir	aur	ais	tu aurais
aller	ir	ait	il/elle irait
faire	fer	ions	nous ferions
pouvoir	pourr	iez	vous pourriez
venir	viendr	aient	ils/elles viendraient

*Vous **feriez** mieux de faire attention, vous **pourriez** glisser.*

2. Les emplois du conditionnel présent

■ **Le conditionnel présent exprime une demande, un souhait ou un désir au moment présent**

▶ Le conditionnel est une marque de politesse ; il exprime une demande polie, particulièrement avec des verbes comme *être, avoir, pouvoir, savoir, vouloir…*
Pourriez-vous me renseigner ? Auriez-vous l'heure ?
*Je **voudrais** un renseignement. Seriez-vous assez aimable pour m'aider ?*

⚠ Le présent est souvent possible : ***Pouvez**-vous me renseigner ?* Mais il est parfois considéré comme trop direct : *Je **veux** un renseignement.* (sorte d'ordre)

▶ Il peut aussi exprimer le désir ou le souhait avec des verbes comme *aimer, désirer, préférer, vouloir…* Selon le contexte, il peut s'agir d'un simple souhait (désir) ou d'une demande polie.
*Bonjour, je **voudrais** un café.* (demande polie)
*Je ne **voudrais** pas être en retard.* (souhait)
*J'**aimerais** bien aller au cinéma, tu **voudrais** venir avec moi ? – Je **préférerais** aller au concert.*

⚠ Avec des verbes comme *aimer, vouloir*, l'adverbe *bien* ne signifie pas *beaucoup* mais renforce le côté poli de la demande. (➡ Remarque sur bien, p. 68)
*J'**aimerais beaucoup** aller au cinéma avec toi.* (j'ai très envie)
*J'**aimerais bien** aller au cinéma avec toi.* (si possible)

▶ Avec d'autres verbes que les verbes de désir suivis de l'adverbe *bien*, le conditionnel exprime un souhait plus ou moins réalisable selon le contexte.
*Je **boirais bien** un café.* (réalisable chez soi ou dans un café)
*Elle est folle de cet acteur célèbre, elle **sortirait bien** avec lui.* (difficilement réalisable)
*J'**habiterais bien** dans ce château.* (irréalisable pour le touriste de passage à Buckingham Palace)

■ **Le conditionnel exprime aussi le conseil, le reproche, la suggestion**
Il exprime :
• le conseil avec des verbes comme *devoir* et *falloir*
*Tu vas être en retard, tu **devrais** te dépêcher.*
*Vous avez l'air très fatigué, il **faudrait** que vous preniez un peu de repos.*
• le reproche avec des verbes comme *pouvoir* et *devoir*
*Tu **pourrais** me parler sur un autre ton !*
*Ce devoir est plein de fautes, vous **devriez** faire plus attention.*
• la suggestion avec des verbes comme *aimer, dire, plaire, pouvoir, vouloir*, etc.
*Ça te **dirait** d'aller au concert ? Ça te **plairait** d'y aller avec moi ? On **pourrait** réserver pour demain.*

■ **Le conditionnel présent peut aussi exprimer la possibilité, la probabilité, le doute**
▶ Il peut exprimer :
• un fait probable
*Il **y aurait** une grève des transports à Marseille. Aucun train ne **fonctionnerait**.*

• mais aussi un fait possible, réalisable dans le futur
*Cet été, on **pourrait** aller en Italie.*

▶ Avec certains verbes comme *pouvoir, sembler, paraître*, le conditionnel insiste sur la possibilité (le doute est plus grand).
*La grève **pourrait** durer une semaine. Il **semblerait** que la direction refuse de négocier.*

▶ Dans les phrases interrogatives, le conditionnel exprime la surprise devant un fait probable, possible ou douteux.
*Il y **aurait** encore une grève demain ?* (possible ou probable)
*Toi ? Tu **saurais** réparer un ordinateur ?* (douteux)

▶ Dans les propositions relatives, le conditionnel présent peut remplacer le subjonctif présent (➡ p. 180) qui exprime le doute.
*Tu ne connais personne qui **irait** (aille) demain à Marseille en voiture et qui **pourrait** (puisse) m'emmener ?*

■ **Le conditionnel présent peut exprimer l'hypothétique, l'imaginaire ou l'irréel**

▶ Le conditionnel est utilisé dans le cas de projets plus ou moins réalisables (imagination ou projets hypothétiques).
*Ce **serait** drôle de faire un musée de la grammaire. On y **mettrait** les portraits des grands grammairiens, il y **aurait** la salle des exceptions... – Tu crois qu'on **aurait** beaucoup de visiteurs ?*

▶ Il est aussi utilisé pour mettre en scène des situations imaginaires irréelles.
*Venez, on va jouer. On **serait** au Moyen Âge. Nicolas, tu **serais** un chevalier. Josée, tu **serais** une fée. On **habiterait** dans un château et il y **aurait** une méchante sorcière.*

✔ Pour l'emploi du conditionnel présent dans les phrases complexes (*si* + imparfait, conditionnel ; *au cas où, dans l'hypothèse où* + conditionnel, etc.), ➡ La condition p. 212, 215.
*Au cas où tu **passerais** par Amiens, visite la cathédrale.*

■ **Le conditionnel exprime aussi le futur dans le passé**

▶ Le conditionnel présent est utilisé pour indiquer le futur dans le passé.
*Il avait rendez-vous avec elle à six heures. Il l'a longtemps attendue. À neuf heures, il a compris qu'elle ne **viendrait** plus.*

▶ Au style indirect, le conditionnel présent remplace le futur simple lorsque le discours rapporté est au passé (➡ Le style indirect, p. 183).
*Damien m'a demandé l'heure de fermeture de la bibliothèque. Je lui ai répondu que la bibliothèque **fermerait** à huit heures (« la bibliothèque **fermera** à huit heures »).*

LE CONDITIONNEL PASSÉ

*Je ne l'**aurais** jamais **cru** !*

1. Formation du conditionnel passé

Le conditionnel passé se forme avec l'auxiliaire *être* ou *avoir* au conditionnel présent + participe passé.

*Guillaume **aurait pu** devenir un grand acteur.*
*Hier, au lieu de rester seul à l'hôtel, je **serais** bien **sorti**. – Où **serais**-tu **allé** ? Tu ne connais personne dans cette ville.*

> Il existe un autre conditionnel passé appelé le **conditionnel passé deuxième forme** qui se conjugue comme le subjonctif plus-que-parfait (► p. 150). Il est rare en français, c'est une forme littéraire utilisée presque uniquement à l'écrit. Il ne se rencontre en français oral que dans quelques rares expressions : *Qui l'**eût cru** ? (Qui l'aurait cru ?)*

2. Les emplois du conditionnel passé

■ **Le conditionnel passé exprime une demande, un regret**

▶ Lorsque le conditionnel passé exprime une demande polie, il est peu différent d'un conditionnel présent.

*J'**aurais voulu** un renseignement (je voudrais un renseignement).*

▶ Le conditionnel passé exprime aussi un souhait ou un désir dans le passé, un regret.
*Elle **aurait aimé** devenir musicienne. Ça lui **aurait plu** d'être guitariste.*
*Je vous ai servi une bière. Vous **auriez** peut-être **préféré** du vin ?*

■ **Il peut exprimer un conseil, une suggestion ou un reproche**

Comme le conditionnel présent, le conditionnel passé exprime un conseil (avec *devoir* et *falloir*), une suggestion, un reproche (avec *pouvoir* et *devoir*), une suggestion mais dans le passé.

*Tu es fatigué, il **aurait fallu** que tu te reposes. (conseil)*
*On **aurait pu** regarder le film. (suggestion)*
*Tu **aurais pu** penser à acheter du pain. (reproche)*

■ **Le conditionnel passé exprime aussi une possibilité, un doute dans le passé**

▶ Le fait a pu se réaliser, mais le doute subsiste.
*Cette espèce animale **aurait disparu** depuis longtemps.*

▶ Dans les phrases interrogatives, le conditionnel passé exprime la surprise devant un événement possible du passé.
*Pierre **aurait gagné** des millions au Loto ?*

> Parfois, l'emploi du conditionnel passé est une marque d'indignation ; on refuse de croire l'information.
> *Comment ! Il **aurait gagné** au Loto et il me l'**aurait caché** !*

✔ Dans les propositions relatives, le conditionnel passé peut remplacer le subjonctif passé (➡ p. 180) qui exprime le doute.
*Il y a quelqu'un ici qui **aurait vu** (ait vu) mes lunettes ?*

■ **Le conditionnel passé et l'hypothétique dans le passé**
Il exprime l'hypothétique dans le passé, dans le cas de projets qui n'ont pas été réalisés.
*On **aurait pu** aller en Bretagne, on **aurait mangé** des crêpes et on **aurait visité** Rennes.*

✔ Pour l'emploi du conditionnel passé dans les phrases complexes (*si* + plus-que-parfait, conditionnel passé ; *au cas où, dans l'hypothèse où* + conditionnel passé, etc.),
➡ La condition p. 212, 215.
*Au cas où tu **aurais fini** ton travail à temps, on pourrait sortir ce soir.*

■ **Le conditionnel passé peut exprimer un futur dans le passé**
Il est utilisé pour exprimer un futur antérieur dans le passé. Il indique une action antérieure au futur dans le passé (indiquée par le conditionnel présent).
*Le journaliste était très fatigué, mais il ne se reposerait que lorsqu'il **aurait terminé** son article.*
(Le journaliste doit d'abord terminer son article, il se reposera ensuite.)

✔ Au style indirect, le conditionnel passé remplace le futur antérieur lorsque le discours rapporté est au passé (➡ Le style indirect, p. 183).
*Il m'a téléphoné qu'il **serait** bientôt **arrivé.***

Le mode subjonctif

LE SUBJONCTIF PRÉSENT

*Tous les parents souhaitent que leurs enfants **soient** heureux.*

1. Formation du subjonctif présent

▶ **Les terminaisons du subjonctif sont : *e*, *es*, *e*, *ions*, *iez*, *ent***
Les première et deuxième personnes du pluriel du subjonctif présent sont identiques à celles de l'imparfait de l'indicatif : *nous mangions, vous buviez*, et la troisième personne du pluriel du présent du subjonctif est identique à celle de la troisième personne du pluriel de l'indicatif : *ils apprennent, elles lisent*. Pour former le singulier du subjonctif, il faut prendre le radical de la troisième personne du pluriel du présent (*apprenn-, lis-*) et ajouter les terminaisons *e*, *es*, *e*.

		Parler	Prendre	Devoir	Partir	Venir	
		que je parle	prenne	doive	parte	vienne	à partir de
		que tu parles	prennes	doives	partes	viennes	ils/elles
		qu'il/elle parle	prenne	doive	parte	vienne	présent
comme		que nous parlions	prenions	devions	partions	venions	
l'imparfait		que vous parliez	preniez	deviez	partiez	veniez	
		qu'ils/elles parlent	prennent	doivent	partent	viennent	

*Il faut que je **parte** avant que ta mère **revienne**.*

⚠ Le radical peut avoir une seule forme (***parle** / **parl**ions, **manges** / **mang**iez*) ou deux formes (***boive** / **buv**ions, **viennes** / **ven**iez*).

▸ Il y a quelques verbes irréguliers. Les terminaisons sont toujours les mêmes (sauf *être* et *avoir*), mais le radical change totalement ou en partie (les formes *nous* et *vous* se construisent sur l'imparfait avec *aller, valoir, vouloir*).

Être	Avoir	Aller	Faire	Pouvoir	Savoir	Valoir	Vouloir
que je sois	aie	aille	fasse	puisse	sache	vaille	veuille
que tu sois	aies	ailles	fasses	puisses	saches	vailles	veuilles
qu'il/elle soit	ait	aille	fasse	puisse	sache	vaille	veuille
que nous soyons	ayons	allions	fassions	puissions	sachions	valions	voulions
que vous soyez	ayez	alliez	fassiez	puissiez	sachiez	valiez	vouliez
qu'ils/elles soient	aient	aillent	fassent	puissent	sachent	vaillent	veuillent

⚠ La terminaison de la troisième personne du singulier du verbe *avoir* est ***t*** et non *e*. *J'aimerais qu'il y **ait** plus de vacances.*

Le subjonctif de *il faut* est *qu'il **faille*** et celui de *il pleut* est *qu'il **pleuve***.

2. Les emplois du subjonctif présent

■ *Que* + subjonctif présent

Le subjonctif se trouve dans des propositions subordonnées introduites par *que*, après des verbes qui expriment quelque chose de subjectif.

▸ **Les verbes de volonté (ordre, obligation), de souhait, de sentiments** (la joie, l'étonnement, le regret, la crainte, etc.)
*Viviane aimerait que tu **ailles** la voir mais il ne faut pas que tu te **sentes** obligé.*
*Je regrette que ce **soit** la fin des vacances.*

Verbes de sentiments et de souhait les plus fréquents : *adorer que, aimer que, apprécier que, avoir envie* (*honte, peur...*) *que, craindre que, désirer que, détester que, être triste* (*content, désolé, étonné, heureux, joyeux, honteux, surpris...*) *que, redouter que, regretter que, se réjouir que, souhaiter que,* etc.

⚠ L'infinitif remplace généralement le subjonctif lorsque les verbes ont le même sujet (➥ Les complétives, p. 175 – L'infinitif, p. 152) : *Je suis triste de **partir**. Je suis désolé de vous **quitter**.*

▸ **Les verbes d'opinion, de jugement moral, de doute**
*Il est possible qu'il n'y **ait** déjà plus de place pour le concert.*
*Je doute que Rebecca **dise** la vérité.*

▶ **Verbes +** *à ce que*

Le subjonctif se trouve normalement après les verbes qui se construisent avec *à ce que* (*s'attendre, s'opposer, tenir...*).

Je n'étais pas d'accord avec cette décision, je tiens à ce que vous le **sachiez.**

Sabine s'attend à ce que sa banque lui **refuse** *un prêt.*

Principaux verbes qui se construisent avec *à ce que* **+ subjonctif :** *s'appliquer à ce que, s'attendre à ce que, consentir à ce que, conspirer à ce que, s'engager à ce que, s'évertuer à ce que, s'habituer à ce que, renoncer à ce que, se résigner à ce que, tenir à ce que, travailler à ce que, veiller à ce que...*

⚠ Toutes les constructions avec *à ce que* ne demandent pas le subjonctif.

– S'il s'agit de quelque chose de réel, il faut l'indicatif (particulièrement si le verbe après *à ce que* est au passé) :

Elle a reçu beaucoup de cadeaux de ses enfants, elle tient beaucoup à ce que ses enfants lui **ont offert** *(mais : elle tient à ce que ses enfants lui* **fassent** *des cadeaux).*

Je ne m'oppose pas à ce que vous **avez dit.**

– Certaines constructions comme *faire attention à ce que* admettent l'indicatif (fait réel) et le subjonctif (volonté, but) :

Il ne fait jamais attention à ce que je lui **dis.** *Il fait attention à ce que tout* **soit** *en ordre.*

– Lorsque la construction avec *à ce que* est accidentelle (*croire à ce que, penser à ce que*, etc.), il faut l'indicatif :

*Je ne crois pas à ce que m'***a prédit** *mon horoscope. Tu as pensé à ce que je t'***ai dit** *?*

✔ Pour la différence, dans les propositions subordonnées introduites par *que*, entre subjonctif et indicatif, ➟ La proposition complétive, p. 171.

■ **Subjonctif présent dans les autres subordonnées**

▶ Le subjonctif présent peut se trouver dans une proposition relative, il indique alors le doute ou une opinion subjective (➟ p. 179).

Y a-t-il quelqu'un dans la classe qui **puisse** *donner la bonne solution ?*

Je crois que votre proposition est la seule qui **soit** *réaliste.*

▶ Le subjonctif présent se trouve généralement dans des subordonnées de but (*pour que, afin que...* ➟ Le but, p. 194) et de concession (*bien que, quoique...* ➟ La concession, p. 201).

*Julie a donné une couverture à son fils pour qu'il n'***ait** *pas froid.* (but)

Bien que ce livre **soit** *ennuyeux, Edgar l'a lu jusqu'au bout.* (concession)

▶ Il peut aussi se trouver dans des subordonnées de temps (*avant que, jusqu'à ce que...* ➟ Le temps, p. 187) et de condition (*à condition que, à moins que...* ➟ La condition, p. 214).

Dépêche-toi de rentrer avant qu'il **fasse** *noir.* (temps)

*Nous partirons demain à moins que nous n'***ayons** *un problème de dernière minute.* (condition)

▷ Il peut se trouver (mais plus rarement) dans des subordonnées de cause (*ce n'est pas que, non que...* ➥ La cause, p. 192) et de conséquence (*pas si ... que* ➥ La conséquence, p. 199).

*Aurélie ne réussit pas à l'école. Ce n'est pas qu'elle **soit** stupide, c'est qu'elle est paresseuse.* (cause)

*Cet acteur n'est pas si célèbre que tout le monde le **reconnaisse** dans la rue.* (conséquence)

Principales conjonctions de subordination + subjonctif :
– but : *afin que, de crainte que, de peur que, pour que...*
– cause : *ce n'est pas que, non que, soit que...*
– concession : *bien que, encore que, quoique...*
– condition : *à condition que, à moins que, pourvu que, pour peu que...*
– temps : *avant que, en attendant que, jusqu'à ce que...*

■ **Le subjonctif présent peut exprimer l'impératif présent**

▷ Le subjonctif présent est utilisé pour exprimer l'impératif présent aux troisièmes personnes. Il est généralement précédé de *que*.

*Un étudiant voudrait vous parler. – Qu'il **vienne** demain dans mon bureau.*

« *Qu'ils me **haïssent**, pourvu qu'ils me craignent.* » (Caligula)

⚠ Il ne faut pas confondre la phrase exclamative (*que* + indicatif, ➥ p. 17) et la phrase impérative (*que* + subjonctif). Lorsque l'indicatif et le subjonctif ont la même forme, le contexte (et l'intonation à l'oral) permet de différencier ces deux types de phrase :

*Qu'il **chante** bien !* (indicatif : Comme il chante bien !) / *Qu'il **chante** bien !* (subjonctif : Il faut qu'il chante bien.)

Le subjonctif peut exprimer l'impératif aux autres personnes avec le verbe *pouvoir* (inusité à l'impératif) : ***Puissiez**-vous dire vrai !*

▷ *Que* disparaît dans des expressions figées :

***Vive** le roi ! **Vive** la reine ! **Vive** la nation ! Dieu **soit** loué !*

***Fasse** le ciel que tout se passe bien.*

▷ Au style indirect, le subjonctif présent peut remplacer l'impératif présent du style direct (➥ Le style indirect, p. 182).

« *Tais-toi !* » *a demandé la mère à son enfant* → *La mère a demandé à son enfant de se **taire** / qu'il se **taise**.*

LE SUBJONCTIF PASSÉ

*Il est regrettable qu'Ève **ait mangé** la pomme.*

1. Formation du subjonctif passé

Le subjonctif passé se forme avec l'auxiliaire *avoir* ou *être* au subjonctif présent + participe passé.

*Je suis surpris que tu **aies oublié** notre rendez-vous.*
*C'est dommage que tu ne **sois** pas **venu** à la fête hier.*

2. Les emplois du subjonctif passé

■ **L'antériorité dans les subordonnées introduites par** *que*

▶ Comme le subjonctif présent, le subjonctif passé se trouve dans des propositions subordonnées introduites par *que* après des verbes de volonté, de souhait, de sentiment, de jugement moral, de doute, etc. Il indique l'antériorité.

*Je suis désolé que tu **aies perdu** ton passeport.*
*Karine se réjouit que Frank lui **ait écrit**.*

✔ Lorsque les deux sujets sont les mêmes, l'infinitif passé (avec ou sans *de*) remplace généralement le subjonctif passé : *Je regrette d'**avoir fait** cela.*

▶ En français moderne, le subjonctif passé indique **l'antériorité par rapport au temps du verbe de la principale.**

Si l'action de la subordonnée a lieu **après** (postériorité) ou **au même moment** (simultanéité) que l'action de la principale, il faut le **subjonctif présent.**	
Je suis content (aujourd'hui)	*qu'il se marie.* (aujourd'hui)
Je suis content (aujourd'hui)	*qu'il se marie.* (demain)
J'étais content (hier)	*qu'il se marie.* (hier ou aujourd'hui)
Je serai content (demain)	*qu'il se marie.* (demain ou après-demain)
Si l'action de la subordonnée a lieu **avant** l'action principale (antériorité), il faut le **subjonctif passé.**	
Je suis content (aujourd'hui)	*qu'il se soit marié.* (hier)
J'étais content (hier)	*qu'il se soit marié.* (avant-hier)
Je serai content (demain)	*qu'il se soit marié.* (aujourd'hui)

■ **Le passé dans les autres subordonnées**

▶ Dans les propositions relatives, le subjonctif passé exprime une idée de doute, une opinion subjective, au passé par rapport au moment présent (indépendamment du temps de la principale, de la simultanéité ou de la postériorité par rapport au verbe de la proposition principale).

Je n'ai pas rencontré (hier) *dans cette réunion une seule personne qui m'**ait parlé** franchement* (hier) : simultanéité entre les deux actions mais antériorité par rapport au moment présent.

▷ De même, dans les subordonnées circonstancielles (temps, concession, condition, etc.), le subjonctif passé exprime aussi un passé indépendamment du temps de la principale.
*Bien que Xavier **ait été** malade* (la semaine dernière), *il a continué à travailler* (la semaine dernière).

■ **Une forme impérative**

▷ Le subjonctif passé peut exprimer l'impératif dans le passé (aux troisièmes personnes). Il exprime une demande qui doit être réalisée avant un temps précisé dans le futur. Il est alors accompagné d'un complément de temps.
*Que tes amis **soient partis** avant minuit.*

▷ Au style indirect, le subjonctif passé peut remplacer l'impératif passé.
« Aie fini ce devoir avant mon retour. » → *Le père ordonne à sa fille qu'elle **ait fini** ce devoir avant son retour.*

LE SUBJONCTIF IMPARFAIT
Que vouliez-vous qu'il fît ?

1. Formation du subjonctif imparfait

Le subjonctif imparfait se forme à partir de la deuxième personne singulier du passé simple de l'indicatif auquel on enlève le *s* final et ajoute les terminaisons *sse, sses, ^t, ssions, ssiez, ssent.*

*« Le chapelier lui faisait son offre d'un air trop honnête pour qu'elle se **méfiât** de quelque traîtrise. »* (Zola, *L'Assommoir*)

*« Il craignit que le cocher n'**eût** des doutes. »* (Maupassant, *Bel-Ami*)

⚠ À la troisième personne du singulier, le passé simple et le subjonctif imparfait ont des formes très semblables. La seule différence est l'accent circonflexe sur la voyelle au subjonctif imparfait : *il **dut*** (passé simple) / *qu'il **dût*** (subjonctif imparfait).
*Il était tard, il **dut** partir. J'étais triste qu'il **dût** partir.*

Être	Avoir	Aller	Faire	Partir	Devoir	Venir
Passé simple						
tu fus	tu eus	tu allas	tu fis	tu partis	tu dus	tu vins
Subjonctif imparfait						
que je fusse	eusse	allasse	fisse	partisse	dusse	vinsse
que tu fusses	eusses	allasses	fisses	partisses	dusses	vinsses
qu'il/elle fût	eût	allât	fît	partît	dût	vînt
que nous fussions	eussions	allassions	fissions	partissions	dussions	vinssions
que vous fussiez	eussiez	allassiez	fissiez	partissiez	dussiez	vinssiez
qu'ils/elles fussent	eussent	allassent	fissent	partissent	dussent	vinssent

2. Les emplois du subjonctif imparfait

Ce temps est réservé à l'usage soutenu. La langue littéraire l'utilise à des fins stylistiques, particulièrement aux troisièmes personnes.

« *Maintenant, tous les soirs, quand il l'avait ramenée chez elle, il fallait qu'il **entrât**...* » (Proust, *Un amour de Swann*)

« *Sa tante la guettait sur le seuil et, comme toutes les sourdes, parlait sans arrêt pour que Thérèse ne lui **parlât** pas.* » (Mauriac, *Thérèse Desqueyroux*)

■ La simultanéité dans le passé

▶ Dans une subordonnée introduite par *que*, lorsque le verbe de la proposition principale est à un temps du passé, le subjonctif imparfait exprime la simultanéité (ou la postériorité) dans le passé. En français standard, on utilise dans ce cas le subjonctif présent.

*Il fallait qu'il **entre*** (langage standard). *Il fallait qu'il **entrât*** (langage soutenu ou littéraire).

*Que vouliez-vous qu'il **fasse** ?* (standard). *Que vouliez-vous qu'il **fît** ?* (littéraire).

> Lorsque le verbe de la phrase principale est au mode conditionnel, le subjonctif imparfait apporte une nuance par rapport au subjonctif présent.
> *J'aimerais qu'elle **soit** là.* (elle n'est pas là, mais il existe une possibilité qu'elle vienne)
> *J'aimerais qu'elle **fût** là.* (il est impossible qu'elle vienne)

▶ Au style indirect, lorsque le discours est rapporté au passé, le subjonctif imparfait remplace, dans un registre soutenu, le subjonctif présent. (➥ Le style indirect, p. 183)

« *Je veux que chaque laboureur de mon royaume **puisse** mettre la poule au pot le dimanche.* » (Henri IV)

*Henri IV déclara qu'il voulait que chaque laboureur de son royaume **pût** mettre la poule au pot le dimanche.*

■ Le passé dans les autres subordonnées

▶ Le subjonctif imparfait est aussi possible dans les subordonnées circonstancielles (particulièrement de concession). Il exprime aussi un passé indépendamment du temps de la principale.

*Il avait cinquante ans bien qu'il **parût** plus jeune.*

> Il ne s'agit pas ici d'une simultanéité dans le passé, car il est impossible de transformer le subjonctif imparfait en subjonctif présent (*bien qu'il paraisse*).

▶ Le subjonctif imparfait (avec inversion du sujet) remplace le conditionnel présent ou la construction (*même*) *si* + imparfait dans des subordonnées de condition (➥ La condition) ou de concession (➥ La concession).

Eussiez-vous un peu de sensibilité, vous pourriez apprécier cette poésie. (Auriez-vous un peu de sensibilité / Si vous aviez un peu de sensibilité)

Fût-il l'homme le plus riche du monde, il ne pourrait acheter l'amour de Marilyn. (Serait-il l'homme le plus riche du monde / Même s'il était l'homme le plus riche du monde)

Lorsque le subjonctif imparfait est à la première personne du singulier, le *e* final se transforme en *é* (forme très littéraire : *dussé-je, eussé-je, fussé-je, pussé-je,* etc.

■ Une forme impérative

▶ Le subjonctif imparfait peut être utilisé (toujours dans un registre soutenu) pour exprimer l'impératif aux troisièmes personnes. Il est généralement précédé de *que* et ne s'utilise que dans un discours au passé.
« *Que vouliez-vous qu'il **fît** contre trois ?*
*Qu'il **mourût** !*
*Ou qu'un beau désespoir alors le **secourût**.* » (Corneille, *Horace*)

▶ Au style indirect, lorsque le discours est rapporté au passé, le subjonctif imparfait remplace, dans un registre soutenu, l'impératif présent du style direct. (➡ Le style indirect, p. 183)
« *Prends un siège, Cinna.* » (Corneille, *Horace*) → *L'empereur Auguste demanda à Cinna qu'il **prît** un siège.*

LE SUBJONCTIF PLUS-QUE-PARFAIT
*L'**eusses**-tu cru ?*

1. Formation du subjonctif plus-que-parfait
Le subjonctif plus-que-parfait se forme avec l'auxiliaire *être* ou *avoir* au subjonctif imparfait + participe passé.
*Le jeune écrivain était très heureux qu'un éditeur **eût accepté** son manuscrit.*
*Édouard craignait que ses parents ne **fussent venus** pendant son absence.*

2. Les emplois du subjonctif plus-que-parfait
Comme le subjonctif imparfait, c'est un temps qui est réservé à l'usage soutenu (langue littéraire).
« *À quarante ans, et bien qu'il **fût resté** sec comme un sarment de vigne, les muscles ne se réchauffent pas aussi vite.* » (Camus, *L'Exil et le Royaume*)
« *Serait-il possible que Manon m'**eût trahi** et qu'elle **eût cessé** de m'aimer ?* » (Abbé Prévost, *Manon Lescaut*)

■ L'antériorité dans le passé
▶ Dans une proposition introduite par *que*, lorsque le verbe de la principale est à un temps du passé, le subjonctif plus-que-parfait exprime l'antériorité. En français standard, on utilise dans ce cas le subjonctif passé.

Je ne pensais pas (verbe de la principale au passé) *qu'il l'**eût fait*** (antériorité par rapport au verbe de la principale).
Je ne pensais pas qu'il l'ait fait (français standard).

Récapitulatif de la concordance des temps (phrases avec *que* + subjonctif)

Je suis content (aujourd'hui) *qu'il se marie* (aujourd'hui ou demain).	← subjonctif présent
J'étais content (hier) *qu'il se marie* (hier ou aujourd'hui). *qu'il se mariât*	← subjonctif présent ou subjonctif imparfait (forme littéraire)
Je suis content (aujourd'hui) *qu'il se soit marié* (hier).	← subjonctif passé
J'étais content (hier) *qu'il se soit marié* (avant-hier). *qu'il se fût marié*	← subjonctif passé ou subjonctif plus-que-parfait (forme littéraire)

▶ Au style indirect, lorsque le discours est rapporté au passé, le subjonctif plus-que-parfait remplace, dans un registre soutenu, le subjonctif passé.
Je veux que vous ayez pris la ville avant la nuit. → *Le général a annoncé aux soldats qu'il voulait qu'ils **eussent pris** la ville avant la nuit.*

■ Le conditionnel passé deuxième forme

▶ En français littéraire, le plus-que-parfait peut parfois remplacer le conditionnel passé. Il est alors appelé le conditionnel passé deuxième forme.
« *Il **eût voulu*** (aurait voulu) *réfléchir, mais les idées tourbillonnaient confusément dans sa tête.* » (André Gide, *Les Faux-Monnayeurs*)
« *L'Erèbe les **eût pris*** (auraient pris) *pour ses coursiers funèbres,*
S'ils pouvaient au servage incliner leur fierté. » (Baudelaire, *Les Fleurs du mal*)

▶ Cette forme (avec inversion du sujet) remplace le conditionnel passé ou la construction (*même*) *si* + plus-que-parfait dans des subordonnées de condition ou de concession.
***Fût*-elle venue** *plus tôt, elle aurait pu faire la connaissance de ton frère.* (*Serait-elle venue plus tôt / Si elle était venue plus tôt*)

> Le conditionnel passé deuxième forme peut, en français classique, remplacer tous les conditionnels passés de la phrase.
> « *N'**eût**-il que d'un moment reculé sa défaite,*
> *Rome **eût été** du moins un peu plus tard sujette,*
> *Il **eût** avec honneur **laissé** mes cheveux gris*
> *Et c'était de sa vie un assez juste prix.* » (Corneille, *Horace*)

Le mode infinitif

L'INFINITIF PRÉSENT

Faire et *défaire*, *c'est toujours* ***travailler.*** (proverbe)

1. Les fonctions de l'infinitif présent

L'infinitif présent peut être sujet ou complément (de verbe, de nom ou d'adjectif)

■ Sujet

L'infinitif présent peut être sujet, attribut du sujet ou précédé de *voici, voilà*.
Voici ***venir*** *le temps des vacances. Pour moi, les vacances, c'est* ***voyager.***
Rester *chez moi pendant les vacances n'est pas dans mes habitudes.*

■ Complément de verbe

▶ L'infinitif présent peut être complément d'un verbe conjugué, particulièrement avec des verbes de mouvements comme *aller, venir,* des verbes de sentiments comme *aimer, désirer,* des verbes comme *devoir, pouvoir, savoir, vouloir,* etc. Avec ces verbes, il n'y a pas de préposition entre le verbe et l'infinitif.

Types de verbes qui ne demandent pas de préposition devant l'infinitif
– Verbes de mouvement *: aller, courir, partir, sortir, venir… : Je sors* ***chercher*** *du pain.*
– Verbes de perception *: apercevoir, écouter, entendre, regarder, sentir, voir… :*
Luc regarde ***passer*** *les filles.*
– Verbes de sentiment, de désir : *adorer, aimer, apprécier, désirer, détester, souhaiter, vouloir : Il veut* ***partir.***
– Verbes d'opinion, de déclaration : *affirmer, croire, dire, penser, prétendre… :*
Jean prétend ***parler*** *anglais.*
– Verbes d'apparence : *s'imaginer, paraître, sembler… : Il s'imagine* ***être*** *séduisant.*

⚠ *Aller* + infinitif peut aussi exprimer le futur proche (➡ p. 124). *Paul* ***va dîner*** peut signifier deux choses : *il se prépare à dîner,* futur proche ; autre possibilité : *il sort pour dîner,* verbe de mouvement *aller* + infinitif. Avec le verbe *venir,* la confusion n'est pas possible en raison de la préposition *de : Cora* ***vient de dîner*** (passé récent, ➡ p. 110), *Cora* ***vient dîner*** (elle est invitée).

▶ Il peut aussi être complément d'un verbe à l'infinitif.
J'espère ***pouvoir sortir*** *de bonne heure.*

▶ Avec des verbes conjugués comme *apercevoir, écouter, entendre, envoyer, regarder, voir, sentir…,* le sujet de l'infinitif présent peut se placer avant ou après l'infinitif si ce dernier n'a pas de complément d'objet, et il doit se placer avant si l'infinitif a un complément d'objet.
Max écoute ***Hector*** *chanter. / Max écoute chanter* ***Hector.***
Max écoute ***Hector*** *chanter une chanson.*

III - Le système verbal

⚠ Lorsque le sujet de l'infinitif est un pronom, il se place devant le verbe conjugué : *Max l'écoute chanter.* Lorsque le complément de l'infinitif est un pronom, il se place devant l'infinitif : *Je vois Hector parler à Marion.* → *Je vois Hector lui parler.*

▶ L'infinitif présent peut être complément de verbes qui demandent une préposition (*de* ou *à*) : *cesser de, commencer à, essayer de, finir de, se réjouir de, rêver de, tenir à,* etc. *Je tiens à partager les frais. N'essayez pas de m'en empêcher.*

■ **Complément de nom ou d'adjectif**

▶ L'infinitif présent peut être complément de nom ou d'adjectif. Cette construction est fréquente dans des constructions verbales avec *de* : *avoir besoin / envie / peur de, être content / heureux / fier / triste de,* etc.
Gilles est heureux d'être en vacances, il a envie de partir en Italie.
Il veut réaliser son rêve de connaître Venise.

⚠ L'infinitif peut être complément des adverbes *bien* (*mieux*) et *mal* : *C'est mal de mentir.*

▶ L'infinitif présent est aussi possible comme complément de nom dans des mots composés : *fer à repasser, lampe à souder, machine à coudre / à écrire / à laver,* etc.
Sa nouvelle machine à laver est très performante.

■ **Complément de préposition**

▶ L'infinitif présent peut être complément de prépositions comme *sans, à force de, au lieu de,* etc.
Il est parti sans dire au revoir.

▶ L'infinitif remplace le subjonctif dans les subordonnées de but (*pour, afin de, de sorte de,* etc.) lorsque les deux verbes ont le même sujet (➥ Le but, p. 194).
Rachel est venue en France pour étudier le français.

▶ Il peut remplacer le subjonctif ou l'indicatif (mais ce n'est pas obligatoire) dans les subordonnées de temps (*avant de*), de condition (*à condition de*), de cause (*sous prétexte de*), de conséquence, de concession lorsque les deux verbes ont le même sujet.
Avant de partir (avant que tu partes), tu dois encore ranger ta chambre.

2. Les emplois de l'infinitif présent
La phrase ne peut avoir qu'un (que des) verbe(s) à l'impératif présent.

■ **Le souhait, l'étonnement, la désapprobation, l'indécision**

▶ Dans des phrases exclamatives, l'infinitif présent exprime le souhait, la désapprobation, la surprise.
Ah, partir au loin et ne plus jamais revenir ! (souhait)
Me faire ça à moi ! (désapprobation)
Lui, divorcer et abandonner ses enfants ! (étonnement)

▶ Dans les phrases interrogatives, il exprime l'indécision, l'incertitude.
Que faire ? Qui croire ? À quoi bon vivre ?

■ **L'ordre, la demande**
▶ À l'écrit, l'infinitif peut remplacer l'impératif dans des consignes, des recettes, des modes d'emploi ou des interdictions.
Lire le texte et répondre aux questions.
Attendre cinq minutes. Ajouter les légumes. Verser la sauce.
Descendre par l'arrière du bus.
⚠ La négation n'a pas la même place à l'infinitif et à l'impératif : ***Ne pas fumer.***
(infinitif) ***Ne fumez pas !*** (impératif)

▶ Au style indirect, l'infinitif peut remplacer l'impératif présent, il est précédé de la préposition *de*. (↳ Le style indirect, p. 182)
Écrivez un article sur ce sujet. → L'éditeur m'a dit d'écrire un article sur ce sujet.
⚠ Sans cette préposition, la phrase a un autre sens :
Il m'a dit écrire un article sur ce sujet. (Il m'a dit qu'il écrivait un article sur ce sujet.)

■ **L'infinitif de narration**
Dans un récit, l'infinitif peut être le seul verbe de la phrase. Cet infinitif, appelé l'infinitif de narration, est alors précédé de la préposition *de*. Il remplace un temps du passé (généralement le passé simple).
Madame de Chevreuse entra dans la pièce et tous de faire silence (et tous firent silence).
« Grenouilles aussitôt de sauter dans les ondes. » (La Fontaine, *Fables*)

L'INFINITIF PASSÉ
On ne peut pas être et avoir été.

1. Formation de l'infinitif passé
L'infinitif passé se forme avec l'auxiliaire *être* ou *avoir* à l'infinitif + participe passé.
Jean Valjean a été condamné pour avoir volé un pain en 1796.
Après s'être battus pendant longtemps, les deux pays ont fait la paix.

2. Les emplois de l'infinitif passé
■ L'infinitif passé exprime l'antériorité :
• lorsqu'il est sujet ou complément.
Avoir appris l'espagnol lui est maintenant très utile.
Elle regrette d'être venue.
Merci d'avoir répondu si rapidement.
Alban est content d'avoir réussi son examen.

• lorsque l'infinitif passé remplace le subjonctif ou l'indicatif dans les subordonnées circonstancielles (*avant, après, pour,* etc.) si les deux verbes ont le même sujet.
*Après **s'être rasé**, il s'est habillé.*
*Il a été puni pour **avoir frappé** sa petite sœur.*

■ **L'infinitif passé exprime le regret, la surprise :**
• dans des phrases exclamatives
***Avoir fait** tant d'études pour rien !* (regret)
***Être monté** si haut et maintenant **être tombé** si bas !* (surprise, étonnement, reproche)
• dans des phrases interrogatives
*Moi, lui **avoir volé** de l'argent ?* (surprise)

■ **L'ordre, la consigne**
▶ À l'écrit, l'infinitif passé peut exprimer l'ordre, la consigne.
*Pour demain, **avoir lu** le chapitre cinq.*

▶ Au style indirect, l'infinitif passé peut remplacer l'impératif passé. Il est alors précédé de la préposition *de*.
*Sois revenu pour le dîner. → On lui a dit d'**être revenu** pour le dîner.*

Le mode participe

LE PARTICIPE PRÉSENT

*Un chasseur **sachant** chasser doit savoir chasser sans son chien.*

1. Formation du participe présent

▶ Le participe présent se forme à partir du radical de la première personne du pluriel au présent + *ant*. Parler → parl*ons* → parl*ant* ; finir → finiss*ons* → finiss*ant* ; prendre → pren*ons* → pren*ant*.
*Pour visiter le château, Bettina cherche un guide **parlant** allemand.*
***Prenant** la parole, Christian a réfuté tous les arguments de son rival.*

⚠ Le participe présent des verbes *avoir* et *être* est *ayant, étant*.
***Étant** catalan, vous devez comprendre facilement le français.*
*N'**ayant** pas d'argent, je ne peux pas vous accompagner au restaurant.*

▶ Le participe présent a très souvent la même forme que l'adjectif verbal. Mais trois verbes sont différents : *pouvoir* (participe présent : *pouvant*, adjectif verbal : *puissant*), *savoir* (*sachant*, participe et *savant*, adjectif), *valoir* (*valant*, participe et *vaillant*, adjectif).

*Ils sont riches et **puissants**, ce sont des individus **pouvant** tout se permettre.*
*À l'époque de Molière, une femme **sachant** le grec était une femme **savante**.*

⚠ Le participe présent *sachant* est irrégulier. Il est construit à partir du subjonctif et non de l'indicatif.

▶ Certains verbes ont simplement une orthographe différente, mais gardent la même prononciation.

*Laura est une **excellente** (adjectif verbal) élève. C'est une élève **excellant** (participe présent) dans toutes les matières.*

Principaux verbes ayant une orthographe différente

Adjectif verbal *-cant*	Participe présent *-quant*	Adjectif verbal *-gant*	Participe présent *-guant*
communicant	communiquant	délégant	déléguant
convaincant	convainquant	intrigant	intriguant
provocant	provoquant	fatigant	fatiguant
suffocant	suffoquant	navigant	naviguant
vacant	vaquant	zigzagant	zigzaguant
Adjectif verbal *-ent*	**Participe présent *-ant***	**Adjectif verbal *-ent***	**Participe présent *-ant***
adhérent	adhérant	coïncident	coïncidant
convergent	convergeant	différent	différant
divergent	divergeant	excellent	excellant
équivalent	équivalant	expédient	expédiant
influent	influant	négligent	négligeant
précédent	précédant	somnolent	somnolant
violent	violant		

2. Participe présent ou adjectif verbal ?

▶ Le participe présent est une forme verbale invariable, il exprime une action. L'adjectif verbal est une sorte d'adjectif qualificatif qui s'accorde en genre et en nombre et qui exprime un moment plutôt permanent.

*J'ai vu Karin **souriant** à Fabien.* (participe présent)
*Karine est une femme **ravissante, souriante, charmante**.* (adjectifs verbaux)

⚠ Tous les adjectifs dérivés d'un verbe n'ont pas une forme en *-ant* : *bavarder* → *bavard*. La formation d'un adjectif verbal est impossible, mais on peut former un participe présent. *Émilie est **bavarde** (adjectif). **Bavardant** (participe présent) avec elle, j'ai appris qu'elle allait déménager.*

▶ Le participe présent ne s'emploie normalement pas seul mais accompagné d'un complément, d'un adverbe ou d'une négation. L'adjectif verbal n'a normalement pas de complément (d'objet direct ou indirect) ni de négation (*ne ... pas*).

*Arthur est un garçon n'**aimant** pas beaucoup les études* (participe présent). *Il ne trouve pas les études **intéressantes*** (adjectif verbal).

III - Le système verbal

Cependant, le participe présent peut s'employer seul et l'adjectif verbal avoir un complément (avec préposition).
*Ils ont passé une journée fatigante : lui **bricolant**, elle **jardinant**.*
*Sabine est **étonnante** de dynamisme. Elle est toujours **partante** pour sortir.*

⚠ L'adjectif verbal et le participe présent peuvent avoir un adverbe. Il est placé avant l'adjectif verbal et après le participe présent.
*Une vieille dame toujours **charmante**. Une vieille dame **charmant** encore.*

3. Les emplois du participe présent

■ **Le participe présent derrière le nom**

▶ Lorsqu'il suit le nom, le participe présent a la fonction d'une proposition relative.
*Tous les jours, je vois Alexandra **conduisant** ses enfants à l'école (je vois Alexandra qui conduit ses enfants). Elle a un fils **entrant** en sixième (elle a un fils qui entre en sixième).*

▶ Avec les verbes de perception (*voir, regarder, entendre, écouter, sentir...*), l'infinitif peut remplacer le participe présent.
*Je vois Alexandra **conduire** ses enfants à l'école.*

■ **Le participe présent séparé de son sujet**

▶ Lorsqu'il précède son sujet, ou qu'il est séparé de son sujet par une virgule, le participe présent exprime principalement le temps ou la cause.
***Allant** à l'université (pendant qu'elle allait à l'université), Élodie a rencontré René.*
***Étant** malade (parce qu'elle était malade), Béatrice n'a pas pu assister au cours.*
*Pierre, n'**ayant** pas d'argent (parce qu'il n'avait pas d'argent), n'a pas voulu nous accompagner au restaurant.*

Il est possible de supprimer la virgule et de reprendre le sujet par un pronom.
*Pierre n'**ayant** pas d'argent, il n'a pas voulu nous accompagner au restaurant.*

⚠ Le sujet du participe présent est le nom ou le pronom le plus proche.
***Allant** à l'université, Élodie a rencontré René. (Élodie va à l'université)*
*Élodie a rencontré René et Léa **allant** à l'université. (René et Léa vont à l'université)*
*Élodie les a rencontrés **allant** à l'université. (ils vont à l'université)*

▶ Le participe présent peut aussi se trouver avec des conjonctions de concession comme *bien que* ou *quoique*, être suivi d'une proposition introduite par *que* ou une proposition infinitive. Dans tous les cas (concession, cause ou temps), le participe présent exprime la simultanéité, indépendamment du temps du verbe de la principale.
*Bien que **connaissant** très bien le sujet, Yves n'a pas réussi l'examen. (Même si Yves connaissait très bien le sujet, il n'a pas réussi.)*

156

Sachant que ses parents attendent ses résultats, il leur téléphone. (Puisqu'il sait que ses parents attendent ses résultats, il leur téléphone.)
Croyant avoir le temps, il ne s'est pas pressé. (Comme il croyait avoir le temps, il ne s'est pas pressé.)

4. Le passé du participe présent

■ Formation

▸ Il se forme avec l'auxiliaire *être* ou *avoir* au participe présent + participe passé.
Étant née à Milan et ayant passé toute son enfance en Lombardie, Nadia parle très bien italien.

⚠ Avec l'auxiliaire *être*, le participe passé s'accorde avec le sujet : *Étant arrivée en retard, elle n'a pas pu voir le début du film.*

Mais s'il s'agit d'un verbe pronominal, l'accord ne se fait que si le pronom est un complément d'objet direct (➡ p. 116).
S'étant lavée, elle est sortie de la salle de bains. / S'étant lavé les mains, elle est sortie de la salle de bains.

▸ Lorsque le participe passé se construit avec *être*, l'auxiliaire est souvent supprimé (sauf avec les verbes pronominaux).
Arrivée en retard, elle n'a pas pu voir le début du film.
S'étant dépêchée, elle est arrivée à l'heure.

▸ L'auxiliaire *être* est généralement supprimé lorsque le participe présent ou le passé du participe présent est au passif.
Ayant été aidé par ses amis / Étant aidé par ses amis, il a réussi. → *Aidé par ses amis, il a réussi.*

■ Antériorité

Le passé du participe présent exprime l'antériorité, indépendamment du temps du verbe de la principale.
Ayant pris un peu de poids pendant les vacances, elle a décidé à la rentrée de faire un régime. (D'abord elle a pris un peu de poids, ensuite elle a décidé de faire un régime.)
S'étant levée très tôt (ce matin), *elle a du mal à rester éveillée* (ce soir).

LE GÉRONDIF

Siffler en travaillant...

1. Formation du gérondif

Le gérondif a les mêmes formes que le participe présent. Il est précédé de *en*. Comme le participe présent, le gérondif est invariable.

Quand elle a aperçu le gros chien, la petite fille est partie en courant.
Henri n'aime pas regarder la télévision en dînant.

2. Les emplois du gérondif

Le gérondif peut avoir un complément de temps ou être employé seul. Le sujet du gérondif est le sujet de la phrase.

J'ai lu le journal en buvant mon café. Je suis sorti en chantant.
Élodie a rencontré René en allant à l'université. (Élodie va à l'université)

⚠ Il ne faut pas confondre le sujet du gérondif et celui du participe présent : *Élodie a rencontré René allant à l'université.* (c'est René qui va à l'université)

> Dans certaines expressions, comme des proverbes, le sujet du gérondif peut ne pas être le sujet de la phrase.
> *L'appétit vient en mangeant.* (l'appétit vient quand on mange)

■ Il sert à exprimer le temps, la cause, le moyen, la concession, etc.

▶ **Le temps**
• Le gérondif peut exprimer la simultanéité. Il indique que deux actions se passent en même temps, indépendamment du temps du verbe de la phrase.
J'attends le bus en lisant un journal.
J'ai attendu le bus en lisant un journal.
J'attendrai le bus en lisant un journal.
• Le gérondif exprime aussi le cadre, les circonstances de l'action ou l'action principale qui sert de cadre (il est ainsi possible de préciser, grâce au gérondif, quel est le cadre de l'action).
Gérald s'est endormi en conduisant. (cadre de l'action : conduire)
Elle tricote en écoutant la radio. (occupation principale : écouter la radio)
Elle écoute la radio en tricotant. (occupation principale : tricoter)
• Il est possible d'insister sur la durée avec *tout* + gérondif.
Tout en tricotant, elle réfléchissait.

▶ **La cause, la condition, la manière, le moyen**
Le gérondif peut aussi exprimer la cause, la condition, la manière et le moyen (il est parfois difficile de les distinguer nettement).
Pascal a provoqué un accident en conduisant trop vite. (cause ou manière).

En faisant un régime, tu perdrais du poids. (condition ou moyen)
Il n'était pas sérieux, il a dit ça en riant. (manière)

▶ **La concession**
Le gérondif peut exprimer la concession s'il est précédé de *même* ou de *tout* (le contexte précise si *tout* exprime le temps ou la concession).
Tout en marchant (temps), *je me disais que **tout en aimant*** (concession) *mon travail, j'aimerais prendre un congé d'un an.*
Même en travaillant *toute la nuit, je n'aurai jamais fini à temps.*

3. Gérondif et participe présent

▶ Le sujet du gérondif est le sujet de la phrase et le sujet du participe présent est le nom ou le pronom le plus proche. Lorsque le participe présent et le gérondif sont en début de phrase et qu'ils ont le même sujet, ils peuvent parfois s'employer indifféremment.
En faisant *des courses /* ***Faisant*** *des courses, j'ai rencontré ma voisine.*
En partant *plus tôt /* ***Partant*** *plus tôt, tu serais arrivé à l'heure.*

⚠ L'emploi du participe présent n'est possible qu'avec un complément. Sinon, seul le gérondif est possible : ***En marchant,*** *je réfléchissais* (le participe présent est ici impossible).

▶ Comme le participe présent, le gérondif a un passé (peu usité).
Tout ***en n'ayant*** *jamais* ***suivi*** *un cours de grammaire, elle parle un français très correct.*

LE PARTICIPE PASSÉ

Aussitôt ***dit***, *aussitôt* ***fait***.

1. Les emplois du participe passé sans auxiliaire

■ **Le participe passé employé seul peut remplacer le participe présent**

▶ Le participe passé employé seul peut remplacer un passé du participe présent avec l'auxiliaire *être* (➠ p. 157). Il s'accorde avec son sujet.
Partis *(étant partis) tôt ce matin, nous sommes arrivés au gîte d'étape dans l'après-midi.*
Privées *(ayant été privées) d'eau, les fleurs ont commencé à se faner.*

▶ Il remplace aussi un participe présent (ou un passé du participe présent) au passif.
Toujours ***surveillé*** *(étant toujours surveillé) par ses parents, le jeune Dave ne peut pas faire tout ce qu'il veut.*
Surpris *(ayant été surpris) par l'averse, je me suis réfugié sous un arbre.*

■ **Le participe passé peut remplacer un temps composé**

▸ Le participe passé employé seul peut remplacer un temps composé dans une subordonnée. Il faut que le verbe de cette subordonnée ait l'auxiliaire *être*.

• Dans des subordonnées relatives (le pronom relatif *qui* disparaît)

*Claudine a ramassé un oiseau **tombé** du nid (qui était tombé du nid).*

• Dans des subordonnées de temps, avec *aussitôt, sitôt, une fois…*

*Aussitôt ma thèse **terminée** (aussitôt que ma thèse sera terminée), je prends deux semaines de vacances.*

• Dans des subordonnées de concession introduites par *quoique, bien que.*

*Bien qu'**arrivée** (bien qu'elle soit arrivée) très en avance, Paula n'a pas pu trouver de place.*

▸ Le participe passé sans auxiliaire peut aussi remplacer un passif (particulièrement dans les titres de la presse écrite ; ➥ p. 164).

*Preuves accablantes **découvertes** au domicile du suspect. (Des preuves accablantes ont été découvertes au domicile du suspect.)*

2. L'accord du participe passé sans auxiliaire

▸ Le participe passé employé seul s'accorde en genre et en nombre avec le nom auquel il se rapporte.

*Patrick a cassé la poupée **offerte** à sa sœur.*

*Trouvez-moi tous les articles **écrits** par ce journaliste.*

▸ Certains participes passés restent invariables quand ils sont placés avant le nom auquel ils se rapportent : *attendu, excepté, vu, ci-joint*. Mais ils s'accordent généralement s'ils sont placés après le nom.

***Vu** la situation économique, il serait imprudent d'investir.*

***Excepté** les pays producteurs de pétrole, tout le monde souffre de la crise économique.*

*La langue basque **exceptée**, les langues parlées en Espagne sont des langues romanes.*

▸ Lorsque le sujet est collectif, il peut y avoir hésitation. On accorde souvent au pluriel, mais le singulier est possible.

*La plupart des spectateurs **venus** voir ce film ont applaudi. (toujours pluriel)*

*Les journalistes ont filmé un groupe de manifestants **contrôlés** (**contrôlé**) par la police.*

La voix passive

LE PASSIF

*Le président **est élu** par le peuple souverain.*

1. Formation du passif

■ **De l'actif au passif**

▶ Une phrase au mode actif peut être transformée au mode passif si elle a un complément d'objet direct.
Bernard invite Paul. → *Paul est invité par Bernard.*

▶ Le COD actif devient le sujet passif, le sujet actif devient le complément d'agent du passif (introduit par la préposition *par*) et le verbe de la phrase active devient *être* + participe passé.
Le chat griffe l'enfant. → *L'enfant **est griffé** par le chat.*

▶ Le participe passé s'accorde avec le sujet de la phrase passive.
Dans le hall, une hôtesse accueille les visiteurs.
→ *Dans le hall, les visiteurs sont **accueillis** par une hôtesse.*

⚠ La transformation passive est normalement impossible si le sujet de la phrase active est un pronom personnel. Mais elle est possible si le COD de la phrase active est un pronom.
***Nous** invitons Jean-Pierre.* (pas de transformation passive)
*Jean-Pierre **nous** invite.* → *Nous sommes invités par Jean-Pierre.*

■ **Les temps du passif**

▶ Au passif, le verbe *être* se met au temps et au mode de l'actif.
*Un serpent **a piqué** mon frère.* → *Mon frère **a été piqué** par un serpent.* (indicatif passé composé)
*L'architecte **fera** les plans.* → *Les plans **seront faits** par l'architecte.* (indicatif futur)
*Des manifestants **auraient cassé** des vitrines.* → *Des **vitrines auraient été cassées** par les manifestants.* (conditionnel passé)
*Il ne faut pas que des enfants **voient** ce film.* → *Il ne faut pas que ce film **soit vu** par des enfants.* (subjonctif présent)

▶ Avec les verbes *devoir, pouvoir, paraître, sembler* suivis de l'infinitif, la transformation passive (*être* + participe passé) est reportée sur l'infinitif.
*Tous les jeunes **devraient voir** ce film.* → *Ce film **devrait être vu** par tous les jeunes.*
*L'hôpital **pourrait engager** des infirmières étrangères.* → *Des infirmières étrangères **pourraient être engagées** par l'hôpital.*

■ **Passifs impossibles**

La transformation passive est parfois impossible.

• Avec les verbes impersonnels (*il faut, il y a, il fait*, etc.) et les verbes *avoir* et *comporter*, même s'ils ont un COD.

Cette maison comporte deux étages. (pas de transformation passive possible)

• Lorsque le complément du verbe est un complément de quantité et non un complément d'objet direct (*courir cent mètres, coûter mille dollars, mesurer un mètre soixante, peser soixante kilos, valoir dix euros*, etc.). Mais si ces verbes ont un COD, le passif est possible.

L'année dernière, Pierre pesait quatre-vingts kilos. (pas de passif possible)

Nicolas a pesé tous les colis. → *Tous les colis ont été pesés par Nicolas.*

• Lorsque le verbe fait partie d'une expression figurée comme *faire la tête, faire le singe, prendre la porte, soulever le cœur, tuer le temps*, etc. De même, certains verbes (*comprendre, présenter, regarder*, etc.) n'ont pas de passif s'ils sont pris au sens figuré.

Max n'a pas compris ta blague. → *Ta blague n'a pas été comprise par Max.*

Son appartement comprend trois pièces. (*comprend* a ici le sens de *comporte*, pas de transformation passive possible)

2. Le complément d'agent

■ *Par* ou *de* ?

Le complément d'agent du passif est introduit généralement par la préposition *par*, mais on peut aussi trouver la préposition *de*.

• Avec des verbes de mouvement, de localisation dans le temps et dans l'espace (*accompagner, escorter, entourer, précéder, suivre*, etc.), la préposition est *de* si le complément d'agent est inanimé.

Le village est entouré de collines. (complément d'agent inanimé)

S'il est animé, le choix de la préposition apporte une nuance : *par* si l'action est volontaire, *de* si l'action n'est pas volontaire.

Petra adore les enfants, elle est toujours entourée d'enfants. (il y a toujours des enfants autour d'elle, action non volontaire)

Quand il est arrivé, le ministre a été entouré par les journalistes. (action volontaire)

• Avec des verbes de description d'un lieu (*border, couvrir*, etc.) ou d'un objet (*former, composer, constituer, décorer, garnir, orner, parer*, etc.), la préposition est généralement *par* si le complément d'agent est animé et *de* s'il est inanimé.

La rivière est bordée d'arbres. Le bébé est bordé par sa mère.

Cette bibliothèque est constituée d'un millier de livres. Elle a été constituée par mon père.

Lorsqu'il s'agit d'un complément inanimé, *de* peut avoir le sens de *avec*. Ce qui explique la possibilité d'avoir les deux prépositions dans une phrase.

La table a été ornée de fleurs par ma mère.

- Avec des verbes de connaissance, d'opinion (*accepter, connaître, étonner, ignorer, oublier, savoir*, etc.) ou de sentiments (*admirer, aimer, apprécier, estimer, détester, respecter*, etc.), la préposition peut être *de* ou *par*.
*Cette anecdote est connue **de** / **par** tout le monde.*
*Charles est apprécié **de** / **par** tous ses collègues.*
- Avec certains verbes, *par* est obligatoire dans certains contextes et *de* et *par* sont possibles dans d'autres.
*En revenant chez elle, Lucie a été surprise **par** l'orage.* (le verbe *surprendre* a le sens de *prendre à l'improviste*, *par* est obligatoire)
*J'ai été très surpris **de** / **par** ta réaction.* (le verbe *surprendre* a le sens d'*étonner*)

■ **Le passif sans complément d'agent**
Lorsque le sujet est le pronom indéfini *on* (➥ p. 47), il peut y avoir une transformation passive sans complément d'agent.
***On** a lourdement condamné l'accusé.* → *L'accusé **a été** lourdement **condamné**.*
***On** a cambriolé l'appartement.* → *L'appartement **a été cambriolé**.*

⚠ Il ne faut pas confondre la phrase passive sans complément d'agent et la phrase active avec *être* + adjectif :
*Dépêche-toi d'aller à la banque. Elle **est fermée** à six heures.* (passif : on ferme la banque à six heures)
*La banque est ouverte le samedi ? – Non, elle **est fermée**.* (*être* + adjectif).

Cas particuliers
Il peut y avoir une phrase passive sans complément d'agent :
- avec les pronoms personnels *nous* et *on* sujets dans la phrase active : *Venez nous rendre visite. **Nous** vous recevrons (**on** vous recevra) avec plaisir.* → *Vous serez reçu avec plaisir.*
- lorsque le COD dans la phrase active est précédé d'un possessif (le sujet peut être un pronom) : *Elle ne range jamais **ses** affaires.* → *Ses affaires ne sont jamais rangées.*
- avec le verbe *avoir* lorsqu'en français familier il a le sens de *tromper* (le sujet de la phrase active peut être un pronom personnel) : *Tu **as** bien **eu** ton frère !* → *Il a bien été eu.*
- avec les verbes *obéir à* et *pardonner à* (sans complément d'objet direct) : *Les enfants n'**obéissent** plus à leurs parents.* → *Les parents ne sont plus obéis. On lui **a pardonné**.* → *Il a été pardonné.*

3. Les emplois du passif

▷ Le passif s'utilise surtout avec un sujet animé et un complément d'agent inanimé.
*Le cycliste a été renversé **par une voiture**.*
*Je ne suis pas concerné **par cette affaire**.*

▷ Le passif s'utilise pour mettre un élément en valeur en le plaçant en début de phrase (dans ce cas, la phrase passive peut avoir un sujet inanimé). Il peut aussi insister sur le résultat d'une action.

*L'étape d'aujourd'hui **a été gagnée** par un coureur belge.* (*l'étape* est mise en valeur)
*La loi **a été votée** par le Parlement.* (résultat de l'action)

▶ Il permet d'éviter l'emploi du pronom indéfini *on* dans une phrase active ou de supprimer un complément d'agent (évident, inconnu ou sans intérêt).
*Le film **sera présenté** au Festival de Cannes.*
*Le président **a été réélu**.*
*Le tableau volé **a été retrouvé**.*

▶ Sans auxiliaire et (souvent) sans article, il sert à former des titres, particulièrement dans la presse écrite.
*Pari réussi : deux films français **nominés** aux oscars*
(Le pari est réussi : deux films français sont / ont été nominés aux oscars.)
*Étape d'aujourd'hui **gagnée** par un coureur belge*

LE PASSIF PRONOMINAL

*Les feuilles mortes **se ramassent** à la pelle.* (chanson)

1. Formes pronominales de sens passif

▶ Lorsque le pronom indéfini *on* est le sujet d'une phase active et que cette phrase exprime une vérité, une généralité, un usage général, la transformation passive (sans complément d'agent) peut avoir une forme pronominale.
On ne parle presque plus le français en Louisiane. (actif) → *Le français n'est presque plus parlé en Louisiane.* (passif) → *Le français ne **se parle** presque plus en Louisiane.* (passif pronominal)

▶ Cette forme pronominale est beaucoup plus fréquente que le simple passif sans complément d'agent.
*Comment ça **s'appelle** ? Comment ça **s'écrit** ? Comment ça **se prononce** ?*
*Ça **se fait**. Ça ne **se fait** pas. Le couteau **se met** à droite de l'assiette.*
*L'arabe **s'écrit** de droite à gauche.*

▶ Cette forme pronominale de sens passif n'est pas toujours possible. Elle n'est pas possible :
• si le pronom *on* est un pronom personnel : *Nous allons partir au Maroc. On prend l'avion demain.*
• si la phrase n'exprime pas une généralité : *On cambriole la banque.*
• si le verbe peut avoir une forme pronominale à l'actif (avec un sujet animé) : *Dans ce parti, les dirigeants ne s'aiment pas (Les dirigeants ne s'aiment pas entre eux* et non : *Dans ce parti, on n'aime pas les dirigeants).* Dans ce cas, il faut employer le passif normal : *Dans ce parti, les dirigeants ne sont pas aimés.*

2. Forme pronominale + infinitif

▷ Avec les verbes *devoir, pouvoir, paraître, sembler* suivis de l'infinitif, la forme prono-
minale passive est reportée sur l'infinitif.
On doit boire le vin blanc frais. → *Le vin blanc doit **se boire** frais.*
*Le chinois peut **s'écrire** de haut en bas ou de gauche à droite.*

▷ Il est possible d'utiliser au passif les constructions pronominales *se faire, se laisser* +
infinitif. Aux temps composés, le participe passé est invariable (➥ p. 116). Le complément d'agent n'est pas obligatoire s'il est évident ou sans importance.
*Elle **s'est laissé** entraîner par des amis.*
*Elle **s'est fait** couper les cheveux.*

IV - Les phrases complexes

LES PHRASES SIMPLES ET LES PHRASES COMPLEXES

Quelle est la ville française qui est appelée la ville rose ? C'est Toulouse.

1. Les phrases simples

Les phrases simples ne comportent qu'un verbe : *Je pars.* Elles peuvent être affirmatives, exclamatives, impératives, interrogatives ou exclamatives (➥ La phrase simple, p. 10). Des phrases simples peuvent ne pas comporter de verbe, elles s'articulent autour d'un nom (*Accès interdit*) ou d'un pronom (*Nous voilà*).

■ **Ordre des mots dans les phrases simples**

▶ **Sujet–verbe–objet**

• L'ordre des mots dans la phrase française est sujet–verbe–objet (complément d'objet direct ou complément d'objet indirect).

Mathias téléphone à Corinne. Il raconte sa journée.

• Lorsque la phrase comporte un complément d'objet direct et un complément d'objet indirect, le COD suit souvent le verbe, mais ce n'est pas une règle obligatoire.

*Mathias raconte **sa journée** à Corinne.* (sujet – verbe – COD + COI)

*Le professeur a donné aux étudiants **un devoir difficile**.* (sujet – verbe – COI + COD)

• Si la phrase comporte un complément circonstanciel, il peut se placer avant le sujet, après le verbe ou après le(s) complément(s).

***Ce matin**, le facteur a apporté un colis à Luc.*

*Le facteur a apporté, **ce matin**, un colis à Luc.*

*Le facteur a apporté un colis à Luc **ce matin**.*

▶ **Inversion du sujet**

• Dans certains cas, la structure sujet–verbe peut être inversée. Cela se produit avec des compléments circonstanciels, lorsqu'on ne peut pas confondre le complément avec un sujet.

*Devant la mairie se trouve **la poste**.* (*la poste* ne peut être que le sujet de la phrase)

*Sous le pont Mirabeau coule **la Seine**.*

• L'inversion du sujet n'est généralement possible qu'avec un complément de lieu ou de temps lorsque le verbe (souvent un verbe pronominal comme *se dresser, se placer, se situer, se tenir, se trouver*, etc.) n'a pas de complément d'objet direct ou indirect.

*Sur la place se dresse **une statue de Balzac**.*

*Dans trois jours aura lieu **une réunion importante**.*

⚠ L'inversion est impossible avec un pronom sujet.

■ **Mise en relief dans les phrases simples**

▶ En français oral, pour mettre en relief un élément de l'énoncé, il est possible de le placer en tête de phrase. Il est alors repris par un pronom pour éviter toute confusion.

• Mise en relief du sujet :

Ce livre n'est pas intéressant. → *Ce livre, **il** n'est pas intéressant.*

• Mise en relief du complément d'objet direct :

J'ai acheté ce livre hier. → *Ce livre, je l'ai acheté hier.*
• Mise en relief du complément d'objet indirect :
Il n'a rien offert à sa sœur pour son anniversaire. → *Sa sœur, il ne lui a rien offert pour son anniversaire.*
• Mise en relief d'un complément de lieu :
J'ai habité un mois dans cet hôtel. → *Cet hôtel, j'y ai habité un mois.*
• Mise en relief d'un complément de verbe :
Elle n'a pas besoin de ton aide. → *Ton aide, elle n'en a pas besoin.*

⚠ Lorsque l'élément mis en relief est un pronom, il faut un pronom tonique : *Toi, je ne te parle pas.*

▷ Il est aussi possible (toujours en français oral) de mettre en valeur un élément de l'énoncé en le plaçant en fin de phrase (et en le reprenant par un pronom).
*J'ai faim, **moi**.*
*Ils arrivent quand, **tes amis** ?*
*Je ne l'ai pas vu, **Jacques**.*

▷ Une autre façon d'effectuer la mise en relief consiste à utiliser la forme *c'est* (*ce sont*) + l'élément mis en relief + pronom relatif. La phrase simple se transforme alors en phrase complexe.
***C'est** le livre **que** tu voulais ?*

2. Les phrases complexes

Les phrases complexes comportent deux ou plusieurs verbes. Ces phrases sont de cinq types :
• des propositions juxtaposées (qui se suivent sans mots de liaison).
Je l'ai vu, je l'ai reconnu tout de suite.
• des propositions coordonnées, par des conjonctions de coordinations (*car*, *donc*, *et*, *or*, *mais*, *ni*, *ou* ➡ p. 91) ou un adverbe de liaison (*et puis*, *alors*, *pourtant*, etc.).
*Il m'a vu aussi **mais** il ne m'a pas reconnu.*
• une proposition principale et une proposition subordonnée (complétive, relative, circonstancielle, interrogative) reliées par une conjonction de subordination, un pronom relatif ou un adverbe interrogatif.
*Je crois **qu'**il n'a pas voulu te reconnaître.*
• une proposition principale et une proposition infinitive lorsque l'infinitif est complément du verbe de la principale.
*Je n'arrive pas à le **croire**.*
• une phrase qui comprend une proposition incise (une phrase dans la phrase).
*En ce moment, **tu sais**, il a beaucoup de problèmes.*

■ Ordre des mots dans la phrase complexe
▷ L'ordre des mots dans la proposition principale suit l'ordre des mots dans la phrase simple. Mais dans les propositions subordonnées, il est possible de trouver le sujet derrière le verbe.
*Tu me diras où **la réunion se tiendra**. / Tu me diras **où se tiendra la réunion**.*

► Comme dans les phrases simples, le verbe de la subordonnée ne doit pas avoir de complément d'objet et le sujet ne doit pas être un pronom. L'nversion est fréquente dans des propositions subordonnées interrogatives introduites par *combien, comment, quand, où...*
Sais-tu combien coûte ce livre ?
Je ne sais pas à quelle heure commence le cours.

► L'inversion est aussi assez fréquente dans les propositions relatives. Comme le pronom relatif indique la fonction, il n'y a pas de confusion possible.
Les portraits que fait ce photographe (*que ce photographe fait*) *sont toujours réussis.* (*que* est un pronom relatif COD, *photographe* est sujet)
L'appartement où habite mon frère est très spacieux.
Les affaires dont s'occupe Jean-Guy sont assez mystérieuses.
La secrétaire à qui se sont adressés les étudiants n'était pas très aimable.

■ **Mise en relief et phrases complexes**
► La mise en relief par la construction *c'est / ce sont* + élément mis en relief + pronom relatif transforme une phrase simple en phrase complexe.
Damien a écrit ce livre. → *C'est Damien qui a écrit ce livre.*
Elle a acheté ces livres. → *Ce sont ces livres qu'elle a achetés.*
Pierre donne des cours à cet étudiant. → *C'est l'étudiant à qui Pierre donne des cours.*
J'ai grandi dans cette maison. → *C'est la maison où j'ai grandi.*

► Lorsque l'élément à mettre en relief est précédé d'une préposition, il y a deux possibilités :
• *C'est / ce sont* + élément mis en valeur + pronom relatif.
C'est l'étudiant à qui Pierre donne des cours. C'est la maison où j'ai grandi. (le pronom relatif indique la fonction)
• *C'est / ce sont* + préposition + élément mis en valeur + *que*.
C'est à cet étudiant que Pierre donne des cours. C'est dans cette maison que j'ai grandi.

⚠ Selon la construction, il y a des sens différents. La mise en relief insiste sur la présentation ou la spécificité : *c'est la maison où j'ai grandi* (présentation : *voilà la maison où j'ai grandi*) ; *c'est dans cette maison que j'ai grandi* (spécificité : *j'ai grandi dans cette maison et pas dans une autre*).

► Cette construction (*c'est ... que...*) peut servir pour mettre en valeur des compléments circonstanciels ou des subordonnées.
Je suis arrivé en retard à cause de lui. → *C'est à cause de lui que je suis arrivé en retard.*
Il s'est souvenu de moi quand je lui ai dit mon nom. → *C'est quand je lui ai dit mon nom qu'il s'est souvenu de moi.*

LA PROPOSITION COMPLÉTIVE

Nous autres, civilisations, nous savons maintenant **que** *nous sommes mortelles.*

▶ Les propositions complétives sont des compléments du verbe de la principale. Elles sont généralement introduites par la conjonction *que* (quelquefois par *à ce que*).
Nathalie croit **que** *ses amis ont oublié son anniversaire.*
Elle ne s'attend pas à ce qu'ils lui offrent des cadeaux.

▶ Les verbes de la proposition complétive sont à l'indicatif ou au subjonctif.
Étienne est content **que** *son projet* **soit accepté**.
Il espère **que** *tout se* **passera** *bien.*

> Le conditionnel est aussi possible. Il peut remplacer l'indicatif ; il exprime alors l'éventualité ou le futur dans le passé.
> *Je pense* **que** *cela* **pourrait** *se faire.* (éventualité) *Je croyais* **que** *tu ne* **viendrais** pas. (futur dans le passé)

1. Indicatif ou subjonctif ?

■ **Les complétives avec l'indicatif**

▶ Si le verbe de la proposition principale exprime l'**objectivité**, il faut l'indicatif dans la proposition complétive. L'objectivité est exprimée par :
• des verbes de certitude : *être certain, être persuadé, être sûr, savoir,* etc.
Lionel est persuadé que toutes les filles **sont** *amoureuses de lui.*
• des verbes de déclaration : *affirmer, avertir, dire, informer, jurer, promettre,* etc.
Tu promets que tu ne **recommenceras** *plus ?*
• des verbes de perception ou de constat : *s'apercevoir, constater, remarquer, sentir, voir,* etc.
*Je constate que vous n'*avez pas **tenu** *vos promesses.*
• des verbes d'opinion, de jugement : *croire, espérer, estimer, imaginer, juger, penser, supposer,* etc.
*Albert juge que son patron n'*est *pas assez généreux envers lui.*

✔ Lorsque ces verbes sont à la forme négative ou à la forme interrogative (avec inversion du sujet), le verbe de la complétive peut être au subjonctif qui renforce l'idée de doute.
Crois-tu qu'il **vienne** *?* (*Crois-tu qu'il* **viendra** *?*)
Je ne crois pas qu'il **vienne**. (*Je ne crois pas qu'il* **viendra**.)

> Les verbes *supposer, espérer, imaginer* peuvent être suivis du subjonctif lorsqu'ils sont à l'impératif.
> *Espérons que ce* **soit** *une erreur. Supposez que ce* **soit** *vrai.*

▶ Dans le cas des verbes d'opinion, de jugement, il faut l'indicatif s'il s'agit d'un jugement personnel, intellectuel (*avoir l'impression, compter, deviner, imaginer, trouver,* etc.).

Mais il faut le subjonctif s'il s'agit d'un jugement moral (*il faut, c'est bien, c'est normal que…*).
*J'ai l'impression que tu es fatigué. Il faut que tu **prennes** un peu de repos.*

■ **Les complétives avec le subjonctif**

▶ Si le verbe de la proposition principale exprime la **subjectivité**, il faut le subjonctif dans la proposition complétive (➡ Les emplois du subjonctif, p. 143). La subjectivité est exprimée par :
• des verbes de volonté, de désir : *accepter, défendre, exiger, ordonner, préférer, refuser, souhaiter, vouloir,* etc.
*Ses parents refusent qu'elle **sorte** seule le soir.*

⚠ *Espérer* + indicatif : *J'espère que tout se **passera** bien.*

• des verbes de sentiments : *aimer, apprécier, avoir peur, détester, craindre, être heureux / content / triste, regretter,* etc.
*Je regrette que tu ne **puisses** pas rester.*
• des verbes de doute, de possibilité, de négation : *contester, douter, il est possible, il se peut, nier,* etc.
*Il est possible que Gregor **aille** en Irlande cet été.*
• des verbes de jugement moral, souvent avec des constructions impersonnelles : *il est étonnant / désolant / honteux / nécessaire / normal / stupide, il faut,* etc.
*Il faut que tu **fasses** attention.*

⚠ Certains verbes de jugement intellectuel comme *estimer, juger, trouver,* etc. (normalement + indicatif) deviennent des verbes de jugement moral lorsqu'ils sont suivis d'un adjectif qui exprime le jugement moral : *estimer normal, juger bon, trouver bien, ridicule que…* Ils sont alors suivis du subjonctif : *Benjamin trouve anormal que tu ne **veuilles** pas l'aider.*

▶ Les propositions complétives introduites par *à ce que* (*s'attendre à ce que, s'opposer à ce que, tenir à ce que,* etc. ➡ p. 144) sont normalement au subjonctif.
*Marie-France tient à ce que tout **soit** prêt avant l'arrivée des invités.*

▶ Lorsque la complétive est en tête de phrase (elle est alors mise en relief), son verbe est toujours au subjonctif, même si le verbe de la principale exprime la certitude, l'objectivité. La complétive est souvent reprise dans la principale par un pronom complément.
*Tout le monde sait que la vie est chère en Suisse. → Que la vie **soit** chère en Suisse, tout le monde le sait. (La vie est chère en Suisse, tout le monde le sait.)*
*Je suis persuadé qu'il a raison. → Qu'il **ait** raison, j'**en** suis persuadé.*

■ **Phrase principale sans verbe**

▶ Quelquefois en français oral, le verbe de la principale est supprimé. L'emploi de l'indicatif ou du subjonctif est le même que si la phrase commençait par le verbe *être*.
*Content que ça te **plaise**. → Je suis content que ça te **plaise**.*
*Dommage qu'il **pleuve**. → C'est dommage qu'il **pleuve**.*
*Sûr et certain que la poste **sera** fermée. → Il est sûr et certain que la poste **sera** fermée.*

▶ Lorsqu'il n'est pas possible de commencer la phrase par le verbe *être*, l'emploi de l'indicatif ou du subjonctif dépend de ce qu'exprime l'expression.
*Quel bonheur pour ses parents que Norbert **ait réussi** ses études.* (sentiment, donc subjonctif)
Si le mot en tête de phrase est un adverbe, le verbe est à l'indicatif ou au subjonctif (l'adverbe est alors suivi de *que*).
***Peut-être** qu'il **fera** beau demain.* → *Il fera peut-être beau demain.*
***Heureusement** qu'il ne **fait** pas froid.*
***Vivement** qu'on **soit** en été.* → *J'ai hâte qu'on soit en été.*

2. Indicatif et subjonctif

Certains verbes (ou locutions verbales) dans la proposition principale permettent l'emploi du subjonctif ou de l'indicatif dans la proposition complétive.

■ Selon le degré de certitude ou de doute
Dans quelques constructions impersonnelles, il est possible de nuancer la certitude ou le doute grâce à l'emploi du subjonctif ou de l'indicatif.

+ indicatif	+ subjonctif
Il est sûr / certain que Max viendra.	*Il n'est pas certain que Max vienne.*
Il est très probable que Max viendra.	*Il est peu probable que Max vienne.*
Il est très vraisemblable que Max viendra.	*Il est peu vraisemblable que Max vienne.*
Il est probable que Max viendra.	*Il est vraisemblable que Max vienne.*

Certaines grammaires admettent le subjonctif et l'indicatif après *il est probable que, il est vraisemblable que, il est plausible que*. Le subjonctif renforce l'idée de doute et l'indicatif l'atténue.

■ Selon le sens
Certains verbes ont un sens différent selon qu'ils sont suivis de l'indicatif ou du subjonctif.
▶ Ce sont des verbes comme *admettre, comprendre, entendre, se plaindre*. Ils sont à l'indicatif lorsqu'ils expriment une réalité et au subjonctif lorsqu'ils expriment une subjectivité (sensation, volonté, jugement, ordre, etc.).
*J'admets (Je reconnais) qu'il **y a eu** une erreur dans la correction.* (réalité) / *J'admets (Je permets) que vous **repassiez** l'examen.* (volonté)
*J'ai bien compris que tu **voulais** rester seul.* (réalité) / *Je comprends que tu **aies** besoin de solitude.* (jugement)
*J'entends qu'**il y a** des protestations.* (réalité) / *J'entends que vous **fassiez** silence.* (ordre)
*Le malade se plaint que son bras le **fait** souffrir.* (réalité) / *Il se plaint que le docteur ne l'**ait** pas bien **soigné** (subjectivité).*

▶ Certains verbes de déclaration (*dire, crier, écrire, répondre, téléphoner*, etc.) suivis de l'indicatif deviennent des verbes de commande avec le subjonctif.
*Géraldine a dit qu'elle **sortait**. – Dis-lui qu'elle **aille** chercher le journal.*

■ **Selon la construction**
Un pronom complément peut changer le mode dans la complétive.
• *Douter que* + subjonctif / *se douter que* + indicatif
*Je doute qu'il **soit** heureux. / Je me doute bien qu'il **a** beaucoup de problèmes.*
• *Il semble que* + subjonctif / *il me semble que* + indicatif
*Il semble que tu n'**aies** pas le choix. / Il me semble que c'**est** possible.*

PROPOSITION INFINITIVE OU PROPOSITION COMPLÉTIVE ?

*Molière dit **qu'**il faut **manger** pour vivre et non vivre pour manger.*

Dans les phrases complexes, la proposition infinitive est un complément du verbe de la principale.
*Les vaches regardent **passer le train**. / J'ai demandé à Jules de m'**apporter le journal**.*

1. Infinitif obligatoire

▶ L'infinitif est obligatoire quand une proposition complétive est impossible :
• avec des verbes de mouvements comme *aller, courir, descendre, monter, partir, venir*, etc.
***Va chercher** un gâteau, des amis **viennent dîner** ce soir.*
• avec les verbes *devoir, pouvoir*.
*Je **dois** sortir, tu **dois** travailler, ta sœur **peut** regarder la télévision.*

> La complétive est obligatoire avec le verbe impersonnel *il se peut* : *Il se peut **que** le train ait du retard.*

• avec des verbes comme *amener, emmener, envoyer, faire, laisser*.
*Victor emmène ses fils **regarder** un match de rugby.*
*Paul a fait **pleurer** Mary.*
*Laissez **tomber** !*

▶ Le sujet de l'infinitif peut précéder ou suivre l'infinitif si ce dernier n'a pas de complément d'objet direct. Si l'infinitif a un COD, son sujet le précède. (➥ p. 151)
*Vincent envoie **son fils** jouer dans le jardin. Victor envoie jouer **son fils** dans le jardin.*
*Paul envoie **sa fille** chercher le journal.*

⚠ Avec le verbe *faire*, le sujet de l'infinitif doit le suivre : *Paul fait pleurer **Mary**.*

▶ Si le sujet de l'infinitif est un pronom, il se place avant le verbe conjugué.
Victor les emmène voir un match. Vincent l'envoie dans le jardin.
Paul l'envoie chercher le journal. Paul l'a fait pleurer.

▶ Si le complément d'objet direct de l'infinitif est un pronom, il se place devant l'infinitif.
Paul envoie sa fille chercher le journal. → *Il envoie sa fille le chercher.*

■ Verbes de perception

▶ Avec les verbes de perception *écouter, entendre, regarder, voir, sentir,* l'emploi de l'infinitif est très fréquent.
Kevin écoute ses amis jouer de la guitare, Julien regarde passer les filles.

▶ Avec ces verbes, la proposition infinitive peut être remplacée par une proposition relative (➡ p. 177) ou un participe présent (➡ p. 156).
J'ai entendu Bernard parler anglais / j'ai entendu Bernard parlant anglais / j'ai entendu Bernard qui parlait anglais.

▶ Mais une proposition complétive est possible (après les verbes *entendre, sentir* et *voir*). Le sens des verbes peut varier selon la construction.
J'ai entendu qu'il y avait une grève. (je l'ai appris)
Je vois que tu n'as pas fait attention. (je le remarque)

2. Infinitif obligatoire ou facultatif

■ Infinitif ou subjonctif

L'infinitif remplace généralement la proposition complétive au subjonctif. Il se construit avec ou sans la préposition *de*.

▶ Lorsque le sujet de la principale est aussi celui de la complétive, la construction avec l'infinitif est obligatoire.
• Il n'y a pas de préposition *de* après certains verbes comme *adorer, aimer, apprécier, désirer, détester, douter, préférer, souhaiter, vouloir...* (➡ p. 151)
Florence déteste que Simon se moque d'elle. (deux sujets différents) / *Florence déteste parler à Simon.* (un seul sujet)
• Il y a la préposition *de* après des verbes comme *avoir peur, craindre, redouter, souffrir,* etc.
Dora craint que son frère lui tire les cheveux. Elle craint de souffrir.

⚠ Avec les verbes suivis de *à ce que* + subjonctif, il faut la préposition *à* + infinitif :
Je tiens à réussir.

▶ Lorsque le complément (d'objet direct ou indirect) du verbe de la principale est le sujet de l'infinitif, le verbe est souvent suivi d'un infinitif précédé de la préposition *de*.
• Cette construction est obligatoire si le complément est un pronom.
On vous (COI) a interdit d'entrer. / Empêchez-le (COD) de rentrer.

IV - Les phrases complexes

• Lorsque le complément est un nom, une proposition complétive au subjonctif est éventuellement possible (langue familière).
*Je désapprouve mon frère **de se comporter** de cette façon. / Je désapprouve mon frère **qu'il se comporte** de cette façon.*

▶ Au style indirect, l'impératif devient *de* + infinitif ou *que* + subjonctif (➡ p. 182). Les deux constructions sont possibles (même si le complément est un pronom).
*Nathalie a demandé à un ami **de lui prêter** de l'argent. / Nathalie a demandé à un ami **qu'il lui prête** de l'argent.*
*Dis-lui **de s'en aller**. / Dis-lui **qu'elle s'en aille**.*

▶ Si le sujet de la principale est le pronom impersonnel *il* ou le pronom *ce* (*ça, cela*), les deux constructions sont possibles si le sujet de la complétive est le pronom *on, tu, nous, vous*.
*Il faut **qu'on fasse** (que tu fasses, que nous fassions, que vous fassiez) attention. / Il faut **faire** attention.*
*C'est gênant **qu'on doive** emprunter de l'argent. / C'est gênant **de devoir** emprunter de l'argent.*

> Mais si le sujet de la complétive est un pronom impersonnel, la transformation en proposition infinitive est impossible : ***Il est possible qu'il fasse beau demain.***

■ **Infinitif et indicatif**
L'infinitif peut remplacer la proposition complétive à l'indicatif mais ce n'est pas obligatoire.

▶ Lorsque le sujet du verbe est aussi celui de l'infinitif, les deux propositions sont possibles (construction infinitive avec ou sans *de*).
*Cora espère **gagner** un prix. / Cora espère **qu'elle gagnera** un prix.*
*Elle croit **avoir** des chances. / Elle croit **qu'elle a** des chances.*
*Barbara a décidé **de partir** en vacances au Portugal. / Barbara a décidé **qu'elle partirait** en vacances au Portugal.*

▶ Mais si le complément d'objet du verbe de la principale est le sujet de l'infinitif, il n'est pas possible de transformer la proposition complétive en proposition infinitive.
*Joël dit à Viviane **qu'elle est** élégante. (Joël dit à Viviane **d'être** élégante aurait un sens différent : Joël dit à Viviane : « Sois élégante. » → Il dit à Viviane qu'elle soit élégante. → Il dit à Viviane d'être élégante.)*

LA PROPOSITION RELATIVE

*Le cœur a ses raisons **que** la raison ne connaît pas.*

1. Les pronoms relatifs

■ Les pronoms relatifs simples

▶ Les pronoms relatifs simples indiquent la fonction : **qui** (sujet), **que** (complément d'objet direct), **dont** (complément de nom, d'adjectif, de verbe), **où** (complément de lieu ou de temps). (➡ p. 62)
*Michelle, ma belle, sont deux mots **qui** vont très bien ensemble.*
*Le film **que** François a vu n'était pas très intéressant.*
*J'ai acheté un nouvel ordinateur **dont** je suis très content.*
*L'université **où** Hervé va faire ses études a une excellente réputation.*

> À l'écrit, une virgule peut préciser le sens : *Ma sœur, qui a quatre enfants, vient d'acheter une Renault Espace.* (J'ai une sœur, elle a quatre enfants.) *Ma sœur qui a quatre enfants vient d'acheter une Renault Espace.* (J'ai deux ou plusieurs sœurs, celle qui a quatre enfants vient de s'acheter une voiture.)

▶ Il existe encore un pronom relatif précédé d'une préposition : le pronom relatif **quoi**. Il remplace un pronom neutre : *ce, ça, cela, quelque chose...*
*Je ne comprends pas de **quoi** tu parles.* (Tu parles de quelque chose que je ne comprends pas)

▶ Lorsque le verbe de la principale est un verbe de perception, le pronom relatif sujet peut remplacer un pronom personnel complément d'objet direct.
Je vois Solange, elle arrive. → *Je **la** vois **qui** arrive.*
J'entends les enfants, ils se disputent. → *Je **les** entends **qui** se disputent.*

▶ Avec les autres verbes, il n'est pas possible d'avoir une proposition relative lorsque le COD de la principale est un pronom.
Je n'aime pas ces enfants, ils se disputent toujours.→ *Je n'aime pas ces enfants **qui** se disputent toujours.*
*Je ne **les** aime pas, ils se disputent toujours.* (pas de transformation relative possible)

> Mais si le pronom COD est *en*, une proposition relative est parfois possible.
> *Je connais des enfants qui se disputent toujours.* → *J'**en** connais **qui** se disputent toujours.*

✔ Le pronom relatif remplace généralement un nom ou un pronom dans le cas de mise en relief.
*C'est cette **dame qui** voulait vous parler.*
*C'est **vous qui** m'avez téléphoné ?*

▶ Avec des verbes de perception, la proposition relative peut se transformer en proposition infinitive (➡ p. 175), que le COD soit un nom ou un pronom.

*Je vois **Solange arriver** / je **la** vois **arriver**. J'entends **les enfants se disputer** / je **les** entends **se disputer**.*

▶ Si l'infinitif a un complément, la proposition relative peut aussi être remplacée par un participe présent (verbes de perception ou autres). (➡ p. 156)
*Pierre a rencontré Lydie **qui faisait** des courses.* → *Il a rencontré Lydie **faisant** des courses.*
*Pierre a vu Lydie **qui sortait** du supermarché.* → *Pierre a vu Lydie **sortant** du supermarché.*

■ Les pronoms relatifs composés

▶ Les pronoms relatifs composés sont **lequel, laquelle, lesquels, lesquelles**. Ils suivent une préposition (attention à la contraction avec les prépositions *à* et *de*, ➡ p. 64).
*L'ordinateur avec **lequel** Julien travaille est très performant.*
*Fais attention à la chaise sur **laquelle** tu es assis. Elle est fragile.*

▶ Les pronoms composés peuvent être remplacés par les pronoms simples *qui* et *où*.
• *Qui* est fréquemment utilisé si le nom qu'il remplace est une personne.
*L'épicier chez **qui** (chez **lequel**) je vais faire des courses est corse.*
• *Où* peut être employé après une préposition de lieu (*de, par*).
*Le chemin par **où** (par **lequel**) nous sommes arrivés était pittoresque.*

■ Pronom + pronom relatif

▶ Le pronom relatif (simple ou composé) peut être précédé d'un pronom démonstratif (*celui, celle, ceux, celles*, ➡ Les pronoms démonstratifs p. 58).
*Anne a hésité entre plusieurs guitares. Finalement, **celle qu**'elle a achetée est une guitare acoustique.*
*Léo a plusieurs collègues. Il aime beaucoup **ceux** avec **lesquels** (**qui**) il est sorti hier soir.*

▶ Le nom que le pronom démonstratif remplace doit être précédé d'un article défini. Il doit aussi se trouver dans la phrase précédente.
*Sophie aime beaucoup **les fleurs**. **Les fleurs** qu'elle préfère sont les roses.* → ***Celles** qu'elle préfère sont les roses.*

⚠ Quelquefois, le pronom démonstratif disparaît. Dans ce cas, le pronom relatif *qui* peut signifier *celui (la personne) qui* ou *celui (la personne) que* : *Il y a plusieurs candidats. Engagez **qui** (**celui qui**) vous semble être le plus compétent. Engagez **qui** (**la personne que**) vous voulez.*

> Cette construction se trouve souvent dans des proverbes. *Qui* signifie *celui (celle) qui* :
> ***Qui** aime bien châtie bien.* ***Qui** veut voyager loin ménage sa monture.* ***Qui** vivra verra.*
> *Rira bien **qui** rira le dernier…*

▶ Les pronoms relatifs simples *qui, que, dont* peuvent remplacer une phrase ou un pronom neutre comme *ce, ça, cela*. Ils sont alors précédés du pronom *ce*.
*Jocelyne a réussi l'examen, **ce qui** réjouit ses amis.* (cela réjouit ses amis)

*Les parents du petit Ben ont promis de l'emmener au cirque, **ce qu**'il attend avec impatience.*
(il attend cela avec impatience)
*Norman a eu le premier prix de gymnastique, **ce dont** il est très fier.* (Il est très fier de cela.)

▷ Après les prépositions, le relatif devient *quoi* : *ce à quoi, ce par quoi, ce pour quoi, ce vers quoi, ce contre quoi*, etc.
*Il y a eu une grève surprise aujourd'hui, **ce à quoi** personne ne s'attendait.* (Personne ne s'attendait à cela.)

> Avec certaines prépositions, le pronom **ce** est supprimé : *après quoi, moyennant quoi, sans quoi*, particulièrement si la préposition se compose de deux mots ou plus : *en vertu de quoi, faute de quoi, grâce à quoi*, etc. *Dépêche-toi, **sans quoi** on va rater le train.*

2. Le mode dans la proposition relative

■ **Indicatif, conditionnel et infinitif**

▷ Le verbe de la proposition relative est souvent à l'indicatif. Il permet de préciser le moment de l'action ou de l'état (présent, passé ou futur).
*Frédéric est captivé par le film qu'il **regarde**.*
*Il faut que je lise le livre que Caroline m'**a offert**.*
*Je te présente Jean, un collègue qui **sera** bientôt chef de service.*

▷ Lorsqu'il est au conditionnel, le verbe exprime une hypothèse, une possibilité.
*Arthur est très compétent. Le patron qui l'**engagerait** ne le regretterait pas.* (hypothèse)
*Clément a créé un logiciel qui **devrait** avoir du succès.* (possibilité)

▷ L'infinitif est possible avec le pronom relatif *où*, lorsque le sujet de la principale est aussi le sujet de la proposition relative. Le verbe *pouvoir* est alors sous-entendu.
*Jessica a trouvé une résidence universitaire **où loger** pendant ses études (où elle **pourra** loger).*

▷ L'infinitif est aussi possible derrière une préposition + pronom relatif.
*Erwin cherche un étudiant avec qui **partager** un appartement (avec qui il **pourra** partager un appartement).*

■ **Subjonctif**

▷ Le subjonctif peut être employé dans les propositions relatives pour exprimer une idée de doute, d'incertitude ou une opinion subjective.
*Je cherche une cravate qui **aille** bien avec mon costume. – Prends celle-ci, c'est la plus belle que j'**aie**.*

▷ Le subjonctif dans la relative exprime l'incertitude, le doute et l'indicatif la réalité, la certitude :
• avec des verbes de recherche comme *chercher, être à la recherche de, rechercher*, etc.
*Je cherche un livre que Jeanne m'**a offert**.* (Ce livre existe.)
*Je cherche un livre en français qui **soit** facile à lire.* (Ce livre n'existe peut-être pas.)
• avec des verbes de souhait et de désir (souvent au conditionnel) comme *aimer, désirer, préférer, rêver de, souhaiter, vouloir*, etc., ou avec des verbes au conditionnel.

*Gabriel aimerait aller dans un restaurant qui ne **soit** pas trop cher.*
*Je voudrais aller dans le restaurant que tu m'**as conseillé**.*
*Lucien rêve de trouver une copine qui **sache** jouer au golf.*
*Elle rêve de participer à la compétition qui **a** lieu tous les ans dans sa ville.*
*Lucien ne sortirait pas avec une fille qui ne **soit** pas sportive.*
*Elle sortirait bien avec le garçon qu'elle **a rencontré** hier.*
• dans des phrases interrogatives avec des verbes comme *avoir, connaître...*, dans des phrases négatives avec *personne* ou dans des phrases impératives.
*Connaissez-vous quelqu'un qui **sache** faire fonctionner cet appareil ?*
*Connaissez-vous la personne qui **vient** vers nous ?*
*Donnez-moi un médicament qui me **fasse** de l'effet.*
*Donnez-moi la boîte qui **est** derrière vous.*
*Je ne vois personne qui **puisse** résoudre ce problème.*
*Dans la classe, il n'y a personne qui **a réussi** à résoudre ce problème.*

> Le conditionnel (présent ou passé) peut remplacer le subjonctif (présent ou passé) dans les propositions relatives.
> *As-tu un ami qui **pourrait** (puisse) m'aider ? Il n'y a personne qui **pourrait** vous aider ?*

▶ Le subjonctif exprime une opinion subjective et l'indicatif la réalité lorsque le pronom relatif est précédé d'un superlatif ou d'adjectifs comme *le seul, l'unique, le premier, le dernier...*
*Ce vin est le **meilleur** vin que j'**aie bu**.* (opinion subjective)
*Margot aurait pu choisir un bon vin. Non, c'est le **pire** vin qu'elle **a acheté**.* (réalité)
*Camille est la **seule** qui nous **a aidés**.* (réalité)
*Camille est la **seule** qui **puisse** nous aider.* (opinion subjective)

LE STYLE INDIRECT

*Dis-moi **ce que** tu manges, je te dirai **qui** tu es.*

Lorsqu'on rapporte les paroles de quelqu'un, c'est le discours rapporté, on passe du style direct au style indirect. Dans une phrase au style direct, il est possible d'indiquer quel est le locuteur.
Style direct : *Je ne vais pas à l'école aujourd'hui. Adrien dit : « Je ne vais pas à l'école aujourd'hui. » Je ne vais pas à l'école aujourd'hui, dit Adrien / dit-il.*
Style indirect : *Adrien dit qu'il ne va pas à l'école aujourd'hui.*

1. Du style direct au style indirect

Il y a plusieurs façons de rapporter le discours selon le type de la phrase.

■ Les phrases déclaratives

▶ Pour rapporter une phrase affirmative (ou négative), il faut un verbe introducteur comme *dire, affirmer, annoncer, assurer, déclarer, expliquer, répondre,* etc., et la conjonction *que* (*qu'*) :

La réunion aura lieu demain. → *Élisabeth **annonce que** la réunion aura lieu demain.*
Je ne viendrai pas à la réunion. → *Alain **déclare qu'**il ne viendra pas à la réunion.*

▶ Lorsque les deux propositions ont le même sujet, il est possible de remplacer *que* + verbe conjugué par un infinitif présent ou passé (➡ p. 151, 175).

Je suis très compétente. → *Héloïse affirme **être** très compétente.*
J'ai été malade. → *Jehan prétend **qu'il a été** malade. / Jehan dit **avoir été** malade.*

▶ S'il y a plusieurs propositions au style direct (indépendantes ou coordonnées), il faut reprendre *que* (ou les autres conjonctions comme *si, ce que, de* ; ➡ ci-dessous).

*Jean-Paul déclare **qu'**il aime Simone et **qu'**il veut vivre avec elle.*

> *Que* n'est pas repris avec la conjonction *car* : *Il explique qu'il n'est pas venu **car** il était malade.*

■ Les phrases interrogatives

Pour rapporter une phrase interrogative, il faut un verbe introducteur comme *demander, dire* (à l'impératif), *vouloir savoir, savoir,* etc. Il n'y a pas d'inversion du sujet ni de point d'interrogation à la fin de la phrase.

Viendras-tu ce soir à la fête ? → *Théo **demande** à Léa si elle viendra ce soir à la fête.*

> D'autres verbes introducteurs sont possibles (*interroger, questionner, s'informer, se poser la question*), mais la construction est différente : *Il l'**interroge pour savoir** si elle viendra.*

• Lorsqu'il n'y a pas de mots interrogatifs au style direct (ou si l'interrogation commence par *Est-ce que...*), le discours rapporté est introduit par *si*.

M'aimes-tu ? → *Il lui demande **si** elle l'aime.*
Est-ce que tu veux sortir avec moi ? → *Elle lui demande **s'**il veut sortir avec elle.*

⚠ *Si + il (ils)* devient généralement *s'il (s'ils)*, mais *si + elle (elles)* ne se transforme pas : *Elle ne sait pas **si elle** veut sortir avec lui.*

• Les pronoms interrogatifs *qu'est-ce qui* et *qu'est-ce que (que)* deviennent *ce qui* et *ce que* au style indirect.

Qu'est-ce qui t'arrive ? → *Je te demande **ce qui** t'arrive.*
Qu'est-ce que tu lis (Que lis-tu) ? → *Il me demande **ce que** je lis.*

• Les autres mots interrogatifs (*combien, comment, quand, quel, qui, pourquoi, où...*) ne changent pas.

*Dis-moi **où** tu vas, à **quelle** heure tu pars, **avec qui** tu seras et **pourquoi** je ne suis pas invité.*

■ Les phrases impératives

▶ Pour rapporter une phrase impérative, il faut un verbe introducteur comme *commander, ordonner, prier, recommander, supplier*, etc. L'impératif devient *de* + infinitif ou *que* + subjonctif au style indirect.
Fais bien attention ! → *Il m'a recommandé de bien faire attention.*
Faites un peu moins de bruit, je vous en supplie. → *J'ai supplié mes voisins qu'ils fassent un peu moins de bruit.*

▶ Certains verbes comme *dire, demander, écrire, répondre*, etc., peuvent devenir des verbes introducteurs pour une phrase impérative. Dans ce cas, leur sens change (➥ p. 174).
Maurice a dit à Véronique qu'il ne pourrait pas venir. Elle lui a répondu de ne pas s'inquiéter, qu'il ne se fasse pas de souci. (*Ne t'inquiète pas, ne te fais pas de souci.*)

• Lorsque la phrase impérative est aux troisièmes personnes, la construction *que* + subjonctif est obligatoire : *Que tout soit prêt sans une heure !* → *J'ordonne que tout soit prêt dans une heure.*
• Lorsque la phrase au style direct contient un impératif, les deux constructions sont possibles : *Mettez-vous en rang, dit le moniteur aux enfants.* → *Le moniteur a demandé aux enfants de se mettre en rang.* (forme la plus fréquente) / *Le moniteur a demandé aux enfants qu'ils se mettent en rang.*

■ Les phrases exclamatives

▶ Certaines phrases exclamatives peuvent être rapportées avec des verbes introducteurs comme *s'exclamer, s'écrier, s'étonner*, etc. **Combien** remplace les mots exclamatifs *que, comme, ce que* (➥ p. 17).
Comme c'est beau ! (*Que c'est beau ! Ce que c'est beau !*) → *Elle s'est exclamée combien c'était beau.*

▶ Dans d'autres cas, lorsque par exemple la phrase exclamative ne comporte pas de verbes, il faut avoir recours à la construction des phrases déclaratives (*que*).
Quel beau cadeau ! → *Il s'écrie que c'est un beau cadeau.*

✔ Dans tous ces types de phrases, le passage du style direct au style indirect peut entraîner des transformations de pronoms personnels ou de possessifs.
Est-ce que ton amie vient avec toi ? → *Demande à Philippe si son amie vient avec lui.*

2. Le temps au style indirect

■ Le verbe introducteur n'est pas au passé

Lorsque le verbe introducteur n'est pas au passé, il n'y a pas de changement de temps entre le style direct et le style indirect.
Il fera très beau demain. → *La météo annonce qu'il fera très beau demain.*
Combien ça coûte ? → *J'aimerais savoir combien ça coûte.*
J'étais malade. → *Tu verras, il va nous dire demain qu'il était malade.*

■ Le verbe introducteur est au passé

Lorsque le verbe introducteur est au passé, tous les temps ne sont pas possibles au style indirect.

En bleu, les temps qui ne s'utilisent qu'à l'écrit en langue soutenue ou littéraire (➡ p. 187-188).

Style direct	Style indirect
• **Présent** *J'ai faim.*	→ **Imparfait** *Il a dit qu'il **avait** faim.*
• **Imparfait** *Ce matin, je **travaillais**.* *J'**avais** froid.*	→ **Imparfait ou plus-que-parfait** *Elle a dit que ce matin, elle **travaillait**.* *Elle a dit qu'elle **avait eu** froid.*
• **Passé composé** *As-tu **dîné** ?*	→ **Plus-que-parfait** *Il m'a demandé si j'**avais dîné**.*
• **Plus-que-parfait** *Tu l'**avais promis**.*	→ **Plus-que-parfait** *Elle lui a dit qu'il l'**avait promis**.*
• **Passé simple** *L'ennemi **prit** la fuite.*	→ **Passé simple** *Le messager rapporta que l'ennemi **prit** la fuite.*
• **Passé antérieur** *Les légions **eurent** vite **écrasé** l'ennemi.*	→ **Passé antérieur** *Il annonça que les légions **eurent** vite **écrasé** l'ennemi.*
• **Futur simple** *Le mauvais temps **persistera**.*	→ **Conditionnel présent** *La météo a annoncé que le mauvais temps **persisterait**.*
• **Futur antérieur** ***Auras**-tu bientôt **fini** ?*	→ **Conditionnel passé** *Je lui ai demandé s'il **aurait** bientôt **fini**.*
• **Conditionnel présent** *Est-ce que tu **serais** d'accord ?*	→ **Conditionnel présent** *Elle m'a demandé si je **serais** d'accord.*
• **Conditionnel passé** *Je n'**aurais** jamais **fait** cela.*	→ **Conditionnel passé** *Il a assuré qu'il n'**aurait** jamais **fait** cela.*
• **Subjonctif présent** *Il faut qu'il **parte** !*	→ **Subjonctif présent** ou subjonctif imparfait *Elle a crié qu'il fallait qu'il **parte**.* *Elle cria qu'il fallait qu'il **partît**.*
• **Subjonctif passé** *Je suis ravie que vous **soyez venu**.*	→ **Subjonctif passé** ou subjonctif plus-que-parfait *Elle a déclaré qu'elle était ravie qu'il **soit venu**.* *Elle déclara qu'elle était ravie qu'il **fût venu**.*
• **Impératif présent** ***Reviens** vite !*	→ **Infinitif présent / subjonctif présent** ou subjonctif imparfait *Il lui a ordonné de **revenir** vite / Il lui a ordonné qu'il **revienne** vite. / Il lui ordonna qu'il **revînt** vite.*
• **Impératif passé** ***Soyez rentré** avant la nuit.*	→ **Infinitif passé / subjonctif présent** ou subjonctif plus-que-parfait *Il lui a ordonné d'**être rentré** avant la nuit / Il lui a ordonné qu'elle **soit rentrée** avant la nuit. / Il lui ordonna qu'elle **fût rentrée** avant la nuit.*

✔ **Remarques**

• Le présent est possible au style indirect à la place de l'imparfait s'il exprime une vérité générale, permanente.

Le soleil se lève à l'est. → *Elle a expliqué à ses enfants que le soleil **se lève** (**se levait**) à l'est.*

• Lorsque le verbe introducteur est au passé, le futur proche et le passé récent sont à l'imparfait.

*Maria m'a dit qu'elle **venait de dîner** et qu'elle **allait regarder** la télévision.*

• L'imparfait peut rester l'imparfait avec un complément de temps qui exprime le passé, sinon il devient plus-que-parfait (risque de confusion).

*Ce matin, elle m'a dit qu'hier elle **était** (**avait été**) souffrante.* (*hier* indique le passé)
J'étais souffrante. → *Ce matin, elle m'a dit qu'elle **avait été** souffrante.* (l'imparfait est impossible, on pourrait croire qu'elle était souffrante ce matin : *Je suis souffrante ce matin.* → *Ce matin, elle m'a dit qu'elle était souffrante.*)

• Lorsque le verbe introducteur est au passé récent, ces règles sont facultatives.

*Il vient de me téléphoner qu'il ne **sera** (**serait**) pas là demain.*

■ **Les compléments de temps**

▶ Si le verbe introducteur est au passé, adverbes et compléments de temps changent (➜ p. 70).

dans le présent	dans le passé	dans le présent	dans le passé
hier	→ la veille	demain	→ le lendemain
avant-hier	→ l'avant-veille	après-demain	→ le surlendemain
la semaine dernière	→ la semaine précédente	la semaine prochaine	→ la semaine suivante
le mois dernier	→ le mois précédent	le mois prochain	→ le mois suivant
il y a trois jours	→ trois jours avant	dans trois jours	→ trois jours plus tard

*Max est parti **hier** et il reviendra **la semaine prochaine**.* → *Il y a un mois, j'ai téléphoné au bureau de Max. On m'a dit qu'il était parti **la veille** et qu'il reviendrait **la semaine suivante**.*

✔ *Aujourd'hui* devient *ce jour-là* et *ici* devient *là*.

*L'université est fermée **aujourd'hui**.* → *Quand je l'ai appelé, il m'a dit que l'université était fermée **ce jour-là**.*

⚠ Le temps dans le passé s'oppose au temps dans le présent : *Hier, lundi, Yves m'a dit qu'il partirait **demain**.* (*demain*, temps dans le présent : Yves part mercredi) *Hier, lundi, Yves m'a dit qu'il partirait **le lendemain**.* (*le lendemain*, temps dans le passé : Yves partira mardi)

▶ Si le discours au passé est rapporté le jour même, les deux types d'adverbes ou de compléments de temps sont possibles.

*Ce matin, il m'a dit qu'il reviendrait **dans quatre jours** (**quatre jours plus tard**).*

LE TEMPS ET LA CONCORDANCE DES TEMPS

*Quand il me prend dans ses bras, il me parle tout bas,
je vois la vie en rose.* (chanson)

1. L'expression du temps

▶ Le temps peut être exprimé par des adverbes de temps comme *alors, autrefois, bientôt, demain, dès lors, maintenant, tout à l'heure,* etc. (➡ p. 69).
*Il est **maintenant** sept heures. Nadia va **bientôt** arriver.*

▶ Il peut aussi être exprimé par des prépositions de temps comme *à, après, avant, dans, de, dès, depuis, durant, en, jusqu'à, pendant, pour,* etc. (➡ p. 87).
***Dès** neuf heures, Carlos a commencé à étudier. Il a étudié **pendant** trois heures.*

▶ Le gérondif et le participe présent peuvent aussi servir à exprimer le temps (➡ p. 156, 158).
***En allant** (**Allant**) à l'université, Antoine a rencontré Anne.*

▶ Les conjonctions de temps indiquent un rapport de simultanéité (en même temps), d'antériorité (avant), de postériorité (après).
***Lorsque** Serge était jeune, il faisait beaucoup de sport.* (simultanéité)
***Après que** les enfants étaient allés au lit, les parents dînaient.* (antériorité)
*Il rentrait chez lui **avant que** la nuit tombe.* (postériorité)

Principales conjonctions de temps			
alors que	aussitôt que	d'ici à ce que	pendant que
à peine ... que	avant que	en attendant que	quand
après que	chaque fois que	en même temps que	tandis que
au fur et à mesure que	comme	jusqu'à ce que	tant que
au moment où	depuis que	lorsque	toutes les fois que
aussi longtemps que	dès que	maintenant que	une fois que

▶ Plutôt que de répéter une de ces conjonctions (sauf *au moment où*) dans une phrase, il est préférable de la remplacer par *que*.
***Quand** il avait le temps et **qu'**il ne pleuvait pas, il allait jouer au tennis.*

■ Simultanéité

La simultanéité signifie que les actions (ou les états) se situent au même moment ou pendant la même période. Les conjonctions de temps qui marquent un rapport de simultanéité sont suivies de l'indicatif. Les plus fréquentes sont *quand* et *lorsque* qui expriment la simultanéité si les deux verbes de la phrase indiquent un même moment (dans le présent, le passé ou le futur).
***Quand** on **sonne** à la porte, le chien **aboie**.*
*Paul **lisait** quand le téléphone **a sonné**.*
***Quand** elle **était** petite, Nora **était** souvent malade.*
*Il est sorti sans parapluie. **Lorsqu'**il **rentrera**, il **sera** trempé.*

• Les conjonctions de temps *aussitôt que* (*sitôt que*), *dès que* insistent sur un moment précis, immédiat (deux actions se produisent simultanément).
Dès que je l'ai vu, je l'ai reconnu.
• *Au moment où* peut insister sur un moment précis, mais aussi indiquer une action en cours de déroulement.
Je suis sorti au moment où la bagarre a commencé. (moment précis)
Il est arrivé chez moi au moment où je téléphonais. (déroulement d'une action)
• *Pendant que, tandis que, en même temps que, alors que* expriment que des actions sont en train de se dérouler en même temps.
Pendant que le petit garçon apprend ses leçons, sa sœur regarde la télévision.
• *Comme* (+ imparfait) peut remplacer *alors que*.
Comme (**Alors que**) je me promenais dans le parc, j'ai rencontré un ami.
• *Aussi longtemps que, tant que* indiquent que deux actions ont la même durée.
*Tu pourras rester ici **aussi longtemps que** tu le voudras.*
• La conjonction *au fur et à mesure que* indique que deux actions progressent en même temps.
*Valérie avait de plus en plus peur **au fur et à mesure qu**'elle s'avançait dans l'obscurité.*
• *Depuis que* indique que deux actions ont commencé et se poursuivent en même temps.
Depuis qu'elle fait un régime, elle perd un kilo par semaine.
• *Chaque fois que, toutes les fois que* expriment la répétition, l'habitude.
Chaque fois que Corinne va au marché, elle achète des bananes.

> La conjonction *si* peut aussi exprimer l'habitude (particulièrement si les deux verbes sont à l'imparfait ; ➡ p. 119, 212). *Si elle allait au marché, elle achetait des bananes.*

■ Antériorité

Les conjonctions qui expriment un rapport d'antériorité sont suivies de l'indicatif (le verbe est à une forme composée : auxiliaire + participe passé). Des conjonctions qui expriment la simultanéité peuvent exprimer l'antériorité si les deux verbes de la phrase indiquent un moment différent.
Dès qu'il **avait fini** de dîner, il allait faire une promenade.
Depuis qu'elle **a fait** un régime, elle se sent mieux.
Bill me téléphonera **lorsqu**'il **sera arrivé**.
• *Après que* et *une fois que* ne peuvent indiquer que l'antériorité.
*Je te le dirai **après qu**'il sera parti.*
Une fois que les clients avaient quitté le magasin, les vendeuses commençaient à nettoyer.

⚠ Si les deux verbes ont le même sujet, *après que* + indicatif devient généralement *après* + infinitif passé (➡ p. 134) : *Il fait la vaisselle **après qu**'il a dîné.* → *Il fait la vaisselle **après avoir dîné**.*
• Avec la conjonction *à peine ... que*, il y a inversion du verbe et du pronom personnel sujet si cette conjonction est en tête de phrase.
À peine Fabrice était-il rentré de voyage **qu**'il est tombé malade. Mais : *Fabrice était **à peine** rentré de voyage **qu**'il est tombé malade.*

En français familier, *à peine* est remplacé par la négation : *Il **n'était pas** rentré de voyage qu'il tombait malade.*

■ **Postériorité**

Les conjonctions qui expriment un rapport d'antériorité sont *avant que, en attendant que, d'ici à ce que, jusqu'à ce que.* Elles sont suivies du subjonctif.

*Ne partez pas **avant que** je revienne.*

*Armand lit un journal **en attendant que** le train arrive.*

*Il se passera beaucoup de temps **d'ici à ce que** la loi soit appliquée.*

⚠ *Avant que* et *en attendant que* deviennent *avant de* et *en attendant de* + infinitif si le sujet de la subordonnée est aussi celui de la principale :
*Je n'irai pas au travail **avant d'être** guéri. **En attendant d'aller** mieux, je reste chez moi.*

Avant que peut être suivi d'un *ne* explétif (➡ p. 82) : *Je ne partirai pas avant que tu **ne** reviennes.*

2. La concordance des temps

▶ Lorsqu'il n'y a pas de conjonction de temps, les rapports de simultanéité, d'antériorité et de postériorité sont marqués par le temps des verbes.

En bleu, les temps qui ne s'utilisent qu'à l'écrit en langue soutenue ou littéraire.

Proposition principale	Proposition complétive à l'indicatif ou au conditionnel			
	Simultanéité	Antériorité	Postériorité	
Présent ou futur *Luc pense (pensera) que*	**présent** *c'est*	**imparfait** *c'était*	**futur simple** *ce sera*	*utile.*
		passé composé *cela a été*		*utile.*
Luc pense que		**passé simple** *ce fut*		*utile.*
Temps du passé *Je croyais / J'ai cru que*	**imparfait** *c'était*	**plus-que-parfait** *cela avait été*	**conditionnel présent** *ce serait*	*utile.*
Je crus que	**passé simple** *ce fut*	**passé antérieur** *c'eut été*	*ce serait*	*utile.*

▶ Lorsque le verbe de la proposition principale est au présent, il est possible d'exprimer l'antériorité dans la proposition complétive avec le plus-que-parfait et le futur antérieur.

*Je crois qu'il l'**avait prévu**. Je pense qu'elle l'**aura oublié**.*

▷ Lorsque le verbe de la proposition principale est au passé, il est possible d'exprimer l'antériorité dans la proposition complétive avec le conditionnel passé.
*Je pensais qu'elle **aurait oublié** cette histoire.*

Proposition principale	Proposition complétive au subjonctif			
	Simultanéité	Antériorité	Postériorité	
Présent ou futur *Il a (Il aura) peur que*	**présent** *tu sois*	**passé** *tu aies été*	**présent** *tu sois*	*malade.*
Temps du passé *Il a eu / Il avait peur que*	**présent** *tu sois*	**passé** *tu aies été*	**présent** *tu sois*	*malade.*
Il eut peur que	imparfait *tu ne fusses*	plus-que-parfait *tu n'eusses été*	imparfait *tu ne fusses*	*malade.*

L'imparfait et le plus-que-parfait du subjonctif n'appartiennent qu'à la langue littéraire et sont peu utilisés. Le français moderne les remplace par le présent et le passé du subjonctif. Cependant, si le verbe de la principale est au conditionnel, subjonctif présent et subjonctif imparfait peuvent s'opposer lorsqu'ils expriment la simultanéité (➡ p. 148) : *Je voudrais que mon frère **soit** présent. / Je voudrais que mon frère **fût** présent.* Dans le premier cas, il peut s'agir d'un simple souhait ou d'une demande (faites venir mon frère), dans le second, il s'agit d'un constat (mon frère n'est pas là), d'une impossibilité (mon frère ne peut pas être présent).

V - Les relations logiques

LA CAUSE

*J'aime l'araignée et j'aime l'ortie, **parce qu'**on les hait.* (Victor Hugo)

1. Les prépositions de cause

■ Prépositions + nom

• **Grâce à** annonce une cause positive, **à cause de** une cause souvent négative. Ce prépositions peuvent être suivies d'un nom ou d'un pronom.
*Grâce à ton aide (**Grâce à** toi), j'ai pu résoudre ce problème.*
*Dietrich n'a pas compris le texte **à cause de** quelques mots qu'il ne connaissait pas.*
• **Du fait de, en raison de, par suite de, à la suite de** annoncent une cause neutre ou technique. **Suite à** s'utilise à l'écrit en langage administratif.
*La circulation des trains est interrompue **en raison d'**un accident.*
***Suite à** votre demande, veuillez trouver ci-joint notre nouveau catalogue.*
• **Par** peut parfois être employé comme préposition de cause. Le nom est alors géné- ralement sans article : *par hasard, par erreur, par amour, par méchanceté, par bêtise, etc.*
*Il est venu dans cette ville **par** hasard, il y est resté **par** amour.*

■ Prépositions + nom / + infinitif

• **Pour** peut introduire la cause. Cette préposition indique alors la raison d'une récom- pense ou d'une punition. Elle est suivie d'un nom sans article ou d'un infinitif passé.
*Yves a été arrêté **pour** vol. Il a été condamné **pour** avoir volé une voiture.*

> L'article est possible lorsque le nom est suivi d'un complément de nom, d'un adjectif, d'une proposition relative : *Il a été condamné **pour le** vol d'une voiture / **pour un** vol audacieux / **pour un** vol qu'il a commis.*
> Les possessifs et les démonstratifs sont possibles : *Elle a été récompensée **pour ce** travail, **pour ses** efforts.*

• **À force de** indique l'intensité. Cette locution peut être suivie d'un nom (sans article) ou d'un infinitif.
*Antoine a réussi **à force de** travail / **à force de** travailler (parce qu'il a beaucoup travaillé).*
• **Faute de** indique une négation et peut être suivi d'un nom (sans article) ou d'un infinitif.
*Il n'a pas pu nous accompagner au concert **faute d'**argent (parce qu'il n'avait pas d'argent).*
***Faute d'**avoir des économies, il ne peut plus se permettre de sortir avec ses amis.*
• **De** suivi d'un nom exprime une cause liée à des sentiments, à des sensations (nom sans article : *trembler de froid, de peur, rougir de honte*) ou à des maladies (nom avec article : *mourir du cancer, souffrir du diabète*). **De** suivi d'un infinitif apparaît générale- ment après des verbes de sentiments.
*Elle a pleuré **de** joie.*
*Il est content **d'**être guéri.*

> Lorsque *de* + infinitif ne suit pas un verbe de sentiment, cette préposition peut être rempla- cée par *à* en français oral : *Il s'est rendu malade **de** tant travailler / **à** tant travailler.*

2. Les conjonctions de cause

■ Conjonctions + indicatif

▶ **Parce que** est la conjonction la plus fréquente. Cette conjonction apporte une explication ou répond à la question *Pourquoi ?*
*Pourquoi arrives-tu si tard ? – **Parce que** j'ai eu une panne de voiture.*
*J'arrive tard **parce que** j'ai eu un problème de voiture.*

Lorsque les deux propositions ont le même sujet, il est parfois possible de supprimer le pronom sujet et le verbe *être* de la subordonnée si celui-ci est suivi d'un adjectif : *Théo est absent **parce que** grippé.*

• Lorsqu'il y a mise en relief, *c'est parce que* peut devenir *c'est que.*
*Si je suis en retard, **c'est parce que** (c'est que) j'ai eu un problème de voiture.*
• La conjonction de coordination *car* (➡ p. 91) peut remplacer *parce que* particulièrement à l'écrit. Elle n'est jamais en début de phrase.
*Il n'est pas venu hier **car** il était malade.*

⚠ *Car* ne peut pas répondre directement à la question *Pourquoi ?* Il faut *parce que* :
*Pourquoi n'es-tu pas venu hier ? – **Parce que** j'étais malade. (Car* est ici impossible)

▶ **Puisque** exprime une cause déjà connue.
***Puisque** vous êtes brésilien, vous parlez portugais.*

▶ **Du moment que**, **dès lors que**, **dès l'instant que** ont le même sens que *puisque.*
***Du moment qu'**il est malade, ce n'est pas la peine de l'inviter.*

▶ **Étant donné que**, **entendu que**, **attendu que**, **du fait que**, **vu que** ont un sens proche de *puisque.* Ces conjonctions s'utilisent plutôt à l'écrit (démonstrations scientifiques, langage administratif ou juridique). Elles se placent généralement (sauf *vu que*) en début de phrase.
***Attendu que** la loi n'a pas été appliquée, la justice pourrait intervenir.*
***Vu que** vous n'avez pas payé votre loyer, vous pouvez être expulsé. (Vous pouvez être expulsé **vu que** vous n'avez pas payé votre loyer.)*

⚠ Les conjonctions *étant donné que, du fait que* et *vu que* peuvent devenir des prépositions (invariables) et être suivies d'un nom : ***étant donné** la situation, **vu** les conditions, **du fait des** circonstances*, etc.

▶ **Comme** annonce un constat dont la cause peut être connue ou inconnue de l'interlocuteur. La subordonnée de cause précède généralement la principale.
***Comme** tu parles italien, tu peux m'aider à traduire ce texte. (cause connue)*
***Comme** la boulangerie était fermée, j'ai acheté du pain au supermarché. (cause inconnue)*

⚠ *Comme* peut aussi exprimer le temps (➡ p. 186) ou la comparaison (➡ p. 210).
*Je l'ai rencontré **comme** j'allais au cinéma. (temps) / Faites **comme** vous vous voulez.* (comparaison)

▶ **Sous prétexte que** annonce une cause jugée contestable ou fausse.
*Elle n'est pas venue **sous prétexte qu'**elle était malade.*

> Lorsque les deux propositions ont le même sujet, il est possible d'utiliser la construction *sous prétexte de* + infinitif : *Elle refuse de l'aider **sous prétexte d'**avoir trop de travail.*

▶ ***D'autant que*** renforce une première cause (déjà annoncée ou sous-entendue).
*Je ne vous accompagnerai pas à ce concert, (parce que) je n'ai pas beaucoup d'argent en ce moment (première cause), **d'autant que** les places sont très chères (deuxième cause).*
*Je ne vous accompagnerai pas à ce concert, (première cause sous-entendue : je n'ai pas d'argent en ce moment), **d'autant que** les places sont très chères.*
• Cette conjonction est souvent associée à des termes comparatifs : *d'autant plus que, d'autant moins que* (➡ La comparaison, p. 209). Elle amplifie la cause.
*Je n'ai pas envie d'aller à cette fête, **d'autant plus que** je ne connais personne.*

▶ ***Surtout que*** indique la cause principale (*surtout parce que*). Cette conjonction est plutôt utilisée à l'oral.
*Elle n'a pas été envoyée en mission aux États-Unis, elle n'a pas été jugée assez compétente (cause secondaire), **surtout qu'**elle ne parle pas bien anglais (cause principale)*

✔ Les conjonctions *parce que, d'autant (plus) que* et *surtout que* peuvent être suivies du conditionnel si la cause annoncée exprime une éventualité.
*Ne le provoque pas, **parce qu'**il se mettrait en colère.*

> Dans le cas de répétition d'une conjonction de cause, la seconde peut être introduite simplement par *que* :
> *Karin n'est pas venue **parce qu'**elle n'en avait pas envie et **parce qu'**elle se sentait fatiguée. /*
> *Karin n'est pas venue **parce qu'**elle n'en avait pas envie et **qu'**elle se sentait fatiguée.*

■ Conjonctions + subjonctif

Lorsque la cause est incertaine ou non réelle, la subordonnée est au subjonctif.
• ***Soit que … soit que*** indique une cause incertaine, la vraie raison reste inconnue.
*Je ne l'ai pas trouvé à l'aéroport, **soit qu'**il ait raté l'avion, **soit qu'**il ait retardé son départ.*

> *Soit que … soit que* peut se transformer en *soit que … ou que* + subjonctif : ***soit qu'**il ait raté l'avion **ou qu'**il ait retardé son départ.* À l'oral, on peut utiliser *soit … soit* ; dans ce cas, il faut l'indicatif : ***soit** il **a raté** l'avion, **soit** il **a retardé** son départ.*

• ***Ce n'est pas que, non que*** expriment une cause non réelle. Ces conjonctions sont suivies du subjonctif, et les conjonctions qui expriment la cause réelle (*c'est que, c'est parce que, mais parce que*) sont suivies de l'indicatif.
*Max n'était pas dans l'avion. **Ce n'est pas qu'**il ait raté l'avion, mais **c'est parce qu'**il a retardé son départ.*
*Elle n'est pas venue. **Non qu'**elle ait oublié le rendez-vous, mais **parce qu'**elle a eu un problème chez elle.*

⚠ *Ce n'est pas parce que, non parce que* + indicatif : *Elle n'est pas venue ;* **non parce** **qu'***elle* **a oublié** *le rendez-vous, mais parce qu'elle a eu un problème.*

Si *ce n'est pas que* constitue une justification, l'indicatif est possible en français oral :
Ce n'est pas que *je ne* **voulais** *pas venir, c'est que j'ai eu un problème à la maison.*

3. Les participes

■ **Le participe présent et le gérondif** (➡ p. 156, 158)

▷ Le participe présent peut exprimer la cause. Il a alors la valeur d'une subordonnée de cause introduite par *comme* et se place généralement en début de phrase.
La bibliothèque **étant** *fermée (Comme la bibliothèque était fermée), je n'ai pas pu emprunter de livres.*
Le 1ᵉʳ mai **tombant** *un mardi, il n'y aura pas de cours lundi à cause du pont.*

▷ Le gérondif peut remplacer le participe présent (si les verbes ont le même sujet).
En conduisant *trop vite /* **Conduisant** *trop vite, il a provoqué un accident.*

■ **Le participe passé**

▷ Le participe passé peut aussi exprimer la cause. Il doit avoir le même sujet que le verbe principal.
Arrivé *en retard, François n'a pas pu voir le début du film.*

▷ Il s'agit dans ce cas d'une simple suppression des participes auxiliaires *étant* ou *ayant été* qui parfois alourdissent la phrase.
Surchargé (**Étant surchargé**) *de travail, je ne peux pas sortir ce soir.*
Renvoyé (**Ayant été renvoyé**) *de son entreprise, Jean-Marc se retrouve au chômage.*

LE BUT

Il faut manger **pour** *vivre et non vivre* **pour** *manger.*

1. Les locutions de but

■ **Prépositions de but**

▷ Prépositions + nom / + infinitif
• **Pour, en vue de** sont suivis d'un nom ou d'un infinitif.
Paola est venue en France **pour** *ses études /* **pour** *faire des études.*
En vue de *célébrer la journée internationale de la femme, la mairie a organisé une exposition.* **En vue de** *cette célébration, on a invité de nombreuses personnalités.*
• **De crainte de, de peur de** sont aussi suivis d'un nom ou d'un infinitif.
Elle conduit prudemment, **de peur** (**de crainte**) *d'un accident / d'avoir un accident (pour ne pas avoir d'accident).*

Variantes : *par crainte de, par peur de*. Ces locutions n'expriment pas toujours le but, elles peuvent exprimer la cause : *Hélène ne veut pas sortir **de peur** / **par peur** du chien (parce qu'elle a peur du chien)*.

▶ Prépositions + infinitif
• ***Afin de*** ne peut être suivi que d'un infinitif.
*L'élève a bien appris ses leçons **afin de** réussir son contrôle.*
• ***De façon à**, **de manière à**, **de sorte de**, **en sorte de*** sont suivis d'un infinitif et expriment la façon de réaliser un but.
*Arnaud s'est appliqué **de façon à** avoir une bonne note.*

■ **Conjonctions de but**
▶ Les prépositions de but (*pour, afin de, de peur de*, etc.), sauf *en vue de*, servent à former les conjonctions de but (*pour que, afin que, de peur que*, etc.). Elles sont suivies du subjonctif. Ces conjonctions ne s'utilisent que si les sujets des deux verbes sont différents. Si les verbes ont le même sujet, il faut une préposition de but + infinitif.
*Je lui ai téléphoné **pour qu**'elle n'oublie pas l'heure du rendez-vous.* (deux sujets différents)
*Je lui ai téléphoné **pour** décommander le rendez-vous.* (même sujet)
• ***Pour que**, **afin que*** (plus recherché)
*Paul a conduit Valérie en voiture à l'université **pour qu**'elle ne soit pas en retard.*
*Je l'ai prévenu **afin qu**'il ne soit pas surpris.*
• ***De peur que**, **de crainte que*** (plus recherché)
*J'ai pris un parapluie **de crainte que** (**de peur que**) la pluie n'abîme mon costume.*

▶ Les conjonctions *de crainte que* et *de peur que* (toujours suivies du subjonctif) n'indiquent pas toujours le but. *J'ai pris un parapluie **de peur que** la pluie n'abîme mon costume / pour que la pluie n'abîme pas mon costume* (but). *J'ai pris un parapluie **de peur qu**'il pleuve* signifie *J'ai pris un parapluie parce que j'avais peur qu'il pleuve* (cause).

Avec ces conjonctions, il peut y avoir un *ne* explétif (➡ p. 82) devant le verbe : *de peur qu'il **ne** pleuve.*

• ***De façon que**, **de manière que**, **de sorte que**, **en sorte que*** (plus rare et plus littéraire).
*Jean a tout préparé **de façon qu**'il n'y ait pas de problème.*
*Il a téléphoné qu'il serait absent **de sorte que** personne ne l'attende.*

En français oral, *de façon que* et *de manière que* sont souvent transformés en *de façon à ce que, de manière à ce que* (+ subjonctif) : *Téléphone que tu ne seras pas là, **de manière à ce que** tout le monde soit prévenu.*

✔ Pour insister sur la façon, la manière employée pour réaliser le but, il est possible d'ajouter l'adjectif *telle* : *de **telle** façon que, de **telle** manière que, de **telle** sorte que.*
*Il explique clairement **de telle sorte que** tout le monde puisse comprendre.*

⚠ Lorsque ces conjonctions sont suivies d'un indicatif, elles expriment la conséquence et non le but. Lorsqu'elles expriment la conséquence, les deux verbes peuvent avoir le même sujet (➡ La conséquence, p. 197).
*Il a téléphoné qu'il serait absent **de sorte que** personne ne l'a attendu.*
*Elle avait bien préparé son exposé **de sorte qu'**elle a été **félicitée**.*

■ **Suppression des locutions de but**
Les locutions de but peuvent être supprimées.
• Si le verbe principal est à l'impératif et si les deux sujets sont différents, *pour que* et *afin que* deviennent *que*.
*Donne-moi ce dossier **que** je le range.*
• Après les verbes de mouvement avec l'auxiliaire *être* (et le verbe *courir*), *pour* et *afin de* sont supprimés (si le sujet du verbe de mouvement est aussi celui de l'infinitif).
Elle est descendue à la cave chercher du vin.
Laurent a couru m'annoncer la bonne nouvelle.
• Lorsqu'il y a une première locution de but dans la phrase, la seconde peut être simplement indiquée par *que* ou *de*.
*Judith a tout fait **pour que** ses amis viennent à sa fête et (**pour**) **qu'**ils passent une bonne soirée.*
*Il s'est dépêché **de peur d'**être en retard et **de** se faire gronder.*

⚠ Pas de préposition *de* si la première locution de but est *pour* : *Ils sont venus **afin de** faire la fête **et de** s'amuser / **pour** faire la fête **et** s'amuser.*

■ **Récapitulatif**

	Préposition + nom	Préposition + infinitif (même sujet)	Conjonction + subjonctif (sujets différents)
En vue	en vue d'une fête	en vue de faire la fête	
De crainte / de peur	de crainte d'un accident	de crainte d'avoir un accident	de peur qu'il n'y ait un accident
Pour	pour une fête	pour faire la fête	pour qu'on s'amuse
Afin		afin de faire la fête	afin qu'on s'amuse
De / En sorte		en sorte d'être riche	de sorte qu'il soit riche
De façon / de manière		de façon à avoir de l'argent	de manière que nous ayons de l'argent

2. Le but dans les propositions relatives

Les propositions relatives qui expriment une idée de but ont leur verbe au subjonctif (➥ p. 179) :
- après des verbes de recherche comme *chercher, être à la recherche de, être en quête de, rechercher,* etc.

*Je suis à la recherche d'une université où je **puisse** apprendre le japonais.*
- après des verbes de souhait ou de désir (souvent au conditionnel) comme *aimer, désirer, souhaiter, vouloir,* etc.

*J'aimerais m'inscrire dans un cours **qui** ne **soit** pas trop difficile.*
- après des verbes au conditionnel (le conditionnel exprime alors le souhait).

*J'habiterais bien dans une résidence universitaire où il y **ait** des Japonais.*

⚠ En français oral, le conditionnel peut remplacer le subjonctif dans les propositions relatives : *J'habiterais bien dans une résidence universitaire où il y **aurait** des Japonais.*

LA CONSÉQUENCE

*Je pense **donc** je suis.* (Descartes)

La conséquence est l'inverse de la cause :
Dès le début du film, j'ai pensé que le majordome était le coupable.
*J'avais raison **car** le majordome était le coupable.* (cause)
*Le majordome était bien le coupable, **donc** j'avais raison.* (conséquence)

1. Les locutions de conséquence

■ Adverbes et conjonctions de coordination

▶ **Donc** exprime normalement la conséquence, la conclusion d'un raisonnement.
*Vous n'avez pas d'assurance, vous ne pouvez **donc** pas être remboursé.*
*Il n'y avait que toi dans la pièce. C'est **donc** toi qui as cassé le vase.*
- **Donc** peut aussi exprimer l'étonnement, la surprise, la demande pressante.

*Lucie divorcerait ? Allons **donc** !* (étonnement)
*Dépêche-toi **donc** ! Tais-toi **donc** !* (demande pressante).
*Dites **donc**, vous, qu'est-ce que vous faites ?*
- En français oral, placé en fin de proposition, *donc* peut indiquer le temps (*alors, à ce moment-là*).

*J'étais au café. Je buvais une bière, **donc**, et voilà Hector qui arrive. Je lui dis bonjour, **donc**, et il commence à me raconter ses problèmes.*

▶ **Alors, dès lors** peuvent indiquer la conséquence mais aussi le temps.
*Petra n'avait pas assez d'argent pour prendre un taxi, **alors** elle a pris le bus.* (conséquence)
*Renée est sortie de chez elle et **alors** il a commencé à pleuvoir.* (temps : *à ce moment-là*)
*Il n'aime pas le riz. **Dès lors**, il ne va jamais dans les restaurants chinois.* (conséquence)
*Elle a changé de travail, **dès lors** elle est plus heureuse.* (temps : *à partir de ce moment-là*)

⚠ *Alors que* peut exprimer la concession (➡ p. 202), l'opposition (➡ p. 205) ou le temps (➡ p. 186) et *dès lors que* exprime la cause (➡ p. 191).

▶ **Par conséquent, en conséquence** expriment la conséquence.
*Votre professeur, monsieur Garnier est souffrant. **Par conséquent** l'examen est reporté à la semaine prochaine.*

▶ **C'est pourquoi, voilà pourquoi, c'est pour cette raison que, c'est la raison pour laquelle, c'est pour ça que** (français familier) expriment l'explication de la conséquence.
*Émilie a oublié ses clés chez une amie, **c'est pourquoi** elle ne peut pas rentrer chez elle.*

▶ **Aussi** et **ainsi** expriment la conséquence lorsqu'ils sont placés en début de phrase. Il faut inverser le pronom sujet en français écrit (règle obligatoire avec *aussi*, facultative avec *ainsi*).
*Julie avait bien préparé son exposé. **Aussi** (**Ainsi**) a-t-elle eu une bonne note / **Ainsi** elle a eu une bonne note.*

⚠ *Ainsi* peut se trouver derrière le verbe et garder le sens de conséquence (*de cette manière*) : *Lucie a **ainsi** eu une bonne note.* Mais lorsque *aussi* suit le verbe, il a le sens de *également* : *Pour son travail, Thierry a eu 18/20. Lucie a **aussi** eu une bonne note.*

▶ **Du coup** (français familier) exprime une conséquence plus ou moins inattendue.
*Antonio est venu en France pour étudier le français. À l'école de langue, il a rencontré une étudiante allemande. **Du coup**, il a fait plus de progrès en allemand qu'en français.*

▶ **D'où, de là** sont suivis d'un nom et non d'une proposition.
*Il a été pris dans un embouteillage, **d'où** son retard.*

✔ Lorsque la conséquence est évidente, la coordination n'est pas nécessaire, la ponctuation suffit (deux points, virgule, point-virgule...) : *Elle est arrivé en retard **:** elle n'a pas trouvé de place.*

■ **Conjonctions + indicatif**
• **Si bien que** exprime une simple conséquence.
*Luc a fait des économies pendant toute une année, **si bien qu'**il a pu s'offrir un voyage à Bali.*
• **De (telle) sorte que, de (telle) façon que, de (telle) manière que** indiquent que la conséquence n'est pas due au hasard, mais qu'elle a été préparée et voulue.
*Éric a prévenu qu'il faisait une fête une semaine en avance, **de** (**telle**) **sorte** que tous ses amis ont pu venir.*

⚠ Si ces conjonctions sont suivies du subjonctif, elles expriment le but (➡ p. 194) :
*Il a prévenu ses amis **de** (**telle**) **façon qu'**ils **puissent** tous venir* (but : *il veut que ses amis puissent venir*). Si les verbes ont le même sujet, l'infinitif remplace le subjonctif (but) : *Fabien s'est couché tôt **de sorte d'**être en forme le lendemain.* Mais l'indicatif (conséquence) ne se transforme pas en infinitif : *Fabien s'est couché tôt **de sorte qu'**il était en forme le lendemain* (conséquence).

V - Les relations logiques

• **Si** peut exprimer une condition qui entraîne une conséquence lorsque le verbe de la principale est au futur (futur simple ou futur proche, ➡ p. 127) ou si les deux verbes sont à l'imparfait (➡ p. 212).
Si tu continues à boire et à faire des mélanges, tu vas être (seras) malade demain.
Huguette n'achète plus de pâtisseries. Si elle mangeait des gâteaux, elle grossissait.

2. La conséquence et l'intensité

■ Avec l'indicatif

• **Si** (**tellement**) + adjectif ou adverbe + **que**
*Étienne est si (**tellement**) gentil **que** tout le monde l'aime.*
*L'orage est arrivé si (**tellement**) vite **qu'**il a surpris tout le monde.*

⚠ Lorsque l'adverbe est *bien*, il ne faut pas confondre la construction *si* (*tellement*) + *bien + que* et la conjonction de conséquence *si bien que*.
*Claudine sait chanter : elle chante **si bien** (**tellement bien**) **que** tout le monde reste pour l'écouter.*
*Joël ne sait pas chanter mais il insiste pour chanter, **si bien que** tout le monde s'en va.*

• Verbe + **tant** (**tellement**) + **que** (ou : auxiliaire + **tant / tellement** + participe passé + **que**)
*Vladimir aime **tant** (**tellement**) les croissants **qu'**il en achète tous les matins.*
*Il a **tant** (**tellement**) neigé **que** la circulation est interrompue.*

⚠ Il ne faut pas confondre la construction *tant* (*tellement*) *que* et la conjonction de temps *tant que* (*aussi longtemps que*, ➡ p. 186) :
*Il travaille **tant** (**tellement**) **qu'**il est fatigué.*
*Il travaillera **tant** (**aussi longtemps**) **qu'**il le pourra.*

• **Tant et tant que**, **tant et si bien que** insistent sur l'intensité.
*Christine a discuté longuement avec le vendeur, **tant et si bien qu'**elle a eu une réduction importante.*

• **Tant** (**tellement**) **de** + nom + **que**
*Frédéric a **tant** (**tellement**) **de** travail en retard **qu'**il ne peut plus sortir avec ses amis.*

⚠ Dans certaines expressions comme *avoir faim, avoir froid, avoir mal, avoir peur, avoir soif,* l'adverbe d'intensité est *si* (*tellement*) : *Elle a **si** (**tellement**) froid qu'elle grelotte.*

• **Tel** (**telle, tels, telles**) **que** / **tel** (**telle, tels, telles**) + nom + **que**
*La difficulté du problème était **telle que** personne n'a trouvé la solution.*
*Le problème présentait une **telle** difficulté **que** personne ne l'a résolu.*

⚠ Au pluriel, *des* + *tels* (*telles*) → *de tels* (*telles*) : *Les problèmes présentaient **de telles** difficultés que personne n'a pu les résoudre.*

• **Au point que**, **à tel point que**
*La température est tombée brutalement, **au point que** l'eau du lac a gelé.*
*Le film était triste **à tel point que** beaucoup de spectateurs pleuraient.*

• Lorsque les deux verbes ont le même sujet, *au point que* + indicatif peut devenir *au point de* + infinitif : *Le film était triste au point de faire pleurer toute la salle.*
• *À tel point que* et *au point que / au point de* peuvent devenir à + infinitif : *Le film était triste à pleurer* (*à tel point qu'on aurait pu pleurer*).

✔ Toutes ces conjonctions sont suivies de l'indicatif, mais le conditionnel est possible si la conséquence est hypothétique : *Vincent a si soif qu'il pourrait boire deux litres d'eau.*

■ **Avec le subjonctif**

▷ Lorsque le verbe de la proposition principale est à la forme négative ou interrogative, le verbe de la subordonnée est au subjonctif.
Le problème était-il si difficile que personne n'ait trouvé la solution ?
Il n'a pas tant neigé que la circulation soit interrompue.

▷ L'impossibilité (ou la possibilité) d'échapper à la conséquence peut s'exprimer par *sans que* + subjonctif (ou *sans* + infinitif si les deux verbes ont le même sujet). Le verbe de la principale est généralement à la forme interrogative ou négative.
Es-tu capable de faire la vaisselle sans que la moitié des assiettes soient cassées ?
Cet acteur est très célèbre. Il ne peut pas sortir dans la rue sans que les gens le reconnaissent. Il ne peut pas sortir sans être abordé par des passants.

Sans que peut être suivi d'un *ne* explétif (➡ p. 82) : *Es-tu capable de faire la vaisselle sans que la moitié des assiettes ne soient cassées ?*

▷ Dans les constructions qui expriment l'intensité et la conséquence, le verbe de la subordonnée introduite par *pour que* est au subjonctif (si les verbes ont des sujets différents).
• *Assez* (*suffisamment*) / *trop* + adjectif ou adverbe + *pour que* + subjonctif.
Il est trop tard pour qu'on puisse aller au cinéma.
Gaël est assez grand pour qu'on lui permette de sortir seul le soir.
• Verbe + *assez* (*suffisamment*) / *trop* + *pour que* + subjonctif.
Rémi aime assez les animaux pour qu'on lui confie notre chat pendant le week-end.
Il pleut trop pour qu'on sorte maintenant.
• *Assez* (*suffisamment*) *de* / *trop de* + nom + *pour que* + subjonctif.
Elisa a suffisamment d'expérience pour qu'on lui confie ce travail.
Il y a trop de bruit pour qu'on puisse s'entendre.

▷ Si les verbes ont le même sujet, il faut *pour* + infinitif.
Farida est trop jeune pour sortir seule le soir. Elle n'est pas assez grande pour avoir la permission de sortir seule.

▷ À la forme négative, *trop* devient *trop peu*, *pas assez* ou *pas suffisamment*.
Elle a trop peu / Elle n'a pas assez (suffisamment) d'expérience pour qu'on lui confie ce travail.
Tobias travaille trop peu / Tobias ne travaille pas assez (suffisamment) pour réussir.

⚠ *Trop peu* est impossible devant un adverbe. Il faut *pas assez* ou *pas suffisamment*.
Ben ne parle pas assez (pas suffisamment) bien le français pour comprendre une conversation.

V - Les relations logiques

LA CONCESSION

*Et **pourtant**, elle tourne.* (Galilée)

• La concession exprime une conséquence inattendue, en opposition avec les faits annoncés.
Émilie s'est présentée à un poste d'assistante bilingue français-anglais mais elle ne parle pas un mot d'anglais. (Émilie ne parle pas anglais, elle ne devrait pas se présenter à ce poste.)
• La concession peut s'exprimer par des conjonctions, des adverbes, des prépositions ou la locution *avoir beau.*

1. Conjonctions, adverbes et prépositions

■ Conjonctions de coordination

▶ ***Mais*** est le moyen le plus simple d'exprimer la concession.
*Nicolas avait promis à Cécile d'arrêter la cigarette **mais** il continue de fumer.*
• *Mais* peut relier deux propositions et aussi deux mots ou locutions.
*Manuel est sérieux **mais** un peu distrait.*

⚠ *Mais* n'exprime pas toujours la concession. Cette conjonction peut aussi exprimer l'opposition (➡ p. 204) : *Nicolas est brun **mais** Cécile est blonde.*

▶ ***Or*** insiste sur la concession. Cette conjonction, généralement suivie d'une virgule, peut aussi exprimer le temps (*à ce moment-là*).
*Tu m'avais dit que tu me rendrais mon livre hier. **Or**, tu ne l'as pas fait.* (concession)
*Je me suis arrêté par hasard dans un village. **Or**, ce jour-là il y avait une petite fête foraine sur la place.* (temps)

Or peut aussi introduire un raisonnement : *Tous les hommes sont mortels. **Or**, Socrate est un homme. Donc Socrate est mortel.*

▶ ***Et*** peut parfois marquer la concession.
*Le médecin te l'a interdit **et** tu continues de fumer !*

■ Adverbes de concession

• ***Pourtant*** (***et pourtant***), ***cependant*** expriment toujours la concession.
*Elle est très myope, **cependant** elle refuse de porter des lunettes.*
*Toutes les filles sont amoureuses de lui. Il n'est **pourtant** pas très beau.*
• ***Néanmoins*** et ***toutefois*** expriment aussi la concession (plutôt en français écrit).
*Votre projet est intéressant. Il est **toutefois** impossible de le financer.*
*Nous comprenons bien vos difficultés actuelles. **Néanmoins** nous ne pouvons donner suite à votre demande de prêt.*
• ***Tout de même*** et ***quand même*** expriment la concession en français familier.
*Tu pourrais **tout de même** faire attention.*
*Personne ne l'a invité. Il est **quand même** venu.*

⚠ *Quand même* peut se placer en fin de phrase et éventuellement être une deuxième marque de concession : *Personne ne l'a invité, mais il est venu quand même.*

• *Même* devant un adjectif exprime la concession.
Même fatiguée (même si elle est fatiguée), elle continue à travailler.

■ **Prépositions de concession**

▶ *Malgré, en dépit de* (plus littéraire) + nom ou pronom.
Malgré sa jeunesse, Paul a un très haut poste dans l'entreprise.
En dépit de tout, il faut continuer à croire que les choses s'arrangeront.

▶ D'autres prépositions peuvent exprimer la concession.
• *À défaut de* + nom ou infinitif.
À défaut d'expérience (même s'il n'a pas d'expérience), ce candidat a de l'enthousiasme.
À défaut d'être expérimenté (même s'il n'est pas expérimenté), il est motivé.
• *Quitte à, au risque de* + infinitif.
Marc était très pressé, il a roulé comme un fou au risque d'avoir / quitte à avoir un accident.

2. Conjonctions de subordination
■ **Conjonctions + subjonctif**

▶ *Bien que, quoique, encore que* (littéraire) expriment la concession.
Mireille fume bien qu'elle sache que le tabac est dangereux pour la santé.
Quoique son travail soit intéressant, elle veut démissionner.
• Derrière ces conjonctions, le pronom sujet et le verbe *être* peuvent être supprimés si les deux verbes ont le même sujet.
Quoiqu'elle soit douée en mathématiques / Quoique douée en mathématiques, Julia n'arrive pas à résoudre ce problème.
Albert a accepté ma proposition, encore qu'il soit réticent / encore que réticent.
• Le verbe au subjonctif peut aussi être remplacé par un participe présent (➡ p. 156).
Bien qu'elle ignore le solfège / Bien qu'ignorant le solfège, Anne chante juste.

En français oral, on peut entendre *malgré que* suivi du subjonctif, mais cet emploi est considéré comme incorrect : *Il a accepté, malgré qu'il soit réticent.*

▶ *Sans que* peut exprimer la concession (mais aussi la conséquence, ➡ p. 199, et la condition, ➡ p. 214).
L'actrice a accepté de participer à un programme de bienfaisance sans que cela lui rapporte de l'argent.

Sans que peut être suivi du *ne* explétif (➡ p. 82) : *sans que cela ne lui rapporte de l'argent.*

• Lorsque le sujet des deux propositions est le même, l'infinitif peut remplacer le subjonctif.
*Nicole s'est présenté pour le rôle **sans qu'**elle ait une chance de l'obtenir / **sans** avoir une chance de l'obtenir.*

▶ *Si, aussi, pour* + adjectif ou adverbe + *que* + subjonctif. Ces constructions expriment l'intensité et la concession.
*Il est intelligent, il est très intelligent, mais **si** intelligent **qu'**il soit, il ne pourra jamais résoudre cette énigme.*
***Aussi** vite / **Pour** vite que vous couriez, vous ne pourrez jamais le rattraper.*

> Avec *si*, l'inversion du sujet peut remplacer *que* (forme littéraire) : *si intelligent **soit-il**.*

▶ *Tout(e)* et *quelque* (forme littéraire invariable) peuvent remplacer *si, aussi* ou *pour* devant un adjectif. *Tout* admet l'indicatif.
***Toute** rusée **qu'**elle soit / **qu'**elle est, elle n'a pas réussi à me tromper.*
***Quelque** riches **qu'**ils soient, ils ne pourront jamais s'offrir ce château.*

▶ *Qui que, quoi que, où que (d'où que)* + subjonctif indiquent que la personne, l'action ou le lieu n'a pas d'importance.
***Qui que** vous soyez, **quoi que** vous pensiez, **d'où que** vous veniez, vous êtes ici les bienvenus.*

⚠ Il ne faut pas confondre *quoi que* et *quoique* (*bien que*) :
***Quoiqu'**il dise la vérité, on ne le croit pas.* (Il dit la vérité mais on ne le croit pas)
***Quoi qu'**il dise, on ne l'écoute pas.* (Il peut dire ce qu'il veut, on ne l'écoute pas)

▶ *Quel (quelle, quels, quelles) que* + verbe (*être* ou *pouvoir être*) au subjonctif + nom.
***Quelle que** soit la situation, **quelles que** soient les circonstances et **quels que** puissent être ses arguments, je ne lui ferai jamais confiance.* (La situation, les circonstances ou ses arguments n'ont pas d'importance)

▶ *Que* (+ subjonctif) ... *ou que* (+ subjonctif) exprime l'hypothèse (➥ p. 215) et aussi la concession (la situation est la même quelle que soit l'hypothèse).
***Qu'**il pleuve **ou qu'**il fasse froid, mon grand-père fait tous les soirs une petite promenade.* (Il fait sa promenade même s'il pleut ou s'il fait froid)

■ Conjonctions + indicatif

• *Même si* exprime la concession. Cette conjonction suivie de l'imparfait ou du plus-que-parfait exprime la concession et l'hypothèse.
*Elle continue d'argumenter **même si** elle sait qu'elle a tort.* (concession)
***Même si** tu me le demandais à genoux, je te dirais toujours non.* (concession et hypothèse)
• *Alors que* exprime le temps (➥ p. 186), l'opposition (➥ p. 205), mais aussi la concession.
***Alors que** Xavier doit de l'argent à tout le monde, il vient de s'acheter un nouvel ordinateur.*

■ **Conjonctions + conditionnel**

• **Quand bien même** exprime la concession et l'hypothèse. Les deux verbes de la phrase sont au conditionnel.

Quand bien même on me paierait une fortune, je ne ferais jamais ce travail.

• **Quand** suivi du conditionnel (recherché) peut s'employer à la place de *quand bien même*. **Quand** *il me le jurerait, je ne le croirais toujours pas.*

• La suppression de la conjonction est possible (avec ou sans *que* entre les propositions). En français écrit, il faut l'inversion du pronom sujet ; en français oral, il n'y a pas d'inversion.

Me paierait-on une fortune, je ne ferais jamais ce travail.
On me paierait une fortune que je ne ferais jamais ce travail.

3. Autres moyens d'exprimer la concession

■ *Avoir beau* + infinitif

• Cette locution se place en début de phrase. Le sujet du verbe *avoir* est celui de l'infinitif. *Beau* reste invariable.

Rita essaie de maigrir mais elle n'y arrive pas. → *Rita a beau essayer de maigrir, elle n'y arrive pas.*

Tu auras beau insister, je n'irai pas faire les magasins avec toi.

⚠ La locution *avoir beau* indique la concession. Il ne faut pas ajouter un autre terme de concession comme *mais* ou *pourtant* entre les deux propositions.

• Aux temps composés, deux constructions sont possibles. On peut mettre le verbe *avoir* à un temps simple (présent, imparfait, futur) + infinitif passé (construction la plus courante) ou mettre le verbe *avoir* à un temps composé (passé composé, plus-que-parfait, futur antérieur) + infinitif présent.

Tom avait bien préparé son entretien d'embauche mais il n'a pas été sélectionné. → *Tom avait beau avoir bien préparé son entretien / Tom avait eu beau bien préparer son entretien, il n'a pas été sélectionné.*

■ **Gérondif**

Le gérondif peut exprimer la concession s'il est précédé de *même* ou de *tout* (➥ p. 159).

Même en me dépêchant, je ne suis pas arrivé à temps.

Tout en sachant que c'est un outil indispensable, mon père refuse d'utiliser Internet.

⚠ *Tout* + gérondif peut exprimer aussi le temps (insistance sur la simultanéité, ➥ p. 158) : *Tout en buvant son café, Angelo réfléchissait.*

L'OPPOSITION

Si tu ne m'aimes pas, je t'aime. (**Carmen** de Bizet)

- L'opposition exprime un contraste entre deux éléments de même nature. Contrairement à la concession, il n'y a pas de conséquence inattendue. Certains termes de concession peuvent aussi exprimer l'opposition.
*Au restaurant, Sabrina voulait commander une pizza, **mais** il n'y en avait plus.* (concession)
*Elle aime la pizza **mais** son ami préfère les pâtes.* (opposition)
- La frontière entre concession et opposition peut être mince et dépendre largement du contexte.
*Si tu ne m'aimes pas, je t'aime. / **Même si** tu ne m'aimes pas, je t'aime.* (concession)
*Si tu ne m'aimes pas, je t'aime. / Tu ne m'aimes pas. Moi, **au contraire**, je t'aime.* (opposition)

1. Adverbes et prépositions

■ Adverbes et locutions adverbiales

- *Au contraire, à l'opposé* (plus rare) annoncent une opposition.
*Éric adore les films de science-fiction. Quentin, **au contraire**, déteste ce genre de film.*
*La petite Catherine parle beaucoup ; **à l'opposé**, son frère est très silencieux.*
- *À l'inverse* exprime une opposition plus radicale (*tout au contraire*).
*Tu t'amuses beaucoup. Moi, **à l'inverse**, je m'ennuie énormément.*

> *Inversement* peut parfois être employé à la place de *à l'inverse*, mais le plus souvent il a le sens de *réciproquement* : *Sharon aide Alain à corriger sa prononciation en anglais et **inversement** il l'aide à bien prononcer le français.*

- *Par contre* s'utilise en français standard et *en revanche* en français plus soutenu.
*David est très bon en langues. **Par contre**, il n'est pas très doué pour les sciences.*
*Il a eu une mauvaise note en chimie, **en revanche** il a obtenu une excellente note en anglais.*

> *En revanche* annonce souvent quelque chose de positif ou une compensation : *Margot n'a pas obtenu la mutation qu'elle avait demandée, **en revanche** elle a eu une augmentation.*

- *Par ailleurs (mais par ailleurs)* exprime l'opposition lorsque cette locution a le sens de *d'un autre côté* (présentation d'un autre point de vue) mais pas lorsqu'elle signifie *en plus.*
*J'inviterais bien Pierre à dîner avec nous ce soir. (**Mais**) par ailleurs (d'un autre côté), je ne sais pas si nous avons assez à manger.* (opposition)
*Il a dû s'excuser publiquement et il a été, **par ailleurs** (en plus, de plus), condamné à cent euros d'amende.*

✓ Cette locution adverbiale est assez recherchée. Quand c'est possible, elle est souvent remplacée par *d'un côté ... de l'autre.*
*Ça me ferait plaisir de sortir, mais **par ailleurs**, j'ai un travail urgent à terminer.*
*D'un côté, ça me ferait plaisir de sortir ; **de l'autre**, j'ai un travail urgent à terminer.*

■ **Prépositions**

• Quelques prépositions qui marquent l'opposition proviennent des adverbes d'opposition : **contrairement à, à l'opposé de, à l'inverse de**. Elles sont suivies d'un nom ou d'un pronom.

Contrairement à toi, je n'aime pas beaucoup la musique classique.

Benjamin est très calme, **à l'inverse de** sa sœur qui n'arrête pas de parler et de bouger.

• **Au lieu de** peut être suivi d'un nom ou d'un infinitif.

Je prendrai un café **au lieu d'un dessert**.

Au lieu d'aller à la piscine, Stéphane va au cinéma.

> Lorsqu'il est suivi d'un nom, *au lieu de* peut être remplacé par *à la place de* : *Je prendrai un café* **à la place d'***un dessert*. Lorsqu'il est suivi d'un infinitif, il peut être remplacé par *plutôt que de* : **Plutôt que de** *prendre un dessert, je prendrai un café*. Suivi d'un infinitif, il peut exprimer la concession : **Au lieu de** *se préparer pour son examen, Clément regarde la télévision*. (Il devrait étudier et pourtant il s'amuse)

• **Loin de** (**bien loin de**) + infinitif exprime une opposition plus forte que *au lieu de*.

Le professeur est arrivé quand un élève l'imitait devant ses camarades. **Loin** (**Bien loin**) de se fâcher, il a beaucoup ri.

2. Conjonctions + indicatif

• **Alors que** exprime le temps (➡ p. 186), la concession (➡ p. 202) et l'opposition (les sujets doivent être différents, sauf le pronom impersonnel *il*).

Georges est très élégant **alors que** sa femme s'habille n'importe comment.

Alors qu'il pleut à Paris, il fait beau à Nice.

• **Tandis que**, **pendant que** expriment le temps et l'opposition avec des sujets différents (*tandis que* est plus courant que *pendant que*).

Tandis que j'aime la peinture abstraite, tu aimes la peinture figurative.

Jérémy travaille **pendant que** ses amis s'amusent.

• **Quand** indique le temps, la concession, mais aussi l'opposition avec des sujets différents.

Sophie a déjà fait tous les exercices **quand** Valérie n'en est qu'à la moitié. (opposition)

• **Si**, placé en début de phrase, peut exprimer l'opposition, les sujets peuvent être semblables ou différents.

Si la nourriture est bonne dans ce restaurant, le service est très mauvais.

Si François n'aime pas le thé, il adore le café.

• **Autant ... autant** exprime l'opposition et la comparaison.

Autant elle aime sortir, **autant** il aime rester à la maison.

Autant Jean-Pierre aime aller l'opéra, **autant** il déteste la musique moderne.

• **Selon que ... ou que** (+ indicatif ou subjonctif) exprime l'opposition et l'hypothèse (➡ p. 215).

Dans ce pays l'accueil est différent **selon qu'**on parle la langue **ou qu'**on ne la parle pas.

✔ Si les deux verbes sont identiques, il est possible simplifier la phrase.

« **Selon que** vous serez puissant **ou** misérable, les jugements de cour vous rendront blancs ou noirs. » (La Fontaine)

• L'opposition peut aussi être exprimée par des expressions comme *quant à moi* (*toi, lui, elle,* etc.), *en ce qui me* (*te, le, la…*) *concerne, pour ma* (*ta, sa…*) *part,* ou l'emploi de pronoms toniques (*moi, toi, lui…* ; ➡ Les pronoms toniques p. 48) : **Moi,** je suis allemand et **lui,** il est autrichien.

LA COMPARAISON

*Il ne faut pas être **plus** royaliste **que** le roi.*

1. Comparatif et superlatif

■ **Le comparatif** (➡ p. 76)

▶ **Plus / moins / aussi** + adjectif ou adverbe + **que**

*La Sicile est **plus** grande **que** la Corse.*

*La Crète est **moins** grande **que** l'Islande.*

*La Hollande est **aussi** grande que la Suisse.*

*La vie coûte **plus** cher en Islande **qu'**en Crète.*

*Les logements coûtent **moins** cher à Lyon **qu'**à Londres.*

⚠ Si l'adjectif est suivi de la préposition *de,* il est possible de reprendre cette préposition après *que,* mais le sens est différent : *Marseille est **plus** proche de Lyon **que de** Paris.* (Marseille est plus proche de Lyon que Marseille est proche de Paris) *Marseille est **plus** proche de Lyon **que** Paris.* (Marseille est plus proche de Lyon que Paris est proche de Lyon)

▶ Quelques adjectifs et adverbes ont un comparatif irrégulier.

• **Bon** (*bonne, bons, bonnes*) → **meilleur** (*meilleure, meilleurs, meilleures*)

*La cuisine de Marie est **meilleure** que celle de Sylvie.*

• **Bien** → **mieux**

*Je suis désolé mais Marie cuisine **mieux** que toi.*

• **Mauvais** (*mauvaise, mauvaises*) → **pire** (*pires*) ou **plus mauvais** (*mauvaise, mauvaises*)

*Ma cuisine n'est quand même pas **pire** (**plus mauvaise**) que celle de Marie !*

> *Pire* est utilisé à la place de *plus mauvais* dans certaines expressions comme : *c'est encore pire, c'est bien pire, c'est de pire en pire, c'est pire que tout,* etc.
>
> Il existe aussi *pis* (comparatif irrégulier de *mal*) qui ne s'emploie que rarement et seulement dans des expressions comme *tant pis, aller de mal en pis, qui pis est,* etc. La forme actuelle du comparatif de *mal* est **plus mal** : *On mange **plus mal** au restaurant universitaire que chez soi.*

• **Petit** (*petite, petits, petites*) → **moindre** (*moindres*) lorsque cet adjectif est pris dans un sens abstrait (*moindre* est surtout utilisé au superlatif ; ➡ page suivante).
*Nous vous proposons nos services à un coût **moindre** que celui de nos concurrents.*

▶ Verbe + **plus** (**davantage**) / **moins** / **autant** + que
*En France, le cancer tue **davantage** que les accidents.*
*L'alcoolisme tue **moins** que le tabagisme.*
*La maladie d'Alzheimer tue presque **autant** que le diabète.*

▶ **Plus de** (**davantage de**) / **moins de** / **autant de** + nom + que
*Aux jeux Olympiques de Pékin en 2008, l'Australie a eu **plus de** médailles que le Japon.*
*L'Allemagne a eu **moins de** médailles que la Grande-Bretagne.*
*La Hongrie a eu **autant de** médailles que la Norvège.*

• Si la comparaison porte sur le complément d'objet direct, il faut ajouter *de* après *que*.
*La Chine a eu **plus de** médailles d'or que les États-Unis. Les États-Unis ont eu **moins de** médailles d'or **que de** médailles d'argent.*

▶ Lorsque la comparaison porte sur un nombre, la construction est différente : nombre + nom + de plus / de moins que.
*L'Allemagne a eu **une** médaille **de plus** que la France et **six** médailles **de moins** que la Grande-Bretagne.*

▶ Après un comparatif, le second terme de comparaison peut être sous-entendu, particulièrement s'il s'agit d'un terme de temps, ou si ce second terme est évident ou connu.
*Sylvie cuisine **mieux** (qu'avant).*
*Les nouvelles voitures polluent **moins** (que les anciens modèles).*
*La Hongrie a eu dix médailles, et la Norvège ? – La Norvège a eu **autant de** médailles.*

▶ Il est possible de placer un adverbe devant les comparatifs : *encore, beaucoup, bien + plus / moins, tout + aussi / autant.*
*La Russie est **encore plus** grande que le Canada.*
*L'Australie a **beaucoup moins** d'habitants que l'Inde.*
*Je crois que les Français fument **tout autant** que les Espagnols.*

⚠ L'adverbe *beaucoup* est impossible devant les comparatifs irréguliers, mais *bien* et *encore* sont possibles : *encore meilleur, encore mieux, bien pire, bien moindre : Sylvie est **bien meilleure** en bricolage qu'en cuisine.* Cependant *beaucoup mieux* est possible s'il n'y a pas de second terme de comparaison : *Sylvie a fait des progrès. Elle cuisine **beaucoup mieux.***

■ **Le superlatif** (➥ p. 77)

Le superlatif exprime une qualité portée à un degré très élevé, supérieur ou inférieur à d'autres (superlatif relatif) ou indépendant de toute référence (superlatif absolu).

▶ **Superlatifs relatifs**

• Verbe + *le plus / le moins*

*Chez moi, c'est mon frère qui regarde **le plus** la télévision et c'est ma mère qui la regarde **le moins**.*

• *Le plus / le moins* + adverbe

*De tous les élèves, c'est Audrey qui a compris le texte **le plus** rapidement.*

*Dans cette classe, c'est Didier qui travaille **le moins** bien.*

• *Le plus de / le moins de* + nom

*Aux jeux Olympiques de 2008, c'est la Chine qui a eu **le plus de** médailles.*

*À l'examen, c'est Antoine qui a fait **le moins de** fautes.*

• *Le (la, les) plus / le (la, les) moins* + adjectif

*Dans la classe, je trouve que c'est Dora qui est **la plus** méchante et **la moins** sympathique.*

*Avec sa copine Lucie, ce sont les filles **les plus** désagréables de l'école.*

• Lorsqu'un adjectif peut se placer avant le nom (*un **gros** garçon, une **grande** ville* ; ➥ p. 36), il y a deux possibilités :

– le superlatif suit le nom (il faut alors répéter l'article)

*Hugo est **le** garçon **le plus** gros de la classe.*

– le nom peut être placé après l'adjectif (il n'y a alors qu'un article)

*Hugo est **le plus** gros garçon de la classe.*

Mais si l'adjectif est après le nom (*une fille **sympathique***), il faut placer le superlatif après le nom : *Dora est la fille **la moins** sympathique de la classe.*

• Les superlatifs irréguliers sont les mêmes que les comparatifs irréguliers : *meilleur, mieux, pire, moindre.*

*Nora est **la meilleure** en anglais, c'est elle qui prononce **le mieux**.*

*Ils se sont mariés pour **le meilleur** et pour **le pire**.*

*Faites bien attention, je ne veux pas que vous fassiez **la moindre** erreur.*

⚠ Lorsqu'il s'agit d'un être animé, il faut *le (la, les) plus petit (petite, petits, petites)* : *Arthur est **le plus petit** de la classe.*

> **Expressions les plus fréquentes avec *moindre*** : *ne pas avoir la moindre idée de quelque chose, ne pas avoir la moindre envie de faire quelque chose, ne pas faire le moindre effort, c'est le moindre de mes soucis, c'est la moindre des choses, à la moindre occasion, sans le moindre intérêt, un moindre mal,* etc.

• Les superlatifs irréguliers (adjectifs) se placent avant le nom.

*Nora, qui est pourtant **la meilleure** élève, a eu **la pire note** de la classe au contrôle de maths.*

• Lorsqu'un superlatif a comme complément une proposition relative, le verbe de la proposition relative peut être au subjonctif pour exprimer une opinion subjective (➥ p. 180).

*C'est le plus mauvais film / C'est le film le plus nul / C'est le pire film qu'on **puisse** imaginer.*

▶ **Superlatifs absolus**

• Les superlatifs absolus se construisent avec des adverbes comme *absolument, extrê-mement, merveilleusement, très* ou des préfixes (familiers) comme *archi, extra, hyper, super, ultra,* etc. (trait d'union avec *super* et *hyper*)
Sonia est **hyper**-*sympa, Cora est* **absolument** *fabuleuse, Pablo est* **super**-*gentil. Ils s'entendent tous* **merveilleusement** *bien. Ils ont vu un film qui était* **archinul.**

• Il est aussi possible d'ajouter le suffixe -*issime* à un adjectif : *gravissime* (extrême-ment grave), *illustrissime, rarissime, richissime,* etc.
C'est la première fois que je vois l'édition originale de cet ouvrage. C'est un livre **rarissime.**

2. Autres formes de comparaison

■ **La progression dans la comparaison**

• *De plus en plus, de moins en moins* + adjectif ou adverbe
Depuis quelques années, l'été arrive **de plus en plus** *tôt. – Peut-être, mais les étés sont de* **moins en moins** *chauds.*

⚠ *De mieux en mieux, de pire en pire* (*de plus en plus mauvais*)*, de pis en pis* (*de plus en plus mal*) *mais de plus en plus bon :* *Ce restaurant s'améliore continuellement, il est de* **plus en plus bon.**

• Verbe + *de plus en plus, de moins en moins*
Anne sort avec ses amies **de plus en plus***, ses parents la voient* **de moins en moins.**

• *De plus en plus de, de moins en moins de* + nom
Stéphane a **de plus en plus de** *travail et* **de moins en moins** *de temps pour sortir.*

✔ Il est possible de transformer *de plus en plus* et *de moins en moins* en *toujours plus / moins, chaque fois plus / moins.*
Le professeur nous donne **chaque fois plus** *de devoirs à faire. Nous travaillons* **toujours plus.**

• *Plus ... plus / moins, moins ... moins / plus* indiquent une progression parallèle.
Plus *il boit,* **plus** *il a soif.* **Plus** *il a soif,* **plus** *il boit.*
Moins *elle fait attention,* **plus** *elle fait de fautes.*

⚠ Si dans une préposition introduite par *plus,* il y a *bien* ou *bon,* il est possible d'avoir *mieux* ou *meilleur : Moins je le vois,* **mieux** *je me porte* (et non : *plus je me porte bien*). *On va garder le cassoulet pour demain. Plus c'est réchauffé,* **meilleur** *c'est* (*plus c'est bon* est possible).

• *Autant ... autant* exprime la comparaison et l'opposition (➡ p. 205).
Autant mon beau-père est sympathique, **autant** *ma belle-mère est désagréable.*

• *D'autant plus que, d'autant moins que* renforcent une cause (➡ p. 192).
Je refuse de lui prêter de l'argent, **d'autant plus que** *je sais qu'il ne paye jamais ses dettes. J'ai* **d'autant moins** *envie de lui prêter de l'argent* **que** *je sais qu'il ne paye jamais ses dettes.*

■ **Comme**

Comme exprime la ressemblance dans la comparaison.

▶ ***Comme*** + nom ou pronom
*Ne te comporte pas **comme** un imbécile.*
*Ton fils est **comme** toi, il n'aime pas le sport.*

• ***Ainsi que*** et ***de même que*** (formes plus recherchées) peuvent remplacer *comme* pour exprimer la ressemblance dans la comparaison.
Ainsi que / ***De même que*** / ***Comme*** *les Serbes, les Bulgares utilisent l'alphabet cyrillique.*

⚠ *Ainsi que et de même que peuvent parfois avoir le sens de et aussi : Luc a acheté des actions **de même que** / **ainsi que** (et aussi) des francs suisses.*

• La ressemblance peut aussi être exprimée par ***pareil à***, ***pareil que*** (français familier), ***semblable à***, ***similaire à***, ***tel*** (***que***).
*L'hôtel où j'habite est **semblable à** une caserne.*
*Géraldine bavarde sans arrêt, elle est bien **telle que** sa sœur.*

▶ ***Comme*** + préposition ou adverbe (*avec, avant, avec, chez, pendant, pour, toujours...*).
*Tout a changé, rien n'est plus **comme avant**.*
*Faites **comme chez** vous.*

▶ ***Comme*** peut être une conjonction de comparaison suivie de l'indicatif.
*Je vous le dis **comme** je le pense, je ne suis absolument pas d'accord avec vous.*
*Faites **comme** vous voudrez.*

• La conjonction de comparaison *comme* peut être remplacée par ***ainsi que***, ***de même que***.
***Ainsi que** je vous l'ai expliqué dans ma lettre, nous ne prenons pas de stagiaire cette année.*
*Les deux enfants ont été surpris en train de voler. L'un refuse de reconnaître les faits **de même que** l'autre refuse de s'expliquer.*

• La conjonction *comme* peut aussi exprimer le temps (➡ p. 186) et la cause (dans ce cas, elle est habituellement en début de phrase ; ➡ p. 191).
*Christian a quitté la fête à onze heures **comme** il l'avait dit (ainsi qu'il l'avait dit).*
*Il est parti **comme** Josiane arrivait (au moment où Josiane arrivait).*

• *Comme* peut être suivi d'une conjonction : *comme si, comme quand, comme lorsque, comme au moment où.*
*Gilles ne voulait pas se fâcher, alors il a fait **comme s'**il n'avait rien entendu.*
*J'ai retrouvé des vieux disques. Je vais inviter des amis, et on va danser **comme quand** on était jeunes.*

✔ Pour marquer l'intensité, il est possible de placer devant *comme* les adverbes *exactement* et *tout*.
*Florence est **exactement comme** sa mère : elle ne supporte pas le désordre.*
*Christian est parti à dix heures, **tout comme** il l'avait dit.*

LA CONDITION ET L'HYPOTHÈSE

Si Dieu n'existait pas, il faudrait l'inventer. (Voltaire)

1. La condition et l'hypothèse avec *si*

La conjonction *si* peut exprimer la condition ou l'hypothèse. Il n'est pas toujours facile de distinguer la condition de l'hypothèse.

Si Antoine a son baccalauréat, ses parents lui achèteront une voiture. (condition : Antoine doit avoir le bac ; à cette condition, ses parents lui achèteront une voiture)

Si Pierre n'est pas là à neuf heures, c'est qu'il ne viendra plus. (hypothèse : Pierre ne sera peut-être pas là à neuf heures, mais ce n'est qu'une supposition et non une condition pour qu'il ne vienne pas)

Si tu as le temps, passe à la boulangerie et achète du pain. (condition)

Si la boulangerie est fermée, achète du pain au supermarché. (hypothèse)

   ✔ *Si* n'est pas obligatoirement en début de phrase : *Je m'achèterai une voiture si je gagne au Loto.*

■ *Si* + présent

• *Si* + présent, présent : condition ou hypothèse possible dans le présent ou dans l'avenir.

*Si tu **veux**, on **peut** dîner ensemble.*

*S'il **est** libre ce soir, on **peut** l'inviter.*

   ⚠ *Si* + *il* / *ils* → *s'il* / *s'ils* : ***S'il** fait beau,* ***s'ils** sont d'accord.* Mais *si* + *elle* / *elles* → *si elle* / *elles* : ***Si elle** l'apprend !* *Si* + *on* → *Si on* ou *si l'on* : *Ces piles ne s'usent que **si on** (**l'on**) s'en sert.*

• *Si* + présent, impératif : condition ou hypothèse liée à une proposition, un conseil, etc.

*Si tu **veux**, **viens** dîner avec nous.*

*Si tu **hésites**, **consulte** le dictionnaire.*

• *Si* + présent, futur (simple ou proche) : le futur peut indiquer une conséquence dans l'avenir (➡ p. 128).

*S'il **fait** beau ce week-end, je **partirai** à la campagne.*

*Si Chris **continue** à se moquer de Laura, elle **va se fâcher**.* (conséquence)

> Un futur antérieur est possible : ***Si** tu **commences** ton devoir maintenant, tu l'**auras terminé** avant ce soir.*

• *Si* + présent, conditionnel présent : le conditionnel exprime une éventualité (la probabilité est moins forte qu'avec le présent ou le futur).

*Si tu **veux**, on **pourrait** dîner ensemble.*

■ *Si* + passé composé

Il s'agit souvent de passés composés qui n'expriment pas nécessairement une action passée (➡ p. 114, Les verbes comme *arriver, finir, partir, rentrer, terminer,* etc.).

- *Si* + passé composé, présent / impératif : la conséquence est dans le présent.
Si tu **as lu** ce livre, **peux-tu** me le prêter ?
Si vous **avez fini** vos devoirs, **déposez-les** sur mon bureau.
- *Si* + passé composé, passé composé : la conséquence est dans le passé.
Si tu **as déjà terminé** ce livre, tu **as fait** vite.
- *Si* + passé composé, futur simple / futur antérieur : la conséquence est dans l'avenir.
Si, ce soir, Béatrice **est** bien **arrivée**, elle nous **téléphonera**.
Si mon père **est parti** tôt du bureau, il **sera rentré** pour le dîner.

■ *Si* + imparfait

- *Si* + imparfait, conditionnel présent : condition ou hypothèse possible, difficilement possible ou impossible dans le présent ou dans l'avenir.
Si tu **étais** d'accord, on **pourrait** dîner ce soir au restaurant. (éventualité)
Si je **gagnais** au Loto, je m'**achèterais** une voiture. (condition difficile mais pas impossible)
Si j'**avais** des millions, **je passerais** mon temps à voyager. (impossible)
- *Si* + imparfait, imparfait, n'exprime pas la condition ou l'hypothèse mais l'habitude (➡ p. 119) ou la conséquence répétée dans le passé (➡ p. 198). *Si* a le sens de *quand, chaque fois que*.
S'il **faisait** beau, les enfants **allaient** à la plage. (habitude) *S'ils* ne **mettaient** pas de crème solaire, ils **attrapaient** des coups de soleil. (conséquence répétée)
- *Si* + imparfait, conditionnel passé : l'imparfait indique une habitude, un état intemporel et le conditionnel passé exprime une conséquence qui ne s'est pas réalisée.
Si elle n'**était** pas aussi distraite, elle n'**aurait** jamais **oublié** son bébé dans le supermarché.

⚠ *Si* + imparfait (lorsque la phrase ne contient qu'un seul verbe) n'exprime pas la condition ou l'hypothèse mais un souhait, une demande polie, un regret, une suggestion, une éventualité dans le présent (➡ p. 118) : *Ah, si j'**étais** riche ! Si j'**étais** encore jeune !*

■ *Si* + plus-que-parfait

▶ *Si* + plus-que-parfait, conditionnel passé : irréel du passé, condition ou hypothèse non réalisée dans le passé et conséquence dans le passé.
Si le Titanic n'**avait** pas **rencontré** un iceberg sur sa route, il n'**aurait** pas **coulé**.
- En français oral, deux verbes à l'imparfait peuvent remplacer la construction *si* + plus-que-parfait, conditionnel passé (➡ p. 121).
*J'***arrivais** cinq minutes plus tard à la gare, je **ratais** le train. (Si j'étais arrivé cinq minutes plus tard à la gare, j'aurais raté le train.)

▶ *Si* + plus-que-parfait + conditionnel présent : irréel du passé, condition ou hypothèse non réalisée dans le passé et conséquence dans le présent.
Si Dominique **avait continué** ses études de médecine, il **serait** maintenant médecin.
- Si le verbe de la principale est à l'imparfait, le plus-que-parfait n'exprime pas l'irréel du passé mais un fait habituel dans le passé (➡ p. 123). *Si* a le sens de *quand, chaque fois que*.
S'il **avait neigé** pendant la nuit, les enfants **faisaient** un bonhomme de neige le matin.

⚠ *Si* + plus-que-parfait (lorsque la phrase ne contient qu'un seul verbe) exprime le regret, le reproche, une éventualité (➥ p. 124) : *Si j'avais su ! Si tu m'avais écouté...*

Conditions et hypothèses possibles		Conditions et hypothèses impossibles	
Dans le présent ou l'avenir			
Si + présent, {	présent impératif futur conditionnel présent	*Si* + imparfait {	conditionnel présent conditionnel passé
Si + imparfait, conditionnel présent			
Dans le passé			
Si + passé composé, {	présent impératif passé composé futur futur antérieur	*Si* + plus-que-parfait {	conditionnel présent conditionnel passé

✔ *Si* est suivi de l'indicatif lorsque c'est une conjonction qui exprime la condition et l'hypothèse. Il peut être suivi du conditionnel au style indirect (➥ p. 183) : *J'ai demandé à Léa si elle **viendrait** avec nous ce soir. Si ... que* peut aussi être suivi du subjonctif lorsqu'il exprime la conséquence (➥ p. 199) et la concession (➥ p. 202) : *Ce problème n'est pas si difficile **que** tu ne **puisses** pas le faire. Si difficile **que soit** ce problème, tu devrais pouvoir le résoudre.*

■ *Si* peut être remplacé

▶ Lorsqu'il y a deux conditions ou deux hypothèses, il est possible de remplacer le second *si* par *que* + subjonctif (présent ou passé).
*Si demain j'ai du temps libre et **que** tu **sois** disponible (et si tu es disponible), on pourra aller à la piscine*
*Si tu m'avais téléphoné ou **que** tu m'**aies envoyé** un mail (ou si tu m'avais envoyé un mail), j'**aurais pu** être prévenu à temps.*

▶ **Sinon** peut remplacer une proposition négative introduite par *si*.
*Mange ta soupe. **Sinon**, tu n'auras pas de dessert. (Si tu ne manges pas ta soupe, tu n'auras pas de dessert.)*

■ Sauf si, même si, comme si

Sauf, même et *comme* nuancent la condition ou l'hypothèse.
• *Sauf si, excepté si* (restriction)
*Ne me dérangez pas, **sauf si** vous avez quelque chose d'important à me dire.*
• *Même si* (concession, ➥ p. 202)
*Émile arrive toujours à l'heure, **même s'**il y a une grève des transports.*
• *Comme si* (comparaison, ➥ p. 210)
*Maurice est passé sans me saluer, il a fait **comme s'**il ne m'avait pas vu.*

✔ *Comme si* + imparfait dans une phrase exclamative exprime l'ironie, le doute, le refus.

*Je suis prêt à mourir pour mes idées. – **Comme si** tu avais des idées !* (ironie)
*Peux-tu m'aider à déménager ? – **Comme si** je n'avais que ça à faire !* (refus)
*Frank va passer ses vacances aux Seychelles. – **Comme s'**il en avait les moyens !* (doute)

2. Conjonctions + subjonctif

■ **Condition + subjonctif**

▶ Les conjonctions *à **condition que**, à **moins que**, **pourvu que**, **pour peu que*** et ***sans que*** expriment la condition.

• *À **condition que**, **pourvu que*** expriment une condition obligatoire (il faut absolument que).
*Je veux bien te prêter ma voiture mais **à condition que** tu me la rendes demain.*

• ***Pourvu que*** exprime une condition nécessaire (*il est nécessaire que*), moins impérative qu'avec *à condition que*.
*Je te prête ma voiture **pourvu que** tu me promettes de conduire prudemment.*

✔ *Pourvu que… !* n'exprime pas la condition, mais l'espoir ou la crainte.
Pourvu qu'il fasse beau ! Pourvu qu'il ne pleuve pas !

• ***Pour peu que*** exprime une condition suffisante (*il suffit que*).
Pour peu que son amie ait cinq minutes de retard, il commence à s'impatienter.

• ***À moins que*** a le sens de *sauf si, excepté si* (et est souvent suivi d'un *ne* explétif).
*Nous dînerons en terrasse **à moins qu'**il ne pleuve.*

• ***Sans que*** peut remplacer *si* + négation (et peut être suivi d'un *ne* explétif).
*Jean n'utiliserait pas l'ordinateur d'Éva **sans qu'**elle soit d'accord (si elle n'était pas d'accord).*

▶ Si les verbes ont le même sujet (ou si le sujet de la principale est impersonnel), *à condition que, à moins que* et *sans que* + subjonctif deviennent *à condition de, à moins de, sans* + infinitif.
*Nous pouvons encore arriver à temps au concert **à condition de** partir maintenant.*
***À moins de** réserver une semaine à l'avance, il est impossible d'avoir une place dans ce restaurant.*
*Jean n'utilisera pas l'ordinateur d'Éva **sans** lui demander son accord.*

⚠ *Sans* + infinitif devient souvent *sans* + nom : ***sans son accord***. *À moins que* + subjonctif peut se transformer en *à moins de* + nom : ***à moins d'**un miracle, **à moins d'**un désistement (à moins qu'il n'y ait un miracle / un désistement).* La transformation n'est pas possible avec *à condition de*.

Deux autres conjonctions suivies du subjonctif peuvent exprimer la condition : ***pour autant que*** et ***si tant est que*** (elles ajoutent une idée de doute) : *Nous dînerons sur la terrasse **si tant est que / pour autant que** le temps le permette.*

■ **Hypothèse + subjonctif**

▶ Les conjonctions *à supposer que, en supposant que, en admettant que* expriment l'hypothèse.

À supposer que je sois d'accord et que je te prête ma voiture, est-ce que tu seras prudent ?
En admettant que tes parents soient d'accord pour que tu fasses une fête chez toi, combien d'amis penses-tu inviter ?

▶ La conjonction *que* en début de phrase peut exprimer l'hypothèse. Les deux propositions sont souvent reliées par *et*.
Je veux bien te laisser ma voiture. Mais qu'un accident arrive et (si un accident arrivait,) je me sentirais responsable.

Le verbe peut suivre la conjonction *que* : *Qu'arrive un accident et je me sentirais responsable*. En français recherché, *que* peut être supprimé : *Survienne un accident et je me sentirais responsable*.

▶ *Que ... ou que* : ces conjonctions expriment l'hypothèse et parfois la concession (➡ p. 202).
Qu'il parle espagnol ou qu'il parle anglais, Jean-Jacques a un accent français très fort.
Qu'il y ait une grève des transports ou que sa voiture soit en panne, Henri arrive toujours ponctuellement au travail (hypothèse + concession : *même s'il y a une grève et même si sa voiture est en panne*).
• Si les deux verbes sont identiques, il est possible de simplifier la phrase.
Sébastien aime toutes les filles, qu'elles soient blondes ou (qu'elles soient) brunes.

▶ *Selon que ... ou que* exprime l'hypothèse et l'opposition (➡ p. 205).
Le prix de la chambre double varie selon que vous soyez seul ou (que vous soyez) en couple.

⚠ Le subjonctif et l'indicatif sont possibles après *selon que* (le subjonctif s'entend plus à l'oral et en français familier) : *selon que vous êtes seul ou (que vous êtes) en couple.*

3. La condition et l'hypothèse au conditionnel

■ **Conjonctions + conditionnel**

▶ *Au cas où, dans le cas où, pour le cas où* (plus recherché), *dans l'hypothèse où*. Ces locutions expriment l'hypothèse.
Au cas où tu aurais des problèmes, téléphone-moi.
Dans le cas où vous seriez absent, laissez les clés chez la gardienne.
Dans l'hypothèse où la société devrait se délocaliser, accepteriez-vous un travail à l'étranger ?
• La reprise de ces locutions peut s'effectuer par *où* + conditionnel ou *que* + subjonctif.
Au cas où tu viendrais à Paris et où tu aurais besoin d'un guide, appelle-moi.
Dans le cas où tu ne saurais pas où loger et que tu ne puisses pas te payer l'hôtel, tu peux habiter chez moi.

- Il est possible d'utiliser, à la place de ces conjonctions, les prépositions *en cas de* et *dans l'hypothèse de*.

En cas de problèmes, je te téléphonerai.

Dans l'hypothèse d'une délocalisation de la société, je n'irais pas à l'étranger.

▶ **Quand, quand bien même** expriment l'hypothèse mais aussi la concession (➡ p. 203). Les deux verbes de la phrase sont au conditionnel (présent ou passé).

Quand tu me le demanderais à genoux (même si tu me le demandais à genoux), je n'accepterais jamais que tu te serves de mon ordinateur.

Quand bien même tu n'en aurais pas eu envie, tu aurais pu m'accompagner pour me faire plaisir.

■ **Conditionnel sans conjonction**

▶ En français oral, l'hypothèse ou la condition introduite par *si* (+ imparfait ou plus-que-parfait) peut être remplacée par le conditionnel (présent ou passé). Les deux propositions peuvent être reliées par *que*.

Je lui **demanderais** *de m'aider qu'il* **refuserait**. (Si je lui demandais de m'aider, il refuserait)

*Je ne t'***aurais** *pas* **téléphoné** (si je ne t'avais pas téléphoné), *tu n'***aurais** *jamais* **cherché** *à me revoir*.

▶ Cette construction est aussi possible en français littéraire avec inversion du pronom sujet. Le conditionnel passé peut être remplacé par un conditionnel passé deuxième forme (➡ p. 141).

Seriez-vous *l'homme le plus riche du monde que je ne vous* **épouserais** *point*.

Seriez-vous arrivé *plus tôt* (**Fussiez-vous arrivé** *plus tôt*), *vous* **auriez pu** (**eussiez pu**) *faire la connaissance de Madame de Morlay*.

■ **Participe + conditionnel**

▶ Le participe présent et le gérondif peuvent exprimer la condition ou l'hypothèse (➡ p. 158). Le verbe de la phrase doit être au conditionnel (présent ou passé).

Partant *plus tôt* (*si j'étais parti plus tôt*), *j'aurais pu arriver à l'heure*.

En travaillant *un peu plus* (*s'il travaillait un peu plus*), *Simon réussirait ses études*.

▶ Le participe passé peut aussi exprimer la condition ou l'hypothèse. Le verbe de la principale doit être au conditionnel (présent ou passé).

Privées *d'eau* (*si elles étaient privées d'eau*), *ces fleurs se faneraient vite*.

Arrivé *plus tôt* (*si tu étais arrivé plus tôt*), *tu serais tombé sur ton ex*.

INDEX

A

P

T

V

Y

N° de project: 10247431
Imprimé en Italie en Juillet 2018